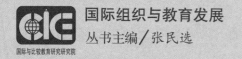

国际组织与教育发展
丛书主编／张民选

U0603308

国际组织教育政策价值取向研究

Research on the Value Orientation of Educational Policies of International Organizations

孔令帅等／著

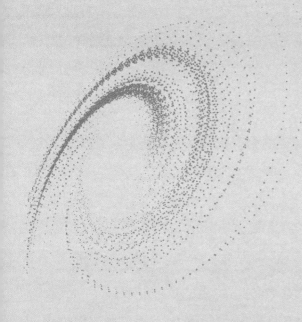

上海教育出版社
SHANGHAI EDUCATIONAL
PUBLISHING HOUSE

本书是国家社会科学基金"十二五"规划教育学重点课题"国际组织人才培养和选送研究"（课题批准号：AFA140007）的研究成果。

总序

当联合国(UN)的《千年发展计划》成为人类消除贫困、促进可持续发展的共识和目标,当世界贸易组织(WTO)成为国际贸易活动规则的制定者和冲突的仲裁者,当禽流感、SARS 和甲型 H1N1 流感一次次把世界卫生组织(WHO)推到全球流行疾病防治中枢地位的时候,人们逐渐意识到,随着全球化时代的来临、全球性问题的增多和全球治理需求的出现,国际组织已经悄然走进人类生活,并开始影响人类的政治、经济、社会和文化活动。

在教育领域中,国际组织的影响如何? 请看,1997 年教科文组织发出"学会求知、学会做事、学会生存、学会共同生活"的倡议,号召人类以全新的教育理念,迈入新的千年;2008 年教科文组织和国际教育局(IBE)又通过世界教育大会,呼吁世界各国携手推进"全纳教育",让教育成为每一个人、每一个处于不利地位的人的发展权利和机会。

世界银行(World Bank)作为一个全球性的发展机构,每年提供 20 亿左右的教育发展赠款与贷款,为发展中国家的教育发展提供资金、技术和专业人员的支持。经济合作与发展组织(OECD)也从 2000 年起,开展了"国际学生评估项目"

(PISA),现已经吸引了 68 个国家和地区参与。经合组织希望以测试结果和比较分析帮助各国形成公平而卓越的教育政策,促进基础教育的优质发展。与此同时,大量的国际非政府组织也作为全球公民社会的成员,提出崭新的教育理念、提供丰富的教育资金、派出众多的专业人员,为发展中国家的教育发展、为扩大不利人群的教育机会作出了贡献。

正因为国际组织对人类教育发展的影响日益显现,国际组织引起了一些国家、政府、高校和教育学者,特别是比较教育学者的关注。一些新兴工业国和发展中国家已经为吸引国际教育机构入驻本国而默默努力,澳大利亚、泰国、肯尼亚、巴西和阿根廷的工作卓有成效。还有一些国家,如日本、印度和澳大利亚,正通过各种渠道培养相应人才,想方设法为国际教育组织输送专家和国际公务员,以期扩大影响、获得发展。一批学者,如澳大利亚悉尼大学的菲利普·琼斯(Philip Jones)、昆士兰大学的米瑞姆·亨利(Miriam Henry)、新西兰奥克兰科技大学和英国诺丁汉大学的双聘教授吉姆·本戴尔(Jem Bendell)等人,已经成果丰硕,成为国际教育组织的研究专家。

改革开放以来,我国从一个闭关自守的国家发展成为一个面向世界、博采众长的国家。自 1979 年建立"中国联合国教科文组织全国委员会"以来,我国政府和教育工作者积极参与了教科文组织的各项教育活动,国际影响逐渐扩大。我国政府和学校接受了来自世界银行和亚洲开发银行等组织提供的数十亿美元的教育贷款、资金和技术援助,在一定程度上缓解了教育发展面临的资金、技术和人才短缺的问题。我们也通过与国际组织的合作交流,了解了世界教育发展趋势,掌握了最新的教育理念与方法,促进了我国教育事业的发展。我国学者还参加了国际大学协会、世界比较教育学会等许多国际非政府教育组织,表达了我国教育学者和工作者的诉求与见解,展示了中国教育改革发展的风貌,也力所能及地为人类的教育发展,承担了应尽之责,作出了重要贡献。

然而,与发达国家、新兴市场国家,甚至与许多发展中国家相比,我国政府和教育工作者参加的国际教育组织还很少,参与国际组织的活动还很有限,我们对国际教育组织的认识还比较肤浅,对国际组织的研究和教学还都处于相当薄弱和零散的状态,还缺乏国际教育组织整体战略和规划。这种状况与一个教育和人力资源大国的地位很不相称,与一个致力于建设和谐世界的发展中大国应该承担的责任也还有相当的距离。

为了改变这种状况,为了先做一些基础性研究和组织介绍工作,我们上海师范大学国际与比较教育中心的同事和朋友决心编辑一套题为"国际组织与教育发展"的丛书。这套丛书将包括两类著作。一类著作是我们国内学者研究国际组织的成果,可以供希望了解国际教育组织的同行、准备研究国际教育组织的青年学者、比较教育专业研究生以及教育专业的师生阅读。作为本类专著的第一本,本人的同名专著《国际组织与教育发展》希望能抛砖引玉,成为我国新兴的国际教育组织研究领域的一块铺路石。

另一类著作是译著,是我们研究团队翻译的国际组织经典教育著作和报告。在过去的半个多世纪,国际组织正是通过集聚专家、专题研究、出版专著、发表建议和声明,将新的教育理念、方法和知识传遍全世界的。这类译著就像一扇扇窗口,能够让我们看到国际教育组织倡导的崭新理念和优秀方法。这类译著可以供各级各类教育行政部门的同志和广大校长教师学习阅读。本套丛书首批翻译了两本专著——《教育规划基础》《知识促进发展:指标评测与全球战略》。

今后我们还将出版多本专著和译著。为了这套丛书的出版,上海教育出版社给予了大力支持与帮助,否则,这套丛书不可能如此顺利出版。上海市教委通过对"重点学科建设"的资助,为我们的研究工作和专著出版提供了不可或缺的财政支持。世界银行和国际教育规划研究所为我们的译著赠送了著作版权。在此,我们深表谢意!

参加这套丛书撰写和翻译工作的既有我的同事朋友,也有一批年轻博士和学生。由于我们学识有限,而国际组织涉及的知识非常广泛,我们在编写、翻译的过程中定会有许多粗疏不妥之处,诚请读者朋友批评指正。

我们真诚希望,这套丛书能够成为我国教育工作者认识国际组织、了解世界教育趋势、学习最新教育理念的新窗口。我们也真诚欢迎志同道合的朋友加入我们的队伍,为我们能运用好国际组织这个世界大平台,为人类的教育发展,奉献我们的才能与智慧。

上海师范大学国际与比较教育研究院院长

张民选

目录

第一章
绪 论

在全球化背景下,以联合国教科文组织(United Nations Educational, Scientific, and Cultural Organization,以下简称"教科文组织")、经济合作与发展组织(Organization for Economic Cooperation and Development,以下简称"经合组织")、世界银行(World Bank,以下简称"世行")、欧洲联盟(European Union,以下简称"欧盟")为代表的国际组织,活动范围得到空前扩大,涉及政治、经济、教育、卫生等各个方面,是各国交流、互动与合作的重要平台。随着国际组织对人类教育发展影响的日渐凸显,我们需要加强对国际组织教育政策的关注和研究。

第一节 问题的提出

当前,全球化进程不可避免,国际教育交流日益广泛,教育政策的制定不再仅仅是民族、国家内部的事情,教育全球治理势在必行。为了解决全球性教育问题,促进世界教育发展,国际组织的作用日益提升,成为促进21世纪人类教育发展的重要力量。作为研究当代世界教育发展特性和趋势的分支学科,国际组织和教育发展研究逐渐得到比较教育学者的重视。比较教育学者义不容辞地将国际组织列入自己的研究对象中,研究成果也不断增多。

进入新时期,我国需要借助国际组织这一国际平台积极地参与全球治理,但要以大国的姿态在世界舞台发出自己的声音,就需要对国际组织的教育政策有深入的认识和研究。当下国内学者对国际组织教育政策的研究大多是介绍性质的,而且往往局限于某一领域的活动,缺乏对国际组织教育全面、系统的研究和论述。对于具有巨大影响力的国际组织,有必要对它的教育政策背后的价值观念、价值取向等进行深入研究和全面阐述,并做出恰当的评价。

政策科学最初产生于20世纪50年代初期的美国。20世纪60至70年代,政策科学在欧美、苏联及日本等国家和地区获得了快速发展,许多国家形成了"不分析不做决策"的政策活动倾向。相比之下,我国的政策科学研究起步较晚,始于20世纪80年代初期,整体发展水平相对落后,而且与经济、政治、社会发展政策相比,我国教育学术界对教育政策的研究尤其薄弱。从总体上说,我国教育政策研究水平滞后于教育改革和发展的客观实际,决策过程也未充分发挥政策研究的参与作用。20世纪90年代,特别是90年代后期,我国教育学术界的学者开始认识到,加强和突出教育政策分析和研究是教育理论研究面临的重要且紧迫的课题,我们不仅要关注政策本身、政策的内容、政策的制定过程及执行结果,还要分析隐含在政策之中的价值取向。

国际组织教育政策(本书所说的政策包括政策文本和实践活动)作为国际组织和教育发展研究的重要领域,得到了国内外专家和学者的研究。不过,当前我国学者更多的是梳理和分析国际组织的教育政策和报告内容。这样的研究很重要,但已经不能满足我国当前的研究需要了。为了更好地了解和参与国际组织、培养和输送国际组织人才,在全球教育事务中发出我们的声音,我们要对国际组织为何出台这些教育政策,这些教育政策出台时存在着哪些冲突、争议和博弈,这些教育政策是如何被实施的,这些教育政策为何能大行其道,这些教育政策背后所蕴含的逻辑和理念是什么等问题进行深入研究。也就是说,我们需要对教育政策背后的价值取向进行系统的分析。

政策的价值取向指的是政策制定主体基于自己的价值观,在面对或处理各种矛盾、冲突、关系时所持的基本价值立场和价值态度,可以从价值选择、合法性和有效性这三方面来探讨。国际组织的教育政策价值取向蕴含在国际组织的政策文本和相关活动中。主要国际组织在教育政策方面均有自己的侧重点,如世行对教育援助的关注、欧盟对一体化的热衷、教科文组织对全球教育治理的探索、经合组织对教育质量和国际化的偏爱等。这些侧重点都与他们自身的教育政策价值取向有关。

本书以教育政策价值取向作为切入点,选取教科文组织、经合组织、世行、欧盟这四个具有较大影响力的主要国际组织,对国际组织教育政策的价值取向进行深入研究。只有通过系统研究,我们才能真正回答以下问题:国际组织教育政策的价值取向是如何演变的? 国际组织为何会出台这些教育政策? 这些教育政策出台时存在着哪些争议和博弈? 这些教育政策为何能大行其道? 对国际组织教育政策价值取向的研究,能够加深我国在国际组织方面的系统和理论研究,为我们了解和走向国际组织、发出中国声音、提出中国方案提供帮助;也能改进和完善我国教育政策,为我国制定教育政策提供帮助和借鉴;还能通过国际组织分享我国教育改革发展的经验,提供新知识、新理念和新视野,为人类教育发展和构建人类命运共同体做出贡献。

第二节 概 念 界 定

基于本书的研究对象,我们对国际组织、教育政策、教育政策价值取向进行界定。

一、 国际组织

本书认为,国际组织有狭义和广义之分。狭义的国际组织指国际政府间组织,即两个以上主权国家的政府为了特定目的,以一定的协议形式建立的跨国机构。广义的国际组织包括国际政府间组织和国际非政府组织,即两个以上政府、团体或个人基于特定的非营利目的,以一定形式建立起来的跨国机构。由于时间和资料原因,本书只选取了教科文组织、经合组织、世行、欧盟这四个影响较大的政府间组织进行研究,而东盟等其他国际组织,将在后续进行研究。

二、 教育政策

本书关注的是国际组织的教育政策。要理解教育政策,首先要厘清政策这一概念。国内外学者从不同的角度来定义政策,大致可分为三类:一是认为政策是某种行为准则、计划、文件、法规、谋略、方案或措施等,即某种由人们来执行或遵守的"文本";二是认为政策是某种有目的地进行价值分配、处理问题或实现既定目标的复杂过程;三是认为政策是一个既有过程又有结果的、众多因素相互作用的、前后相继的、复杂的"圆圈"(policy circle),包括文本、文本的形成、文本的修正、实际的实施过程和结果等要素,是一个不断发展的、有机的、非线性的过程[①]。学者霍格伍德和戈恩(Hogwood & Gunn)指出了使用"政策"一词的 9 种情况:①活动的一种领域或标签,②一般目的的表达,③任务想要达成的状态,④具体的建议,⑤政府的决定,⑥正式的授权,⑦理论或模式,⑧项目,⑨结果和成果。他们还建议第 10 种类型为"政策过程"[②]。

虽然国内外学者对政策的定义不尽相同,但存在以下共识:政策主体为政府或其他权威主体;政策具有明确的目标指向性;政策包含一定的政治行为和活动过程;政策是一种行为规范、准则和指引。概括说来,政策是指"国家机关、政党及其他政治团体在特定时期为实现或服务于一定的社会政治、经济、文化目标所采取的政治行为或规定的行为准则,是一系列谋略、法令、措施、办法、方法、条例等的总称"[③]。按照此定义,政策是国家机关、政党及其他政治团体的意志、愿望和利益的体现与表达工具,通过政治行为和规定性行为准则进行关系调整、资源配置和价值分配,最终要达到的目的还是服务于社会经济的发展。从本质上讲,政策是社会阶级意志和利益的集中体现,同时也反映全体社会成员利益的综合性分配。对"政策"一词的归纳,有利于理解教育政策的内涵。

目前,国内学者对教育政策的定义主要有:①教育政策是政府或政党规定的

① 刘复兴.教育政策的价值分析[M].北京:教育科学出版社,2003:32.

② Hogwood Brian W & Gunn Lewis A. Policy analysis for the real world[M]. London: Oxford University Press, 1984. 19.

③ 陈振明.政策科学——公共政策分析导论[M].北京:中国人民大学出版社,2003:48—52.

有关教育的方针、政策,主要是某一历史时期国家或政党的总任务、总方针、总政策在教育领域内的具体体现;①②教育政策是一个政党或国家为实现一定时期的教育任务而制定的行为准则;②③教育政策是一种有目的、有组织的动态发展过程,是政党、政府等政治实体在一定历史时期,为实现一定的教育目标和任务而协调教育的内外关系所规定的行动依据和准则。③国内学者大多是从静态的角度来认识"教育政策"一词,刘复兴则认为应该从四个维度来理解"教育政策":①教育政策的现象形态,主要指教育政策的静态的表面形式,即教育领域政治措施组织成的政策文本及其总和;②教育政策的本体形态,主要指各种形式的政策所共同具有的一致目的性特征;③教育政策的过程特点,它是动态连续的主动选择的过程;④教育政策的特殊性质,教育政策具有一般公共政策的特性——公益性,以及活动的特殊性与利益分配的特殊性,同时教育政策活动是以教育活动及其问题为活动对象的,而教育是培养人的活动,这使得教育政策更具有独特意义。④

　　虽然教育政策源自公共政策,具备基本的公共政策属性,也符合基本的公共政策研究范式,但要注意从教育活动的立场出发,在"教育的视野"中研究教育政策,而非单纯地将社会公共政策理论机械套用,才能正确认识教育政策的范畴,进而有效发挥教育的个体发展功能和社会发展功能。教育政策的特殊性包括:教育政策活动以促进人的发展和完善为实践对象;教育政策活动目标具有多元性;教育政策活动中利益诉求与博弈具有复杂性和剧烈性;教育政策活动的决策权力具有分散性;教育政策活动评估具有相对困难性;教育政策活动根基于生命世界,具有生命性。⑤

　　从上述分析中很难对教育政策作出准确的定义,但可以从中归纳出教育政策这一概念的共同特征:①从表现形式来看,教育政策是包含一定价值倾向的静

　　① 叶澜.教育概论[M].北京:人民教育出版社,1991:148.
　　② 袁振国.教育政策学[M].南京:江苏教育出版社,1996:11.
　　③ 孙绵涛.教育政策学[M].武汉:武汉工业大学出版社,1997:10.
　　④ 刘复兴.教育政策的价值分析[M].北京:教育科学出版社,2003:35—43.
　　⑤ 王举.教育政策的价值基础:基于政治哲学的追寻[M].北京:科学出版社,2016:16—23.

态政策文本;②从过程形式来看,教育政策是具有一定目的的动态发展过程;③从其自身来看,"人"作为教育政策制定、执行、实现等环节中的可变因素之一,要特别重视教育政策的教育性,即教育政策是具有特殊性质的公共政策。

本书认为,教育政策是一定历史条件下的价值选择的结果,是多种价值选择中价值平衡的产物,表现为静态的政策文本以及各类教育活动等。对本书的国际组织教育政策来说,前者包括正式声明和研究报告,后者包括教育援助等。这些文本和活动都表明了国际组织的政策方向和优先选择,本书中的国际组织教育政策体现于国际组织发布的和教育相关的专题文件、建议书、报告书、会议文件以及一些教育援助项目等。

三、 教育政策价值取向

作为价值哲学的重要范畴,人们对价值取向有着不同的理解。有学者认为价值取向是一定主体基于自己的价值观在面对或处理各种矛盾、冲突、关系时所持的基本价值立场、价值态度以及所表现出来的基本价值倾向。[①]也有学者认为价值取向是价值主体在进行价值活动时指向价值目标的活动过程,反映出主体价值观念变化的总体趋向和发展方向。[②]还有学者认为,价值取向是对政策系统行为的选择,即对社会资源的提取和分配以及对行为管制的选择。[③]

虽然学者的理解有所不同,但应该注意:首先,价值取向不同于价值目标。价值目标是人们在长期的社会实践中形成的一种价值追求,价值目标一经确立,由于它真实地反映了事物发展的客观规律,就相对稳定,不会因为某些偶然因素的影响而改变。价值取向是人们在实现价值目标的过程中,围绕如何实现价值目标而形成的一系列的观念性活动;是变化的、动态的过程。价值取向贯穿于人们围绕着如何实现价值目标所进行的一系列的认识和实践活动之中,价值取向的终

---

① 杨志成.新中国基础教育政策价值取向演变——政策生态学视角[M].北京:教育科学出版社,2015:15.

② 阮青.价值哲学[M].北京:中共中央党校出版社,2004:160.

③ 陈振明.政策科学[M].北京:中国人民大学出版社,1998:484.

点是价值目标的实现。①其次,在实现价值目标的过程中,人们需要通过一系列的价值选择活动来实现价值取向。简而言之,任何价值选择活动都是内含着价值取向的。②因此,价值目标是一种观念性上的把握,而价值取向具有实践品格,是为实现价值目标而进行的一系列的认识和实践活动,是一个动态的过程。

教育政策是价值选择的结果。③在教育政策活动的过程中,不同的政策价值主体需要、利益、活动等动态地交织在一起,政策主体必然要面对政策问题做出价值选择。政策活动也可以看作不同内容和类型的价值选择之间相互博弈,在价值组合和价值对抗等活动之后,最终构成不同的价值选择模式与取向。④教育政策的价值主体指的是教育政策活动中的制定者、执行者和评价者,既包括政府、教育行政管理部门,也包括教育组织或机构以及个人。教育政策问题的形成和解决过程,即教育政策价值主体相互作用而形成的教育政策需要调节的基本价值关系。⑤

教育政策的价值内容由两个最基本的方面构成:实质价值与形式价值。实质价值指的是政策价值主体通过政策活动所追求的一种主体的目的状态,是政策活动的出发点,也是政策活动的归宿,即教育政策的价值理性。形式价值指的是教育政策活动过程的每一个环节必须遵循的一系列确定的程序和原则,是规范教育政策价值主体在控制教育资源和获取利益过程中的程序性价值要求,即教育政策的工具理性。⑥良好的政策在问题的解决上要实现工具理性和价值理性的协调统一。

影响教育政策价值选择的决定性因素是教育政策问题和教育政策价值观。教育政策指向解决什么样的教育问题,其价值选择就体现什么样的具体内容。教育政策价值观是教育政策制定者及其所处的社会对教育政策活动中价值关系的根本性的总认识,是教育政策价值取向的主要内容。政策制定者有什么样的教育政策价值观,就会做出什么样方向或性质的价值选择。⑦何种教育问题在决策中

---

① 阮青.价值哲学[M].北京:中共中央党校出版社,2004:164.
② 同上书,2004:165.
③ 劳凯声,刘复兴.论教育政策的价值基础[J].北京师范大学学报(人文社会科学版),2000(6):5—17.
④ 刘复兴.教育政策的价值分析[M].北京:教育科学出版社,2003:141.
⑤ 同上书,2003:97.
⑥ 同上书,2003:105—106.
⑦ 刘复兴.教育政策的价值分析[M].北京:教育科学出版社,2003:45.

获得优先权、哪些因素在制定中得到重视、教育活动在现实中如何发展,诸如此类都要受参与该教育政策各环节的主体的价值选择的影响。其中既有政治的价值取向,也有经济的价值取向;既有社会的价值取向,也有个人的价值取向;既有科学的价值取向,也有人文的价值取向。[①]学者孙绵涛把教育政策价值取向界定为"教育政策的不同主体基于各自的价值观,在面对或处理教育政策涉及的各种关系、矛盾或冲突时各自所持的基本立场、价值态度以及所表现出来的基本价值倾向和特定的价值方向的表达与整合"[②]。本书认为,教育政策价值取向是教育政策主体基于自身组织的核心价值观处理教育问题时所持的基本价值立场、价值态度以及所表现出来的价值倾向。

第三节　文　献　综　述

对国际组织的研究是我国比较教育领域中的新议题。在此领域,2010年前的专著和论文较少。近年来,对国际组织教育的研究逐渐增多,但整体而言,目前我国比较教育界对国际组织教育政策的研究成果还较为零星和粗浅,缺乏系统的研究,对教育政策背后的价值取向和运作逻辑的研究也较为缺乏。本书从国际组织教育政策研究和教育政策价值取向研究这两方面来进行文献综述。

一、　国内外对国际组织教育政策的研究

随着全球化时代的到来,国际组织的重要性逐渐显现,这引起了我国学者的关注,并投身其中进行研究。以上海师范大学张民选教授和他同事,以及北京师范大学顾明远先生和他的弟子所做的研究为代表,涌现出了一批著作和论文,主要有张民选教授的著作《国际组织与教育发展》(2010年)、高耀明教授的《重铸教育辉煌——欧盟终身学习计划研究》(2014年)、闫温乐博士的著作《世界银行与教育发展》(2013年)、沈蕾娜博士的著作《隐形的力量:世界银行的高等教育政策

---

① 杨志成.新中国基础教育政策价值取向演变——政策生态学视角[M].北京:教育科学出版社,2015:16.

② 孙绵涛.教育政策学[M].北京:中国人民大学出版社,2010:35.

及其影响》(2011 年)、滕珺的博士论文《游走在"自由主义"与"保守主义"之间——联合国教科文组织教育政策的话语演变》(2010 年)、乔鹤的博士论文《联合国儿童基金会的教育政策及其实践研究——儿童权利认同的视角》(2011 年)等。此外,张民选教授团队对经合组织的国际评估(如 PISA、TALIS)进行了大量研究。何齐宗教授对教科文组织教育文献中的教育理念进行了系统研究。孔令帅教授在其著作《国际组织教师教育政策研究》(2015 年)中对国际组织教师教育政策的演变、现状、影响和启示进行了系统研究。学者谢喆平在《中国与联合国教科文组织的关系演进:关于国际组织对会员国影响的一项经验研究》(2010 年)中,选取教科文组织作为研究个案,除介绍其基本情况外,还分析该组织成立 60多年来的演变,认为其经历了从理想主义到超越政治化的现实理想主义的变迁。书中还梳理了中国与其关系的演进历程,归纳和总结这一政府间国际组织对会员国的影响及影响方式。

在学术论文方面,国内学者更多的是对国际组织之间的比较或共性与个性的归纳,所涉及的研究主题更为宽泛。例如,滕珺(2009)选取了教科文组织、经合组织、世行和欧盟这四大国际组织作为国际组织的代表,其中梳理了教科文组织有关"研究生教育"的主要文献,并认为这些文献的特点是就某一固定主题不断更新其内涵和外延,具体内容也紧随时代的变化而变化。[①]周晨琛(2013)选取教科文组织、经合组织进行高等教育国际化政策的异同比较,认为国际组织具有双面性,应正确、积极、批判、警惕地对待其出台的高等教育国际化政策,利用各类国际组织的优势并促进高等教育国际化的良性发展。[②]在职业教育方面,和震(2006)认为教科文组织、世行和国际劳工组织的职业教育政策是各国,特别是发展中国家,发展职业教育的重要咨询参考和政策指南,对国际职业教育的发展有着重要的借鉴意义,应该成为关注的重点。[③]在终身教育方面,苑大勇(2012)认为,教科文组织、经合组织、世行和欧盟都不同程度地成为终身学习理念发展的推动力量,

---

① 滕珺.国际组织关于"研究生教育"的文献述评[J].外国教育研究,2009(9):61—66.

② 周晨琛.OECD 和 UNESCO 高等教育国际化政策的比较研究[J].洛阳师范学院学报,2013(3):34—39.

③ 和震.国际组织的职业教育政策:基本范畴及其意义[J].教育发展研究,2006(21):6—10.

对终身学习理念的理解也在不断地加深和提升,终身学习的观念在国际组织中不断地发生着变化。①

20 世纪 90 年代以来,国外学者对国际组织在教育领域中作用的研究逐渐增加,如麦克尼利(McNeely C.)的《制定国家教育政策:国际组织的作用》*Prescribing National Education Policies:The Role of International Organizations*(1995 年)。进入 21 世纪以后,许多国际教育组织创立 60 或 40 周年,为回顾而作的文献相继问世,如《联合国儿童基金会 60 年》和《国际教育规划研究所 40 年》等。同时,国际社会对国际组织的"问责"诉求,促进了国际组织各种年报和文件的公开。相应地,一批相关的学术著作和论文应运而生,如亨利(Henry M.)等人合著的《经合组织:全球化和教育政策》*The OECD,Globalization and Education Policy*(2001 年)、伯德(Burde D.)的著作《国际非政府组织和最佳实践:教育贷款的艺术》*International NGOs and Best Practices:The Art of Educational Lending*(2004 年)、施泰纳·哈姆西(Steiner-Khamsi G.)的著作《教育借贷的全球政治》*The Global Politics of Educational Borrowing and Lending*(2004 年)、琼斯(Jones P.)的著作《联合国与教育:多边主义、发展与全球化》*The United Nations and Education:Multilateralism,Development and Globalization*(2005 年)、巴塞特(Bassett R.)等的著作《国际组织与高等教育政策:全球化思考,本土化行动?》*International Organizations and Higher Education Policy:Thinking Globally,Acting Locally?*(2009 年)以及海曼(Heyneman S.)的论文《1960—2000 年世界银行教育政策制定的历史与问题》*The History and Problems in the Making of Education Policy at the World Bank 1960—2000*(2003 年)、丹尼尔(Daniel J.)的论文《高等教育:过去、现在和未来:联合国教科文组织的观点》*Higher Education:Past,Present,and Future:A View from UNESCO*(2004 年)、索蒂里亚(Sotiria G.)的论文《国际组织与教育政策问题的共同建构》*International Organizations and the Shared Construction of Education Policy Problems*(2010 年)、里亚德(Riyad A.)的论文《国际组织在全球化高等教育政策中的角色》*The Roles of International Organi-*

---

① 苑大勇.国际组织终身学习理念阐释与政策发展[J].成人教育,2012(12):18—21.

zations（IOs）in Globalizing Higher Education Policy（2012 年）、卡莉（Carrie P.）的论文《经合组织国家高等教育评估的主题转变》*Shifting Themes in OECD Country Reviews of Higher Education*（2013 年）、克拉拉（Clara M.）的论文《经合组织全球教育治理的合法性：根据 PISA 和 AHELO 的测试结果》*The Legitimation of OECD's Global Educational Governance：Examining PISA and AHELO Test Production*（2014 年）等。这些著作和论文分析了国际组织教育政策的各个方面，对我们分析国际组织教育政策的价值取向有很大的帮助。

在这些著作和论文中，代表性的论著有以下几本：巴塞特和马尔多纳多合著的《国际组织和高等教育政策：全球化思考，本土化行动?》认为，国际组织并不是庞大、静态的，相反是复杂、动态的，而且对其本质，人们仍有许多争论。书中讨论了世行、经合组织、教科文组织以及世界贸易组织的高等教育活动，其中有不少组织内部人员的言论以及专家的分析，回顾分析不同的国际组织如何对各国的高等教育产生影响。[①]里亚德在《国际组织在全球化高等教育政策中的角色》一文中认为，国际组织是高等教育全球政策制定的关键角色，尤其在创新全球观念和高等教育政策中起着重要作用。国际组织逐渐被视为政策参与者，而不仅仅是政策顾问和调解者。作者通过相关文献来阐述国际组织如何对高等教育政策产生各种形式的影响，同时使全球政策的制定更加复杂，认为国际组织的高等教育政策对理解高等教育政策的全球化是不可或缺的。[②]在他与梅甘（Meggan Madden）合作的《透视国际组织在高等教育研究中的形象与意义》*Uncovering the Images and Meanings of International Organizations in Higher Education Research* 中，则通过考察世行、经合组织以及教科文组织这三个具有代表性的国际组织，研究国际组织在高等教育中的形象，认为在高等教育领域里，国际组织有三种主要表现：融合力、影响机制和动态网络。[③]克劳斯（Klaus Hufnerand）和詹斯（Jens Naumann）

---

① Roberta Malee Bassett & Alma Maldonado-Maldonada. International Organizations and Higher Education Policy：Thinking Globally，Acting Locally? [M]. New York and London：Routledge, 2009.

② Shahjahan R A. The Roles of International Organizations（IOs）in Globalizing Higher Education Policy [J]. Higher Education Handbook of Theory & Research, 2012, 27(8):369—407.

③ Shahjahan R A, Madden M. Uncovering the images and meanings of international organizations（IOs）in higher education research[J]. Higher Education, 2015, 69(5):705—717.

在《教科文组织：面临"政治化"危机的联合国专门机构?》*UNESCO：Only the Crisis of a "Politicized" UN Specialized Agency?* 中讨论了教科文组织在现代世界体系中如何起到促进信息交流的作用。美国指控教科文组织已经"政治化"且效率低下,作者驳斥了该言论,呼吁西欧国家继续支持教科文组织并发展新的合作政策和资金机制[1]。

此外,国外还有一些学者关注国际组织的成人教育、女童与妇女教育等议题。玛塞拉(M.Marcella)在《全球化、跨国政策与成人教育》*Globalisation, Transnational Policies and Adult Education* 一书中,对教科文组织和欧盟的成人教育政策文件进行分析,认为两者均将成人教育作为重要的政策问题,并肯定了他们在促进成人教育作为跨国政策方面发挥的积极作用;认为教科文组织提出的成人教育为世界各国提供了克服公民教育不足的手段[2]。沃恩(Vaughan)的《1945年至2000年教科文组织与世行的女童与妇女教育》*Girls' and Women's Education within UNESCO and the World Bank, 1945—2000*,则研究了1945年以来世行和教科文组织的政策文件,尤其是在教育领域中如何优先发展女童和妇女教育,具体表现为改善妇女地位、扩大妇女的生产能力、进行生育控制等方面[3]。

与此同时,在教育领域,国际组织出台了大量官方声明和研究报告(很多官方声明和研究报告在国际组织的官方网站上都可以查到),其中有些声明和报告的影响力很大。例如,2009年教科文组织举办的世界高等教育大会通过的公报《高等教育与研究的新动力：社会变革与发展公报》*2009 World Conference on Higher Education：The New Dynamics of Higher Education and Research for Societal Change and Development*,以及此次会议的3份工作报告——《新动力：私立高等教育》*A New Dynamic：Private Higher Education*《国际高等教育发展趋势：学术革命的轨迹》*Trends in Global Higher Education：Tracking an Aca-*

---

① Hufnerand K, Naumann J. Unesco：Only the Crisis of a "Politicized" UN Specialized Agency[J]. Comparative Education Review, 1986, 30(1):120—131.

② Milana M. Globalisation, transnational policies and adult education[J]. International Review of Education, 2012, 58(6):777—797.

③ Rosie Peppin Vaughan. Girls' and women's education within Unesco and the World Bank, 1945—2000 [J]. Compare A Journal of Comparative & International Education, 2010, 40(4):405—423.

demic Revolution、《高等教育的公共责任》*Public Responsibility for Higher Education*。这些声明和报告与国际组织教育政策的价值取向密切相关,体现了国际组织教育政策的关注重点。

目前我们收集的国内外资料已有上百种。国内外的文献和研究为本书提供了一些基本和有用信息,但我们可以看到,国内外学者对国际组织教育政策价值取向的研究以个别国际组织为主,整体和系统研究较少;以介绍性为主,对国际组织教育政策背后的价值取向和运作逻辑的深入研究较欠缺。本书试图在这两方面有所突破。

二、 国内外对教育政策价值取向的研究

政策科学发源于 20 世纪 50 年代初期的美国,诞生标志为 1951 年拉斯维尔(H.D. Lasswell)与拉纳(D. Lerner)合著的《政策科学:事业和方法的最新发展》的出版,拉斯维尔也被誉为"现代政策科学的创立者"。德罗尔(Ychezkel Dror)出版了公共政策科学"三部曲":《公共政策制定检讨》《公共政策科学构想》和《公共政策科学进展》。他继承和发扬了拉斯维尔的公共政策科学理论,形成了拉斯维尔-德罗尔传统。该传统注重宏观的政策理论研究。另一派为林德布洛姆(C.E. Lindblom)所代表的政策分析传统,注重具体的政策研究。"公共政策分析"一词便是由他首先提出。西方政策科学的两大传统实际上是政策科学发展的不同阶段[①]。整体而言,早期政策分析者受逻辑实证主义影响,反对纳入价值分析,主张政策分析的"价值中立性",而之后的科学哲学特别是历史主义学派,则力图证明价值中立观点的错误。

我国的教育政策研究正式发端于 20 世纪 90 年代末。1996 年,袁振国和孙绵涛主编的两本《教育政策学》出版,以及 1999 年第一届"全国高级教育政策研讨会"的召开与 2000 年"全国教育政策与法律研究会"的成立,是中国教育政策研究形成与发展的标志。教育政策价值分析有两个主要内容:一是分析教育政策本身的价值,二是以价值分析为工具来研究教育政策。早在 2000 年,劳凯声和刘复兴

---

① 孙绵涛,等.教育政策分析——理论与实务[M].重庆:重庆大学出版社,2011.19—20.

就提出教育政策是价值选择的结果,教育政策研究必须重视价值问题,并指出我国教育政策应具备"以人为本""教育平等""效益优化""可选择性""多样性"的价值取向①。从时间上来看,2000—2010年主要是对教育政策价值分析概念的界定及分析框架构建的阶段;2010年开始,有学者针对具体某一阶段(高等教育为主)或某理念下的政策分析方法进行研究。②也有学者继续用新的视角丰富教育政策价值分析的理论和方法。③

在专著方面,刘复兴教授的《教育政策的价值分析》和祁型雨教授的《超越利益之争——教育政策的价值研究》是具有代表性的研究成果。前者在多学科视野下梳理了教育政策的价值系统,并构建了教育政策价值目标的指标体系。④后者以马克思主义价值哲学为基础,按照主体需要、客体属性以及实践活动3个范畴探讨了教育政策的价值。⑤

在《教育政策的价值分析》一书出版前后几年,刘复兴教授发表了大量论文对教育政策价值分析的理论与实践进行探讨,逐步构建起教育政策价值分析系统。《教育政策的价值定位——社会"三元结构理论"的视角》以"社会—经济—国家"或"非营利部门—营利部门—政府部门"的分析框架提醒我们:审视教育政策的基本价值要求是从教育作为非营利组织的视角出发,教育政策的价值根源在于教育政策的合法性与合理性,教育政策的有效性又取决于教育政策活动中的基本矛盾及其解决。⑥《教育政策活动中的价值问题》明确了教育政策活动中的主要价值问题,包括政策选择的模式、政策决策的尺度、弱势补偿、政策代价等,处理好这些问题是保证教育政策获得合法性和有效性的前提。⑦《教育政策的四重视角》

①　劳凯声,刘复兴.论教育政策的价值基础[J].北京师范大学学报(人文社会科学版),2000(6):5—17.

②　涂端午.高等教育政策的价值结构——基于政策文本的实证分析[J].清华大学教育研究,2010(5):6—13.康翠萍.标准、方法与程序:高等教育政策分析若干规范旨要[J].现代教育管理,2011(7):40—44.周国琴,陈群.科学发展视域下教育价值取向分析[J].江海学刊,2012(2):230—233.

③　买雪燕.多元视角的教育政策价值分析:意义、方法、过程[J].教育与教学研究,2014(3):6—9,42.

④　刘复兴.教育政策的价值分析[M].北京:教育科学出版社,2003:2.

⑤　祁型雨.超越利益之争——教育政策的价值研究[M].北京:高等教育出版社,2003:3.

⑥　刘复兴.教育政策的价值定位——社会"三元结构理论"的视角[J].中国教育政策评论,2001(1):310—325.

⑦　刘复兴.教育政策活动中的价值问题[J].北京师范大学学报(人文社会科学版),2002(3):83—91.

从现象形态、本体形态、过程特点、特殊性质 4 个视角对教育政策的内涵进行全面的认识和理解。①《教育政策的边界与价值向度》提出教育政策包括法律化教育政策和非法律化教育政策两部分,并确立价值选择、合法性和有效性 3 个基本价值向度。②《教育政策价值分析的三维模式》以价值选择、合法性、有效性 3 个价值向度,实质价值、程序价值 2 类价值内容,经验研究、规范研究、超伦理研究 3 种具体方法,共同构成了教育政策价值分析的三维模式。该模式可以把具体的教育政策研究对应到不同的“问题域”当中。③《教育政策的价值系统》表明价值系统主要由教育政策活动的价值要素(如教育政策价值主体、教育政策价值客体、教育政策问题等)及其关系构成,理解教育政策的价值系统对于处理价值关系、解决政策问题具有积极效用。④

此外,刘复兴教授对我国教育政策范式也进行了研究。在《论我国教育政策范式的转变》中厘定范式与教育政策的关系,对传统的教育政策活动范式和新的教育政策活动范式都有阐述,并建议我们在走向新的教育政策分析范式中建立权力博弈和制度分析的视角。⑤在《政府选择、市场选择与公民社会选择的博弈——当代我国教育制度变革的价值选择》中,他指出,教育制度变迁中需要确立的几个价值原则:一是有效的制度变迁在教育变革中具有关键性作用,二是教育领域中政府机制和市场机制可以共同有效地提供公共物品,三是教育政治活动中适用理性的经纪人原则,四是政府最基本的责任是保障教育的公益性和社会公平⑥。

除了刘复兴教授以外,其他学者也提出了各自的教育政策分析的方法和视角。张烨从制度伦理的角度审视教育政策的制定和实施,指出教育公正作为教育制度伦理的核心范畴必然成为教育政策价值诉求的基本点。⑦周小虎和张蕊从理论层面探讨教育政策分析的范式特征及其研究路径,体现了教育政策分析是在现

---

① 刘复兴.教育政策的四重视角[J].清华大学教育研究,2002(4):13—19.

② 刘复兴.教育政策的边界与价值向度[J].清华大学教育研究,2002(1):70—77.

③ 刘复兴.教育政策价值分析的三维模式[J].教育研究,2002(4):15—19,73.

④ 刘复兴.教育政策的价值系统[J].清华大学教育研究,2003(2):6—13.

⑤ 刘复兴.论我国教育政策范式的转变[J].北京师范大学学报(社会科学版),2004(3):15—19.

⑥ 刘复兴.政府选择、市场选择与公民社会选择的博弈——当代我国教育制度变革的价值选择[J].中国教育政策评论,2005(00):52—66.

⑦ 张烨.教育政策分析的制度伦理视角[J].清华大学教育研究,2005(1):34—39.

代诸多学科交叉发展态势下,借助新兴和交叉学科的研究方法不断走向成熟;教育政策分析的研究路径可以包括政治学路径、经济学路径、社会心理学路径、马克思主义路径、系统科学路径和现象学路径。①买雪燕则从多元视角对教育政策价值分析的意义、方法及过程进行了研究,认为教育政策价值分析具有澄清价值、政策预测、政策宣传、相互借鉴的作用,在促进社会公平和正义方面具有预测、调节和保障的功能,在方法选择上注重经验性与科学性结合、规范性研究方法和超伦理研究方法结合,注意到价值冲突的必然性。在对教育政策过程中的主要价值问题进行分析时,首先要以程序化、制度化的价值选择过程来规范和约束决策者的价值选择;其次要充分了解事实并尊重客观规律;最后要尊重弱势群体,以体现教育政策价值公平性。②

　　除理论构建与探讨之外,也有学者关注具体教育政策分析的理论与实践。蔡瑜琢从西方政策分析方法和概念入手,结合我国实际,提出一种强调政策环境和政策过程研究的方法,以期尽快建立适合我国实际的高等教育政策分析方法。③涂端午对 1979—1998 年 533 项高等教育政策文本进行实证分析,将高等教育政策价值划分为实体价值(包括经济价值、知识价值等)和符号价值(包括名誉、意识形态等)两大类,并指出符号价值很大程度上决定了实体价值。④康翠萍阐述了高等教育政策分析的标准、方法与程序,将依据完整性、科学性和创新性相统一的原则作为政策内容分析的依据和标准,提倡方法的选择依据研究目的而定,并设定全面系统地考察政策文本、确立内容分析标准,以及运用分析框架对政策规范问题进行分析,以寻找问题并提出对策的一般程序。⑤周国琴和陈群阐述了科学发展观对当下中国教育改革发展的价值引领作用。⑥

　　可以看出,我国学者对教育政策价值取向的研究较丰富,可以为本书提供一

---

　　① 周小虎,张蕊.教育政策分析的范式特征及其研究路径[J].教育理论与实践,2010(10):15—18.
　　② 买雪燕.多元视角的教育政策价值分析:意义、方法、过程[J].教育与教学研究,2014(3):6—9,42.
　　③ 蔡瑜琢.高等教育政策分析方法研究[J].高等工程教育研究,2004(4):47—51.
　　④ 涂端午.中国高等教育政策制定的宏观图景——基于 1979—1998 年高等教育政策文本的定量分析[J].北京大学教育评论,2007(4):53—65,185.
　　⑤ 康翠萍.标准、方法与程序:高等教育政策分析若干规范旨要[J].现代教育管理,2011(7):40—44.
　　⑥ 周国琴,陈群.科学发展视域下教育价值取向分析[J].江海学刊,2012(2):230—233.

定的理论借鉴。

第四节　研究思路与框架

一、　基本思路

本书采取文献法、案例法、历史法和比较法等方法,梳理教科文组织、经合组织、世行、欧盟等主要国际组织教育政策价值取向的发展演变;探讨这些国际组织教育政策价值取向背后的影响因素和保障机制;以这些国际组织的一些重要教育政策为例,分析其教育政策价值取向的体现;总结国际组织教育政策价值取向的个性和共性,为我国参与全球教育治理提供参考和启示。

二、　总体框架

本书的总体框架包括七个部分,具体如下:

第一章"绪论"。本章包括问题的提出、概念界定、文献综述、研究思路和框架等。

第二章"联合国教科文组织教育政策价值取向发展"。本章从历史维度,将教科文组织教育政策价值取向发展划分为 4 个时期,归纳了教科文组织教育政策价值取向的基本特征,分析了价值取向的影响因素。

第三章"经合组织教育政策价值取向"。本章分析了经合组织教育职能的发展与演变,分析了经合组织的组织与运行以及教育政策的特点,归纳了经合组织教育政策价值取向的特征,并以 PISA 作为案例研究,最后提出了对经合组织教育政策价值取向的评价和启示。

第四章"高等教育援助:世界银行教育政策价值取向的重要体现"。高等教育援助作为世行的重要教育政策,体现了世行教育政策的价值取向。本章分析了世行教育政策的特征,梳理了世行高等教育援助政策的演变,归纳了世行高等教育的援助模式,以世行对印度尼西亚和印度高等教育援助作为案例进行研究,分析了世行高等教育援助背后的动机,并提出了相应启示。

第五章"高等教育一体化:欧盟教育政策的重要价值取向"。欧盟为了促进高等教育一体化的深入发展,发布了一系列政策报告和计划。本章梳理了欧盟高等教育一体化战略的发展演变,从质量、国际、公平三方面出发分析了欧盟高等教育一体化发展战略,分析了欧盟高等教育一体化发展战略的成就与挑战,并提出了相应启示。

第六章"案例分析:联合国教科文组织女童教育政策的发展和特点"。女童教育政策作为教科文组织教育政策的重要关注方面,体现了教科文组织追求教育公平的价值取向。本章梳理了21世纪之前教科文组织女童教育政策的演变,分析了21世纪以来教科文组织女童教育政策的主要内容,归纳了教科文组织女童教育政策的特点。

第七章"总结和借鉴"。国际组织教育政策价值取向研究对我国参与全球教育治理有一定启示。本章总结了国际组织教育政策价值取向的个性、共性与局限性,并以经合组织和世行为例,指出了我国与国际组织教育合作的方向。

第二章
联合国教科文组织教育政策价值取向发展

自 1945 年成立以来，联合国教科文组织在世界上的影响日益加强。在其 70 多年的发展历程中，教科文组织不仅在世界范围内开展了大量教育活动，为世界教育发展做出了卓越的贡献，而且提出了很多重要教育政策及思想。巨大的国际影响力使其在联合国及其成员国中确立了重要的地位。当下国内学者对教科文组织教育政策的研究多为介绍性的，而且往往局限于某一领域的活动，缺乏对教科文组织全面、系统的研究和论述。对于这样拥有巨大影响力的组织，有必要对其教育政策背后的价值观念、价值取向的发展进行深入研究和全面阐述，并做出正确的评价。

第一节　教科文组织创建时期的教育政策及其价值取向

20 世纪 40 年代末是教科文组织创建、起步时期，教科文组织面临着重大时代使命，任重而道远。回顾这一时期，该组织的成立来之不易。为实现该组织的教育理想，有识之士努力开展教育活动。该组织在帮助会员国恢复、发展教育的同时，逐渐在教育领域崭露锋芒。

一、 20 世纪 40 年代末：教科文组织的创建

如果不是第二次世界大战时英国伦敦的特殊形势,教科文组织可能根本不会成立,或者说,至少不会是现在这种形式。当时,伦敦成为动荡世界的缩影,世界各地为了自由而战的人们聚集在这里,包括政治家、外交官、知识分子等①。联合国教育委员会主席理查德·巴特勒先生和英国文化委员会主席马尔科姆·罗伯逊爵士提出倡议,邀请盟国部长在伦敦举行会议,即盟国教育部长会议(Conference of Allied Ministers of Education,CAME),成为教科文组织产生的起点。它的存在和鼓舞它存在的精神,代表着一个充满希望的前景。②按照设想,这个新的组织应建立"人类智力上和道义上的团结",从而防止爆发新的世界大战。在与会各国政府的建议的基础上,教科文组织未来的轮廓便逐渐形成了。

1945 年第二次世界大战结束,联合国也于该年 10 月在美国旧金山成立。根据盟国教育部长会议的提议,以所有与会国一律平等、一国一票为原则,召开一次特别会议,负责达成一项建立一个国际组织的协议。这个国际组织的目标是关心战后重建时期的教育和文化问题。③筹备会议于 11 月 1 日至 16 日在伦敦举行。会议由英国教育部长埃伦·威尔金森(Ellen Wikinson)女士主持,44 个国家代表出席了会议,也包括一些国际组织的观察员。会议上,威尔金森女士说:"战火余烬还在燃烧,我们所有人、我们所代表的国家都参加了这场伟大的斗争。……今天,我们相聚在一起:教育工作者、科学研究人员和各种文化领域的工作者,我们代表那些教导者、发现者、写作者以及在音乐和艺术中表达灵感的人。我们肩负着崇高的责任,因为赋予我们的任务是创建联合国的一个组成部分——并非最不重要的部分。这一组织将承载我们对人类未来的希望。我们要疏通国家间的沟通渠道,让知识、思想、真理和美好流动起来,这些都是真正文明的基础。"④英

---

① Howard Brabyn. Birth of an ideal[J]. The Courier, 1985(10):5.
② 郭春林,等.联合国教科文组织四十年[M].北京:中国对外翻译出版公司,1985:5.
③ 同上书,1985.6.
④ Ellen Wikinson. The life of the mind[J]. The Courier, 1985(10):8.

国首相克莱门特·艾德礼(Clement Attlee)表示:"在即将迎来的新世界秩序中,至关重要的是对于人类主要的活动领域,我们都应该有合适的处理机制……教育和文化领域无疑是国际生活中最丰富和最重要的部分。我们不能满足于现状,我们新的世界组织要不断地为该领域争取、提供最充分、最有益的发展。"①

1945 年 11 月 16 日,参加会议的 44 个国家中有 20 个国家代表签署了《联合国教育、科学及文化组织组织法》(以下简称《组织法》),标志着教科文组织的正式建立。教科文组织的活动领域涉及教育、自然科学、社会和人类科学、文化等多个方面,其职能范围确定为:特别借助群众交往的方法,促进各国之间的互相认识和理解;教育和传播文化,在各会员国开展教育行动,以逐步实现教育机会均等;研究和利用适当的方法,以培养全世界青年承担起自由人类的责任;通过保护人类文化遗产、人员交流和器材、文献资料交换,通过使一切人都能获得和使用其他人生产的出版物,促进知识的发展和传播②。

《组织法》是教科文组织重要的精神支柱,是其不断发展的精神源头,深刻体现了会员国的集体意志,也为该组织日后的发展指明了方向——教科文组织担负着重要的伦理道德使命,即促进人类的和平与相互理解,其在世界范围内促进教育发展的全部行动是为了实现这些理想。

二、 创建时期的标志性教育政策

1946 年 11 月 9 日至 12 月 10 日,教科文组织首届大会在巴黎召开,英国科学家朱利安·赫胥黎(Julian Huxley,任期 1946—1948)被选为教科文组织的首任总干事。由此,教科文组织正式开展工作。

这一时期,教科文组织工作重心主要是为会员国提供战后紧急援助、帮助各国教育体系的恢复重建,而且教科文组织刚成立不久,第一个年度的预算只有 625 万美元③,因此教育活动不是很多,具体见表 2-1。

---

① Clement Attlee. The life of the mind[J]. The Courier, 1985(10):8.
② 郭春林,等.联合国教科文组织四十年[M].北京:中国对外翻译出版公司,1985:8.
③ [美]米歇尔·科尼尔·科拉斯特.宏图大业——联合国教科文组织编年史(1946—1993)[M].北京:中国对外翻译出版公司,1995:15.

表 2-1   20世纪40年代末,教科文组织的标志性教育政策

年　份	事　　　　件	类　　型
1945 年	联合国教科文组织《组织法》	成立文件
1947 年	第 21 号建议"学校设施的免费提供"	学校管理
1947 年	第 22 号建议"中学体育"	基础教育
1948 年	联合国大会通过并颁布《世界人权宣言》	宣言
1948 年	第 23 号建议"书法教学"	基础教育
1948 年	第 24 号建议"青年国际理解精神的培养和有关国际组织的教学"	基础教育
1948 年	第 25 号建议"教育中心服务的发展"	学校管理
1949 年	第一届国际成人教育大会(丹麦)	成人教育
1949 年	第 26 号建议"作为发展国际理解工具的地理教学"	基础教育
1949 年	第 27 号建议"小学中自然科学的引入"	基础教育
1949 年	第 28 号建议"阅读教学"	基础教育

(资料来源:UNESCO. History of the Education Sector[EB/OL].[2017-10-28]. https://en. unesco.org/themes/education-21st-century/about-us/History.)

从上表可以看出,教科文组织在教育领域关注重点为基础教育、成人教育。

(一)　重视基础教育

教科文组织在 1946 年出版了第一份报告《基础教育:人类的共同财富》,这是教科文组织筹备委员会下属特别委员会提交的报告[①]。由此可见教科文组织对基础教育的重视程度。1949 年,托雷斯·博德(Jaime Torres Bodet,任期 1948—1952)成为教科文组织第二任总干事,他把"促进人权"视为教科文组织的使命,把教育作为促进发展和进步的最佳途径,在实际工作中积极推进基础教育的发展,并在全球范围内开展了"扫除文盲运动"[②]。

国际教育局(IBE)成立于 1925 年。它最初是一个私立机构,1929 年成为政

[①]　[美]米歇尔·科尼尔·科拉斯特.宏图大业——联合国教科文组织编年史(1946—1993)[M].北京:中国对外翻译出版公司,1995:20.

[②]　张民选.国际组织与教育发展[M].上海:上海教育出版社,2010:85.

府间组织,而后逐渐发展成为世界上第一个政府间的国际教育组织。自 1937 年起,国际教育局每年邀请各国政府代表参加在日内瓦举行的"国际公共教育大会"(International Conference on Public Education)。1947 年,教科文组织与国际教育局达成协议,开始进行合作,包括联合召开国际教育大会,出台相关建议书。1947—1949 年间,教科文组织与国际教育局一共合作发布了 8 份建议书,大部分属于基础教育领域。值得注意的是,教科文组织十分关注教育细节,几乎在每份建议书中都为各国教育当局、学校、教师提出切实的、具有可操作性的建议。

第一,有关基础教育中具体学科的教学问题,如体育、书法、地理、自然科学等。第 22 号建议认为,无论是何种类型学校中的中学各班组,体育都应是必修科目,青少年不仅要获得智力发展,身体也要得到锻炼,使其和谐发展。第 26 号建议对地理学的课程编制、考试、应运用怎样的心理学方法和教学方法,以及应如何客观讲授地理学等问题予以关注[①]。

第二,基础教育中的国际理解问题。第 24 号建议指出,当前教育的主要目的之一是,使儿童和青少年做好准备,能有意识地积极参与建设一个多元、和平、安全及人人享有更完满生活这一共同目标的世界社会(world society)。这种准备不仅包括获得技能,而且更应包括形成并发展有利于建设、保持和完善一个统一的世界的心理态度。这种准备应同所有年龄阶段的学生的能力以及各国的具体教学条件相适应[②]。

此外,教科文组织还建议具体的学科教学可以作为各国增进理解的桥梁。如第 26 号建议所说的将地理教学作为发展国际理解的工具,"消除儿童认为自己是世界中心的感觉,并增强他们对人类相互依赖和道德团结的意识"[③]。教科文组织认为,为了"在人的思想中"建筑"和平的屏障",所有国家必须履行互助关怀的精神,加强国际理解,创造一种融洽的国际氛围,维护世界的持久和平。因此,促进世界各国的国际理解教育成为教科文组织日后的重要工作之一。

---

①③ 赵中建.全球教育发展的历史轨迹——联合国教科文组织国际教育大会建议书专集[M].北京:教育科学出版社,2005:22, 76.

② 同上书,2005:72.

(二) 召开第一届国际成人教育大会

1949年6月19日至25日,教科文组织在丹麦埃尔西诺尔召开第一届国际成人教育大会,会议聚集了106名来自27个国家和21个国际组织的代表。无论从规模还是从范围上,本次会议都是成人教育领域前所未有的,标志着教科文组织的工作计划向前迈出了重要一步。此次会议主题为:成人教育的内容、机构和组织问题、方法和技术、建立国际永久合作的途径①。在会议的筹备过程中,教科文组织就与成人教育机构、领导者和有关人士在成人教育领域开展合作,收集了有关成人教育新技术和新方法的信息。这些材料虽然并不全面,但是展示了成人教育的现状以及发展趋势,并于1949年年底正式出版,以供各国参考。

大会以第二次世界大战为背景,标志着教科文组织计划的新发展阶段,强调成人教育的目标是:帮助和促进旨在创造一种共同文化的运动,结束所谓的"大众"和"精英"之间的对立关系;激发真正的民主精神和宽容精神;赋予青年人生活的希望,坚定已被当今世界混乱状况动摇的信心;恢复生活在专业化与隔离化时代中的社会意识;培养一种归属国际社会的开明意识②。成人教育领导者和世界各地的相关组织第一次组成一个共同团体,明确讨论他们的意图和需要。此后,教科文组织每隔12年就举办一次国际成人教育大会,每一次大会都反映出了特定的时代要求和现实。

三、 创建时期的教育政策价值取向:以国际理解与和平为目标

《组织法》开篇指出,教科文组织的宗旨是"通过教育、科学及文化来促进各国间之合作,对和平与安全作出贡献,以增进对正义、法治及联合国宪章所确认之世界人民不分种族、性别、语言或宗教均享人权与基本自由之普遍尊重"③。这为这一时期的教育政策价值取向定下基调:重视基础教育与成人教育,以国际理解与和平为目标,消除国家、民族和种族间的误解、隔阂,反对战争,同时也为教科文组

---

① 中国成人教育协会.国际成人教育发展的历史轨迹——联合国教科文组织六次成人教育大会文集(1949—2009)[M].北京:教育科学出版社,2012:1.

② 同上书,2012:2.

③ 联合国教育、科学及文化组织.基本文件[R].巴黎:联合国教育、科学及文化组织,2016:7.

织日后的教育活动确立了基本价值观。

这一时期,教科文组织十分重视基础教育以及成人教育,前者是世界的未来,而后者着眼的是现在。良好的基础教育是其他阶段教育的前提,是整个教育体系的关键所在,而且世界的未来取决于今天的教育。因此,要尊重、保护和确保每个人都应接受优质基础教育的权利,才能有能力行使其他权利,才能够发挥自己的潜力,以实现自我价值、获得幸福,并成为一个对社会发展有益的世界公民。同时,成人是社会发展的主力人群,对发展国际理解有着重要作用,能够帮助世界重塑基本价值观念的新信仰,用真知来追求真理、自由、公正和宽容①。

此外,教科文组织担心战争带给各国儿童的身心伤害会在他们心灵上埋下仇恨的种子,因此围绕避免战争,从细小之处入手,重点关注了学校环境、教师教学以及青少年心理健康等方面的内容,希望通过具体的教学内容、教学方法促进各国人民的互相理解,减少国家间、民族间的冲突。例如,为了在教学过程中融入国际理解的理念,教科文组织在第 24 号建议中指出,为了推广国际互相理解、尊重的理念,教科文组织要求各国改进教科书,通过复查,减少存在误解的内容;改进教学方法,认为"所有教学应有助于学生认识和理解国际团结"(international solidarity)、"各国教育部和其他教育当局应运用其影响,鼓励在青年中培养国际理解精神,并对有关以促进世界和平为己任的国际组织的教学提供帮助"②。另外,成人教育作为促进劳动力市场发展、社会发展、家庭稳定的重要因素之一,教科文组织将其作为推广国际理解、提高人类政治和价值观的手段而加以重视。

如前所说,教科文组织并不是一个全新的国际组织,它继承了国际社会在教育领域内的努力、经验以及共商共建的传统,更颠覆了各国在教育文化领域的合作方式。在这之前,各国政府在这方面的合作还局限于点对点的双边合作,教科文组织为各会员国提供机会来讨论教育问题,在合作交流方面起着带头作用,如第一届国际成人教育大会就聚集了来自多个国家和国际组织的代表,他们均发表

---

① 中国成人教育协会.国际成人教育发展的历史轨迹——联合国教科文组织六次成人教育大会文集(1949—2009)[M].北京:教育科学出版社,2012:22.

② 赵中建.全球教育发展的历史轨迹——联合国教科文组织国际教育大会建议书专集[M].北京:教育科学出版社,2005:72—73.

了各自的建议。正如总干事托雷斯·博德所说："迄今为止,在所有我有幸组织的特别会议里,本次会议显然是最重要的。通过本次会议的召开,教科文组织实现了 1945 年在伦敦签署的组织构建法案中人们最深切的期望。"①大会的顺利召开展现了各国协商合作的可能性,尽管各国的成人教育形式、程度等都有所不同,但并不妨碍在某些共同问题上达成一致意见。由此,在世界范围内出现了新的教育交流模式:由国际组织倡导、各国响应、在全球推广的教育政策以及教育活动。可以说,教科文组织是全球性教育政策的发端,为了人类的共同福利,通过教育来增进人们之间的理解,努力在全世界范围内给人们统一的启示,促进各国对教育本质和目标的认识。

20 世纪 40 年代末这段时期比较短,只有 5 年,教科文组织除了自己开展教育活动,还积极参与联合国的教育项目。1949 年,联合国发起了"技术协助扩展项目"(Expanded Programme of Technical Assistance),这个项目使教科文组织获得了来源广泛、源源不断的资金捐助,使其在全球范围内的普及基础教育运动和扫除文盲运动得以顺利开展②。

第二节　教科文组织探索时期的教育政策及其价值取向

20 世纪 50 至 60 年代,人类的教育事业得到前所未有的大发展,世界进入了第二次世界大战后第一个教育发展的"黄金时期"③。教科文组织的工作重心也逐渐转移到促进世界各国教育、科学和文化事业的发展。

一、　教科文组织的探索:20 世纪 50 年代至 60 年代

1946 年,英国首相丘吉尔发表的"铁幕演说"正式拉开了"冷战"的序幕。国际社会渐渐形成以美苏为代表的资本主义和社会主义两大阵营的局面,世界格局

---

① 中国成人教育协会.国际成人教育发展的历史轨迹——联合国教科文组织六次成人教育大会文集(1949—2009)[M].北京:教育科学出版社,2012:1.
② 张民选.国际组织与教育发展[M].上海:上海教育出版社,2010:85.
③ 同上书,2010:129.

的变化也逐渐反映到教科文组织中。1954年,苏联加入教科文组织,不断地与美国进行较量,双方猜疑很深,两种意识形态在教科文组织的内部不断碰撞。1961年,苏联提议并得到乌克兰附议的"全球扫盲运动",得到教科文组织和广大第三世界国家的支持与推广。但是,出于意识形态和争夺领导权方面的原因,美国极力反对该项全球教育运动[①]。美国政府希望将教科文组织塑造为美国对抗苏联的意识形态宣传工具。教科文组织一度被看成是政治的工具,即"观念上的马歇尔计划",阻止"难以容忍的"共产主义扩张[②]。随着冷战的进一步深入,教科文组织不可避免地成为美苏的角力场,艰难地在两种意识形态的博弈中开展活动。

许多非洲国家获得独立,并且逐渐加入教科文组织,会员国的持续增加打破了原来的格局。1960—1962年间,就有24个新成立的非洲国家加入教科文组织。它们的加入不仅改变了教科文组织的组织面貌,而且还为教科文组织带来新的议题、新的声音。这些非洲国家虽然实现了政治独立,但是在经济、知识、教育等方面仍有不少历史遗留问题,而且这些国家的问题不一,各自的需要也有不同。这对于教科文组织来说,是个艰难的挑战,必须积极地开拓、进取,寻求新的发展。

学者郭春林指出:"教科文组织在迅速发展、充满生机的早期紧张活动阶段,也没有免遭批评……年轻的教科文组织还未能完全赢得所有政府的信任,而各国政府也不打算把教科文组织的计划看作是本国为改善人民生活所做的努力中不可缺少的一个因素。"[③]实际上,教科文组织作为政府间机构,没有执行的权利,也没有充足的活动资源,所以不得不诉诸倡议、鼓励、促进、调查等话语[④]。不过随着教科文组织逐渐发展,不仅为会员国提供大量的咨询意见、技术支持,也为人们聚集在一起提供了场所,思考国家应当负起怎样的责任,其能力和价值渐渐为人们所关注。

---

① 张民选.国际组织与教育发展[M].上海:上海教育出版社,2010:86.

② [美]玛莎·费丽莫.国际社会中的国家利益[M].杭州:浙江人民出版社,2001:63.

③ 郭春林等.联合国教科文组织四十年[M].北京:中国对外翻译出版公司,1985:164.

④ Ritchie Calder. From Dream to Plan of Action[J]. The Courier, 1956(9):12.

二、 探索时期的标志性教育政策

这一时期,教科文组织在不断摸索中发展、前行,在教育方面的活动持续增多,开展了一系列项目活动,如表 2-2 所示。

表 2-2　20 世纪 50 年代至 60 年代,教科文组织的标志性教育政策

年　份	事　　件	类　　型
1950 年	第 29 号建议"教师的国际相互交流"	教师教育
1950 年	第 30 号建议"中学的手工艺教学"	基础教育
1950 年	第 31 号建议"小学中的数学入门"	基础教育
1951 年	第 32 号建议"义务教育及其年限的延长"	基础教育
1951 年	第 33 号建议"学校用餐和校服"	学校管理
1952 年	成立教育研究所,现更名为终身学习研究所(UIL)	成立新机构
1952 年	第 34 号建议"妇女教育"	妇女教育
1952 年	第 35 号建议"中学的自然科学教学"	基础教育
1953 年	第 36 号建议"小学教师的培训"	基础、教师
1953 年	第 37 号建议"小学教师的地位"	基础、教师
1953 年	发起教科文组织联系学校项目	教育项目
1954 年	第 38 号建议"中学教师的培训"	基础、教师
1954 年	第 39 号建议"中学教师的地位"	基础、教师
1955 年	第 40 号建议"教育财政"	学校管理
1955 年	第 41 号建议"中小学的艺术教学"	基础教育
1956 年	第 42 号建议"学校督导"	学校管理
1956 年	第 43 号建议"中学的数学教学"	基础教育
1957 年	第 44 号建议"校舍的扩建"	学校管理
1957 年	第 45 号建议"小学师资培训人员的培训"	基础、教师
1958 年	第 46 号建议"初等学校课程的准备和发布"	基础教育
1958 年	第 47 号建议"农村地区教育的设施"	农村教育
1959 年	第 48 号建议"小学教科书的准备、选择和使用"	基础教育

（续表）

年 份	事 件	类 型
1959 年	联合国大会发布《儿童权利宣言》	宣言
1959 年	第 49 号建议"增加科学和技术人员的招聘和培训设施的措施"	学校管理
1960 年	第 50 号建议"普通中等学校课程的准备和发布"	基础教育
1960 年	教科文组织大会通过《反对教育歧视公约》	公约
1960 年	第 51 号建议"智力障碍儿童的特殊教育的组织"	特殊教育
1960 年	第二届世界成人教育大会(加拿大蒙特利尔)	成人教育
1961 年	第 52 号建议"单一教师的初等学校组织"	教师教育
1961 年	第 53 号建议"学前教育的组织"	学前教育
1962 年	第 54 号建议"教育规划"	教育规划
1962 年	第 55 号建议"在职小学教师的再培训"	教师教育
1963 年	成立国际教育规划局(IIEP)	成立新机构
1963 年	第 56 号建议"教育和职业指导的组织"	其他
1963 年	第 57 号建议"克服小学师资短缺的努力"	基础、教师
1965 年	联合国大会发布《消除一切形式种族歧视国际公约》	公约
1965 年	第 58 号建议"扫盲和成人教育"	扫盲、成人
1965 年	第 59 号建议"中学的现代外语教学"	基础教育
1966 年	联合国大会发布《联合国经济、社会和文化权利国际公约》	公约
1966 年	第 60 号建议"教育研究的组织"	其他
1966 年	第 61 号建议"国外教师"	教师教育
1967 年	第 62 号建议"中学师资的短缺"	教师教育
1967 年	第 63 号建议"小学健康教育"	基础教育
1968 年	第 64 号建议"作为学校课程和生活之组成部分的国际理解教育"	国际理解教育
1968 年	第 65 号建议"学校环境的研究"	学校管理

（资料来源：UNESCO. History of the Education Sector[EB/OL].[2017-10-28]. https://en.unesco.org/themes/education-21st-century/about-us/History.）

进入探索时期,教科文组织的教育活动也有了新趋势,从表 2-2 可以看出,一是基础教育仍然是重点关注的领域,同时关注教师教育、扫盲运动、妇女教育、弱势群体等各类教育;二是教科文组织的教育项目、新机构增多,与会员国更加紧密地结合在一起;三是逐渐重视教育规划。

（一）关注各级各类教育

1948 年 12 月 10 日,联合国大会通过并颁布《世界人权宣言》,大会要求所有会员国广为宣传,并且"不分国家或领土的政治地位,主要在各级学校和其他教育机构加以传播、展示、阅读和阐述"[①]。作为联合国在教育领域的重要承担者,教科文组织努力完成其教育使命,广泛关注各级各类教育,并且在实际行动中积极普及"教育作为一项人权"这一概念。

1. 基础教育中的具体学科问题

1950 年至 1969 年,教科文组织与国际教育局一共发布了 36 份建议书,其中,如第 31 号建议、第 43 号建议都以数学教学为主题,后者作为前者的补充,对数学教学的目的、数学的地位、教学大纲、方法、教学材料、教师以及国际合作都提出了详细的建议,认为数学始终具有无可争议的文化和实践价值,且在科学技术和经济进步中扮演重要角色[②]。此外,第 35 号建议"中学的自然科学教学"、第 41 号建议"中小学的艺术教学"、第 59 号建议"中学的现代外语教学"都关注基础教育中的学科教学问题。作为教科文组织教育政策中的重要组成部分,基础教育一直受到重视,教科文组织认为基础教育是个人和社会回报率较高的领域。

2. 教师的地位、培训、交流、短缺等问题

从表 2-2 可以看到,基础教育常常与教师教育联系在一起,如第 36 号建议"小学教师的培训"、第 38 号建议"中学教师的培训"、第 45 号建议"小学师资培训人员的培训"、第 55 号建议"在职小学教师的再培训",基本都从招生、课程、继续培训等方面提出建议。教师是实施任何层次教育的决定性因素,作为教学活动的

---

① 教科文组织.世界人权宣言 [EB/OL]. [2017-09-09]. http://www.ohchr.org/EN/UDHR/Documents/UDHR_Translations/chn.pdf.

② 赵中建.全球教育发展的历史轨迹——联合国教科文组织国际教育大会建议书专集[M].北京:教育科学出版社,2005:157.

主要承担者,教师的能力、素质对学生的长远发展来说有着深远的影响及作用。另一方面,教师行业的扩大在一定程度上取决于教师的社会地位和物质待遇,第37号建议"小学教师的地位"、第39号建议"中学教师的地位"从教师的行政地位、教师的待遇、条件及地位、工资、社会保险等方面提出建议,认为无论是小学教师还是中学教师,通过对国家生活做出精神上和智力上的贡献,通过由个人满足当地社区的社会需求,通过在有偿劳动时间之内或之外表现出的服务于学生利益的精神,树立起他们的声望①。另外,第29号建议"教师的国际相互交流"中指出,教科文组织相信教师和教育工作者之间的国际交流,是促进不同民族和文化的人民之间加深理解及提高教育标准的最有实际效果的一种方法②。虽然这些建议书作用的发挥有赖于各国的接受及执行程度的高低,但是在一定程度上也推动了教师教育领域的发展。1966年,教科文组织和国际劳工组织(ILO)联合颁发了《关于教师地位的建议》Recommendation Concerning the Status of Teachers。

3. 反对教育歧视:妇女教育、农村地区教育以及扫盲运动

《世界人权宣言》第二条指出,人人享有教育的权利,人人有资格享有本宣言所载的一切权利和自由,不分种族、肤色、性别、语言、宗教、政治或其他见解、国籍或社会出身、财产、出生或其他身份等任何区别③。这一精神在第34号建议"妇女教育"、第47号建议"农村地区教育的设施"、第51号建议"智力障碍儿童的特殊教育的组织"、第58号建议"扫盲和成人教育"中都有所体现。1960年,教科文组织大会通过了《反对教育歧视公约》。这一公约的宗旨与《世界人权宣言》是一脉相承的:反对教育歧视问题,承认人人都有受教育的权利,实现教育平等。教育权利被定义为必须接受的权利。因为如果没有这一权利,个人或某一群体都无法正常工作。国际社会已经认识到,没有教育,个人就无法实现自己的潜能,不能成为完整意义上的"人",也无法过上充实的生活④。而后,联合国大会于1965年通

---

① 赵中建.全球教育发展的历史轨迹——联合国教科文组织国际教育大会建议书专集[M].北京:教育科学出版社,2005:132.

② 同上书,2005:83.

③ 教科文组织.世界人权宣言[EB/OL].[2017-09-09].http://www.ohchr.org/EN/UDHR/Documents/UDHR_Translations/chn.pdf.

④ Lionel Elvin. Two decades in the world of education[J]. The Courier, 1966(19):26.

过了《消除一切形式种族歧视国际公约》。

(二) 开展教育项目

1953 年,美国国会图书馆馆长卢瑟·埃文斯(Luther Evans,任期 1953—1958)担任教科文组织总干事。同年 11 月,教科文组织邀请了 21 名来自 15 个国家 33 所中学的专家,认为可以在各国教育部、教科文组织全国委员会以及教科文组织的后勤支持下,开展具有国际联系的试点项目,以建立"世界共同体的教育:在成员国学校中进行协调实验活动"①。由此,教科文组织正式启动了联系学校项目网络(UNESCO Associated Schools Project Network,ASPnet),并逐渐发展成为推动世界教育发展的全球网络,在加强教科文组织与会员国的联系、促进国际理解教育方面起到了示范性的作用。

该项目在 1961 年 5 月发表了第一期题为《学校的国际理解》的通讯稿,并陆续刊出新的文章。1963 年,在法国塞弗尔举行了联系学校项目网络十周年纪念的国际会议,来自 37 个国家的 54 名教育工作者出席了会议。该网络已经扩大到 42 个会员国,有 191 所学校参与其中。他们强调,教科文组织应编写描述各国对世界文明贡献的专著以及外语教学所需的教科书,并强烈要求将该项目扩展到小学阶段②。1991 年,这一网络已遍及 101 个国家,包括 2550 多所学校(学前学校、小学、中学、师范学校、技术和职业学校)③。

事实上,在战争结束后,世界各国的恢复工作有序进行,但国家间的不信任仍然存在。这些国家日益把世界看成是充满敌意的,以怀疑的眼光打量对方④。这是不可忽视的和平隐患。教科文组织认为,不论种族、性别、语言或宗教,应该通过教育加强对世界各国人民的公正、法治、人权和基本自由的普遍尊重。因此,教科文组织试图通过联系学校这一具体行动,促进国际了解、合作与和平,把教科文组织的理想转化为现实。

---

①② UNESCO. Associated School Project Network(ASPnet):Historical Review 1953—2003[EB/OL].[2017-09-16]. http://unesdoc.unesco.org/images/0013/001305/130509e.pdf.

③ [美]米歇尔·科尼尔·科拉斯特.宏图大业——联合国教科文组织编年史(1946—1993)[M].北京:中国对外翻译出版公司,1995:55.

④ [美]玛莎·费丽莫.国际社会中的国家利益[M].杭州:浙江人民出版社,2001:64.

（三）　制订教育规划

随着教育活动的开展,教科文组织认识到教育规划对于教育发展的重要性,需要制订与各国经济、政治相切合的教育规划,才能推动教育更好地进一步发展。1962 年,在第 54 号建议"教育规划"中强调,"教育的发展最终有赖于国家所能利用的经济、财政和人力资源,而有效的教育规划可以使这些资源得到充分利用"。但是一项教育规划不仅要考虑教育因素,还要考虑经济、社会、人口状况等因素的影响,而且"各国教育部应有自己独立的机构,负责协调同其他部门的联系,特别是那些与教育和培训事业有关部门的联系"[①],"每个国家都应特别注意教育规划专家的培训",还强调了教育规划中国际合作的重要性,"因为这种合作使人认识到存在着不同的规划概念,认识到能够从训练有素的人员和专家那里获取各种来源的价值"[②]。

随着人们承认教育对经济发展的贡献,这几年里,也逐渐接受了教育规划作为经济规划组成部分的论点[③]。1963 年,教科文组织在巴黎成立国际教育规划研究所(IIEP)。该研究所是"半自治的机构",既处在"教科文组织的框架之中",但同时又"在教科文组织总干事权力之外"[④],主要负责教育规划与管理方面的研究和培训。它通过研究和规划教育活动,组织专题研讨会,培训各国教育规划人员和开展研究工作,不仅为教育规划这一学科的形成奠定了基础,也为教科文组织及会员国的教育规划工作做出了巨大贡献。

教育活动中,必须有教育规划,我们才能知道适合一个国家经济社会发展阶段的规模和种类。投入大量的资金却不能转化到经济中是很浪费的,教育中必须确定优先事项[⑤]。制订规划不能仅仅从数量方面考虑问题,还要考虑社会经济背景、经费状况和各种限制条件所制约的可变因素,以及提高教育质量的标准和提高教育效益的革新等因素[⑥]。

---

① 　赵中建.全球教育发展的历史轨迹——联合国教科文组织国际教育大会建议书专集[M].北京:教育科学出版社,2005:235.

② 　同上书,2005:239.

③ 　郭春林,等.联合国教科文组织四十年[M].北京:中国对外翻译出版公司,1985:19.

④ 　张民选.国际组织与教育发展[M].上海:上海教育出版社,2010:132.

⑤ 　Lionel Elvin. Two Decades in The World of Education[J]. The Courier, 1966(19):26.

⑥ 　郭春林,等.联合国教科文组织四十年[M].北京:中国对外翻译出版公司,1985:20.

三、 探索时期的教育政策价值取向：以发展和合作为目标

在"冷战"阴影下，世界两极化的趋势不断加深，教科文组织面临着很多现实问题，不仅是地区与地区之间，还有国家之间教育的巨大差距。同时，文盲问题和教育不平等现象十分严重，残疾儿童、妇女的教育问题也提上日程。在联合国《世界人权宣言》的指引下，教科文组织认为，教育要更有作为，要发挥出其应有的力量，安于现状或者各自为政，对世界皆非福音。这一时期的教育政策价值取向表现为：以发展和合作为目标，关注各级各类教育，重视教育权利，开拓更广的工作领域，着眼于长远。

这一时期，人们逐渐认识到教育应当是每个人的基本权利。教科文组织的工作领域一方面从基础教育、成人教育扩展到教师教育、妇女教育；另一方面更关注弱势群体和特殊教育，为教科文组织开辟了新的领域，指出了日后的工作方向。1954 年教科文组织召开第八届全体会议，大会根据执行局的建议提出一份题为《本组织今后计划的调整》的报告，决定从集中的角度考虑，对各项活动进行重新调整①。经过调整后，教科文组织在教育领域更加积极、进取，主动适应国际社会的变化，教育活动大大增加，推动了世界教育的蓬勃发展。

此外，为推进教育发展和普及，教科文组织积极展开区域合作，与其他国际组织建立合作关系。一是召开地区教育部长会议。1961 年，教科文组织在亚的斯亚贝巴召开了第一次地区教育部长会议。1961—1986 年间，非洲、拉丁美洲及加勒比地区、阿拉伯国家、亚洲及太平洋、欧洲等地区举办了 24 次这类会议。这些会议主要关注需要解决的重大问题，根据目前的趋势预测未来的发展方向，用于指导该地区日后的发展方向。二是积极建立地区办事机构——全国委员会（National Commission for UNESCO）。这是各会员国根据教科文组织《组织法》建立的联络、咨询、情报和执行机构，目的是使本国的教育、科学、文化及新闻交流方面的主要机构参与该组织的工作。在联合国系统中，这一机构是教科文组织所特有的②。三是在与其他国际组织合作方面。在总干事勒内·马厄（René Maheu,

---

① 郭春林，等.联合国教科文组织四十年[M].北京：中国对外翻译出版公司,1985:13.

② [美]米歇尔·科尼尔·科拉斯特.宏图大业——联合国教科文组织编年史(1946—1993)[M].北京：中国对外翻译出版公司,1995:38.

任期 1961—1974 年)的倡议和游说下,教科文组织逐渐与联合国开发署、世行、儿童基金会等组织建立了良好的合作关系,成为这些组织的理事会成员,这些机构的代表也成为教科文组织及其下属机构的理事会成员①。随着世界各地的区域性差异日益明显,开展多边和双边交流、合作有利于开发地区潜力,保证项目长期的稳定执行,而且地区合作与国际合作相互补充,形成点与面的合作网络。

自 1960 年开始,教科文组织的结构发生了深刻变化,有许多新独立的国家加入。它们的存在代表着新的议程。教科文组织为这些国家的教育发展提供专业援助和技术援助,加强其能力建设。该组织的思想和行动因此更加具有广泛的普遍性。不过,这也就意味着教科文组织所面临的问题更加复杂,业务活动急剧增加。但该组织一直以来经费十分紧缺,各项活动必须有所规划,做到心中有数。因此,教育规划为其活动提供了很好的思路,通过周密的计划和安排,以提高教育资源利用效率,在世界范围内推动教育发展,也为下一个时期的中期规划奠定了基础。这一时期的种种举措展示出这一年轻组织积极、进取的姿态。

第三节　教科文组织困难与发展时期的教育政策及价值取向

1960 年以来,很多国家的教育发生了根本性的变革,但是到 20 世纪 60 年代后期,已出现了一些迹象,预示着一场"世界性教育危机"②。可以说,20 世纪 70 年代至 80 年代,教科文组织以及整个国际体系都经历了重大变革。

一、 教科文组织的困难与发展:20 世纪 70 年代至 80 年代

社会发展的任何根本性变革可以招致局势的紧张、社会的不平衡,甚至造成危机,这就要求进行艰苦的调整以适应新的形势。③教科文组织迎来了最困难的时期:国际环境的恶化、国际新秩序的建立、美国退会等引发了组织危机和财政危机。

---

① 张民选.国际组织与教育发展[M].上海:上海教育出版社,2010:86.
②③ [法]雅克·哈拉克.投资于未来[M].北京:教育科学出版社,1993:25.

从国际环境来看,1973年10月,第四次中东战争爆发,由此引发的"石油危机"蔓延全球,各国之间冲突不断,引起世界范围的经济危机。尽管各国情况有一定差异,但这场经济衰退对世界各国的教育、教科文组织的教育活动造成了严重影响。

从教科文组织内部来看,尽管在"冷战"阴霾下,东西方阵营一直在较量,但在很长一段时间里,美国是教科文组织内最具影响力的国家。20世纪60年代末至70年代初,第三世界国家作为一支重要力量开始在国际政治舞台兴起。在不结盟运动与77国集团的推动下,1974年,联合国大会通过了《国际经济新秩序建立的宣言和行动计划》。1976年,教科文组织大会第十九届会议通过"教科文组织对建立国际经济新秩序的贡献"的决议,认为新的国际秩序将带来一种新的人类秩序。它的基础就是自由、正义、公正、消除各国和各民族之间的不平等、加强相互了解、为人类的共同重大任务而合作,所有人共享人类福利、教育、知识和文化[①]。确立国际新秩序的呼吁从经济领域延伸到教育领域,人们越来越关切更广泛和均衡地分享知识的问题。这种关切表现在实行教育民主化,按照发展学校教育和成人教育的总体战略进行扫盲,集中力量促进教育普及、教育平等,特别是确保妇女和条件最不利的群体真正平等地享有受教育的机会。随着世界政治格局的剧变,第三世界国家提出建立国际新秩序的要求,追求国际关系平等,直接动摇了美国在教科文组织中的地位。

由于意识形态趋向、预算和管理方面的原因,1983年,美国国务院国际组织事务助理国务卿格里高历·纽厄尔(Gregory Newell)称,在他看来,继续参与教科文组织并不能实现美国利益。尤其是现在,该组织并没有对美国关心的问题做出建设性的回应[②]。于是,美国于1984年12月31日正式退出该组织,而后英国与新加坡也分别于1984年、1985年退出了教科文组织。这三个国家的相继退出直接导致教科文组织的预算大幅缩水,不得不面对严重的财政问题。

危机代表着危险与机会。阿马杜-马赫塔尔·姆博(Amadou-Mahtar M'Bow,

---

① 郭春林等.联合国教科文组织四十年[M].北京:中国对外翻译出版公司,1985:28.
② 闫晋.美国对联合国教科文组织政策研究(1946—1984)[D].陕西师范大学,2014:55.

任期 1974—1987 年)在教科文组织最困难、最动荡的时期,带领教科文组织走出了经济危机,并向世人证明,经历了半个世纪的教科文组织已经用它的成就和贡献,证明它有能力经受考验,有能力引领世界教育、科学和文化事业的发展①。

教科文组织在此期间还是取得了一些成就。20 世纪 70 年代开始,第三次科技革命在世界范围内广泛传播,知识与技术不断发展,新的知识领域和活动涌现,对人的能力、素质提出了更高的要求。同时,随着人力资本理念的兴起,教育被视为个人发展的关键,而且个人福利成为发展的主要衡量标准,而不仅仅是国民经济的发展。教科文组织提出并积极推广"终身教育"理念,为人们认识终身教育的重要性做了很多工作。

值得注意的是,我国于 1971 年恢复了在教科文组织中的合法席位。次年 2 月,中国联合国教科文组织全国委员会正式成立,参与教科文组织的业务活动当中。

二、 困难与发展时期的标志性教育政策

为了更好地促进教育事业的发展,联合国将 1970 年命名为"国际教育年",从而激发各国教育改革创新的热情。

表 2-3　20 世纪 70 年代至 80 年代的标志性教育政策

年　份	事　　　件	类　　型
1970 年	成立国际教育发展委员会	其他
1970 年	第 66 号建议"尤其通过减少各级教学的浪费来提高教育的效益"	教学管理
1971 年	第 67 号建议"学生的生活背景及其在学校中成功的机会"	教育平等
1972 年	出版《学会生存——教育世界的今天与明天》	报告
1972 年	第三届国际成人教育大会(日本东京)	成人教育
1973 年	第 68 号建议"教育、培训和就业之间的关系,特别论及中等教育及其目的、结构和内容"	中等教育、教育权利

①　张民选.国际组织与教育发展[M].上海:上海教育出版社,2010:87.

年　份	事　件	类　型
1974 年	《关于国际了解、合作与和平以及与人权和基本自由有关的教育的建议》	国际理解教育
1974—1983 年	① 若干国际大会通过《有关高等教育学历、文凭和学位认证的公约》 ② 1993 年教科文组织大会通过《高等教育学历和资格认证建议书》	高等教育
1975 年	第 69 号建议"教师作用的变化及其对专业准备和在职培训的影响"	教师教育
1975 年	第 70 号建议"国际教育标准分类"	教育标准
1976 年	第一个《中期规划》	中期规划
1977 年	第 71 号建议"因教育制度的改进而提出的国家和国际层次的信息问题"	其他
1979 年	联合国大会通过《消除针对妇女的一切形式的歧视国际公约》	公约、教育权利
1979 年	第 72 号建议"改进作为提高效率手段的教育制度的组织和管理以便扩大教育权利"	教育权利
1981 年	第 73 号建议"教育和生产劳动之间的相互作用"	其他
1984 年	第 74 号建议"从适当的科技入门教育看普及和革新初等教育"	教育权利
1985 年	第四届国际成人教育大会通过《承认学习权利宣言》(法国巴黎)	成人教育
1986 年	第 75 号建议"改进中等教育的目标、结构、内容和方法"	中等教育、教育权利
1987 年	职业技术教育发展与改善国际大会(德国柏林)	职业教育
1989 年	联合国大会通过《儿童权利公约》	公约
1989 年	第 76 号建议"与就业有关的中等后教育的多样"	中等教育
1989 年	"于人之思想中筑起和平"的国际大会和宣言(科特迪瓦)	宣言

（资料来源：UNESCO. History of the Education Sector[EB/OL].[2017-10-28]. https://en.unesco.org/themes/education-21st-century/about-us/History.）

从表 2-3 可以看出,这一时期,教科文组织主要关注的有:一是关注教育权利及教育平等的问题,二是制订中期规划,三是推广终身教育的理念,四是承认高等教育学历与文凭。

(一) 关注教育权利及教育平等问题

1969 年,国际教育局作为一个相对独立的部分并入教科文组织。这一时期,教科文组织一共公布了 10 份建议书,其中第 67、68、72、74、75 号建议书从不同角度反映了关于教育权利及教育平等的问题。

在第 67 号建议中,教科文组织认为"学生的社会背景可能导致他们在接受初等和中等教育方面存在严重的机会不平等"。为确保教育机会均等,教科文组织提出了一系列建议措施,如在学校区域划分上,由于"个体在接受各级教育方面的差异,是与各级各类学校在全国范围内的分布密切相联系的",因此,要"重新检查学校网络的密度",新建教育和文化中心,"为那些接受教育有困难的边远地区的儿童提供教育设备"[①]。在第 68 号建议中,认为教育、培训和就业应"保证所有年轻人在为生活和参与社会生活各种活动的教育中获得平等机会"[②],并建议从根本上改革中等教育,加强国际和地区合作。在第 72 号建议中,认为"教育是一项基本人权,应该重视任何有利于促进教育权广泛使用的措施",而"改善和提高教育计划及行政管理的方法在很大程度上有利于促进教育的民主化",明确指出"国家教育政策中的目标和目的应该明确地指出要扩大每个人的受教育权利,而不论其种族、民族、语言、性别、宗教或其他地位等","对社会中处境不利群体的特殊教育需要予以适当的重视",如少数民族、移民、成人文盲、乡村儿童、肢体和智力残疾人、妇女等[③]。

从 1948 年联合国的《世界人权宣言》、1959 年的《儿童权利宣言》,到 1960 年教科文组织通过的《反对教育歧视公约》、1985 年第四届国际成人教育大会通过的《承认学习权利宣言》以及 1989 年联合国大会通过的《儿童权利公约》,可以看

---

① 赵中建.全球教育发展的历史轨迹——联合国教科文组织国际教育大会建议书专集[M].北京:教育科学出版社,2005:338.

② 同上书,2005:344.

③ 同上书,2005:372.

到,有关教育权利、教育平等的宣言、公约逐渐增多。这显示了国际社会对这方面内容的重视,其中不乏教科文组织的努力。另一方面,虽然人们普遍承认受教育权是每个人的基本权利,每个人都应享有平等的教育权利和自由,不应当存在性别、种族、肤色、观念或者个人信仰的歧视,教育体制也有了相当大的改善,但不平等的现象依旧存在,尤其是地区之间、国家之间,还有很大的差距。

(二) 制订中期规划

1966 年,教科文组织第十四届大会通过了一项关于未来计划的总决议。这项决议有利于更好地考虑会员国的新需要,根据这些新需要提出改变方针和进行革新的措施,同时也有利于保证每次计划制订中的协调和连续性[①]。从"未来计划"到中期规划,这一概念、形式经历了长期的摸索和一系列改进。

1974 年,来自第三世界的阿马杜-马赫塔尔·姆博(Amadou-Mahtar M'Bow,任期 1974—1987 年)出任总干事,在教科文组织中积极推行"中期规划"。事实上,自教科文组织成立以来,会员国的需要有了很大的改变,然而其计划基本上还是延续此前的活动,或者在计划的基础上增加一些新的活动,没有太大的改变。这样刻板的计划缺乏统筹全局的指导和协调,很难符合或者是远远落后于会员国的需要。教科文组织的活动必须考虑世界本身的发展前景和当下各种新问题,因此,有必要着手编制中期规划。

根据执行局确定的标准,中期规划要成为《组织法》规定的目标和本组织计划之间的纽带[②],教科文组织在这一方面做出了极大的努力。1976 年,教科文组织第十九届大会通过了第一个《中期规划(1977—1982 年)》。中期规划的时间长度一般在 5—6 年之间,教科文组织既可以根据当前出现的趋势,慎重地开展预测性研究活动,又可以以分析世界问题为基础,根据世界整体的发展前景,展望未来社会。由于中期规划不再按照部门或按目标分类,而是按重大计划的方法编制,这就使教科文组织可以从各种复杂的角度,采取多学科的方法去对待这些需要[③]。教育很容易落后于这个变幻莫测的世界,这就需要教科文组织对会员国各自

---

① 郭春林,等.联合国教科文组织四十年[M].北京:中国对外翻译出版公司,1985:23—24.

② 同上书,1985:24.

③ 同上书,1985:27.

或共同面临的世界教育重大问题进行准确的预判。教科文组织改变了此前每两年一度的工作计划,进而制订中期规划,把目光放得更加长远,以把握住时代的脉搏。

(三)　推广终身教育

1965 年,在教科文组织第三届成人教育国际促进会议上,教科文组织成人教育计划处处长保尔·朗格朗(Paul Lengrand)提交了名为《关于终身教育》的报告。该报告得到教科文组织的认可,并作为该组织的工作报告对外发表。

保尔·朗格朗的终身教育思想对教科文组织有一定影响。在 1965 年的著作《终身教育导论》中,他认为教育过程必须贯穿人的一生,学习是没有固定的年龄的,只是"在人的一生中也许有几个需要在学习上付出特别努力的阶段,""人凭借某种固定的知识和技能就能度过一生,这种观念正在迅速消失……教育现在正处在实现其真正意义的进程中,其目标不是为了打开知识的宝库,而是为了个人的发展,作为多种成功经验的结果,而达到日益充分的自我实现"[1]。1968 年,教科文组织第十五届会议上将"终身教育思想"列为国际教育年的十二大主题之一,并在会员国中广泛宣传。

1972 年,教科文组织国际教育发展委员会提交了《学会生存——教育世界的今天与明天》(即《富尔报告》)[2]。这份报告的重要主张之一就是终身教育,认为"每一个人必须终身继续不断地学习"[3],传统的教育更侧重于学校教育,即个体的教育是由相对独立的教育阶段组成的,如初等教育、中等教育、高等教育等阶段性的学习。该报告提出"教育不应再限于学校的围墙之内"[4],教育是一个有机的整体,不应限于在校学习期间,更应该扩大到人们生活的各个方面,扩大到各种技能和知识的多个领域。报告还建议终身教育应该作为发达国家和发展中国家制定教育政策的主导思想。作为教科文组织在 20 世纪下半叶推出的纲领性教育报告,《学会生存》在世界范围内引发了人们对终身教育的思考,推动国际社会进入

---

① [法]保罗·朗格让.终身教育导论[M].北京:华夏出版社,1988:45.
② 也有学者译为《学会做人:教育世界的今天和明天》。
③ 联合国教科文组织国际教育发展委员会.学会生存——教育世界的今天和明天[M].北京:教育科学出版社,1996:223.
④ 同上书,1996:224.

终身教育时代。

(四) 制定高等教育学历、文凭和学位认证公约

早在 1947 年,教科文组织召开的第二届大会就讨论了承认高等教育资历问题。教科文组织认为,促进承认学历和文凭是方便受过高等教育的人员流动、增进国际合作、保证各国教育与研究能力的发展、有利于在国外受过教育的专家重返本国的最合适的方法之一,同时,也是教育民主化和实现终身教育的一个因素①。这一时期,教科文组织从地区层面入手,在 1974—1983 年间,通过若干国家大会,前后制定了 6 部关于承认教育资历的地区公约来规范高等教育资历的相互承认问题。这些公约分别如表 2-4 所示。

表 2-4　关于承认教育资历的地区公约

日　　　期	地　　区	文　件　名　称
1974 年 7 月 19 日	拉丁美洲及加勒比地区	《拉丁美洲及加勒比地区承认高等教育学历、文凭和学位的地区公约》(墨西哥城)
1976 年 12 月 17 日	地中海地区	《地中海沿岸阿拉伯国家和欧洲国家承认高等教育学历、文凭与学位的公约》(法国尼斯)
1978 年 12 月 22 日	阿拉伯国家	《阿拉伯国家承认高等教育学历、文凭和学位公约》(法国巴黎)
1979 年 12 月 21 日	欧洲	《欧洲地区国家承认高等教育学历、文凭和学位公约》(法国巴黎)
1981 年 12 月 5 日	非洲	《非洲国家承认高等教育学历、证书、文凭、学位和其他学术资格的地区公约》(阿鲁沙)
1983 年 12 月 16 日	亚太地区	《亚太地区承认高等教育学历、文凭和学位的地区公约》(曼谷)

(资料来源:教科文组织.关于起草承认高等教育资历的全球公约的初步报告草案[EB/OL].[2017-11-18]. http://unesdoc.unesco.org/images/0023/002347/234743C.pdf.)

各个地区公约有所不同,实施程度也不一样,但各个公约的所有参加者均表示:"决心通过公约的形式,组织和加强在承认高等教育学历和文凭方面的工作,以公约作为起点,以现有的或为此设立的国家机构、双边机构以及分地区和地区

---

① 郭春林,等.联合国教科文组织四十年[M].北京:中国对外翻译出版公司,1985:43.

机构为主,大力开展具体活动。"①在制定地区公约的基础上,教科文组织积极争取制定承认高等教育资历的、具有全球规范的国际公约。1993 年,在教科文组织大会第二十七届会议上通过《关于承认高等教育学历与资历的建议书》,这一国际性规范文书是教科文组织在高等教育领域的一次有益尝试。

2005 年,教科文组织与经合组织共同制定了《保障高等教育跨国办学质量的指导方针》,其中提出构建一个国际框架,用以保护学生和其他利益攸关方,防止出现质量低劣的办学和声名狼藉的办学方②。鉴于高等教育领域出现的全球发展趋势,教科文组织提出制定一部高等教育资历全球公约,教科文组织在 2015 年通过了《关于起草承认高等教育资历的全球公约的初步报告草案》,2016 年 5 月,召开了全球公约起草委员会第一次会议。从地区公约的制定及实施到全球公约的起草,足见教科文组织对高等教育学历、文凭和学位认证的重视。

三、 困难与发展时期的教育政策价值取向：注重教育的全球导向

在联合国系统中,教科文组织所承担的使命最宏大,注定了它开展活动的艰难,尤其是在遭遇财政严重紧缩、组织动荡的时候。不过,教科文组织主动适应外界,系统地整合、改革组织的活动,取得了较大的成就。这一时期,我们可以看到教科文组织教育政策价值取向的延续,既表现在联合国与教科文组织之间,也体现在教科文组织的年代跨越之中。因此,这一时期的教育政策价值取向表现为:注重教育的全球导向、呼吁教育权利及教育平等、推动终身教育的发展。

世界各国联系日益紧密,时代的变化使人类的命运面临着巨大危机,教科文组织作为国际教育领域合作的重要支柱和主要场所,应承担起相应的责任,《富尔报告》的出台体现了其重视教育的全球导向,为教科文组织教育政策制定以及为各国政府提供了教育改革、发展的指导方针。报告中提出了"国际共同体"(international community)的概念,认为尽管各国有分歧、冲突,但仍有合作的可能性,

---

① 郭春林,等.联合国教科文组织四十年[M].北京:中国对外翻译出版公司,1985:13.

② 教科文组织.关于起草承认高等教育资历的全球公约的初步报告草案[EB/OL].[2017-11-18]. http://unesdoc.unesco.org/images/0023/002347/234743C.pdf.

因此各国应开展教育国际合作,如智力合作、鼓励学生与教师的流动、促进文凭认同、加强国际了解等。在各个发展水平上的所有国家都应该共同努力走向国际团结的道路,与此同时,对发展中国家应予以特别考虑。在国际共同体的合作中,教科文组织扮演着十分重要的角色,秉持自身宗旨,而且各个国际组织必须在组织指定的范围内,用真正的国际精神处理国际问题①。

随着科学技术的进步、社会变革的速度加剧,人们面临着一场在物质、精神和道德领域内广泛的转变,以至于昨天的解释已经不再符合今天的需要②。"一学终身"的时代已经过去了,教科文组织倡导"终身教育"这一重要概念,建议将其作为发展中国家和发达国家教育政策的基石,认为教育应该贯穿人的一生,人们通过各种教育机会,不断地学习、更新自身知识、能力的储备,才不至于与社会发展相脱节。在终身教育中,每个人都能找到自己发展的道路,这是因为它提供了一系列适合每个人的个性、创造力和职业化的多种多样的教育和训练③。时代的发展对人们提出了更高的要求,唯有全面的终身教育才能够培养完善的人④。而"完人",指的是掌握科学方法、具有科学精神的人,是具有探索精神、积极从事创造性工作的人,是愿意承担社会义务、具备公民美德的人,是体力、智力、情感和道德得到充分发展的人⑤。教科文组织建议每个国家应基于本国国情,将培养"完人"这一教育目标具体化,帮助人们尽可能地实现自身的潜能,从而达到全面、完满的发展。

随着第三世界的崛起,全球经济的不断发展,国家地区间的教育鸿沟已不容忽视。自成立初,教科文组织就秉持着这样的信念:不论种族、肤色、性别、语言或宗教,人人皆享有充分与平等的受教育机会,通过教育、科学及文化来促进各国之间的合作。即使人人有权利且平等地接受教育是一个遥远的目标,各国现行的政

---

①　联合国教科文组织国际教育发展委员会.学会生存——教育世界的今天和明天[M].北京:教育科学出版社,1996:279,293.

②　[法]保罗·朗格让.终身教育导论[M].北京:华夏出版社,1988:22.

③　同上书,1988:146.

④　联合国教科文组织国际教育发展委员会.学会生存——教育世界的今天和明天[M].北京:教育科学出版社,1996.呈送报告.

⑤　徐辉,李薇.迈向学习型社会的重要宣言——写在《学会生存》发表40周年之际[J].教育研究.2012(4):4—9.

策、实践还没能够满足,但为实现组织承诺,教科文组织在世界范围内不断重申和呼吁享有教育权利、实现教育机会均等是每个人的权益,教育对于个人价值的实现和社会进步是极为关键的。

第四节　教科文组织新时期教育政策及其价值取向

面对充满希望、却时而令人担忧的未来,教科文组织所肩负的教育使命显示出与日俱增的复杂性和重要性。事实上,要辨别一个活动范围如此广泛、多样的组织的性质和作用是比较困难的①。在新时期,教科文组织适应社会变化和需要,积极进行教育活动,取得了显著成就。

一、 教科文组织的新时期:20 世纪 90 年代至今

20 世纪 90 年代,国际格局不断变化,充满了动荡与不安。1989 年 11 月 9 日,柏林墙的倒塌标志着德国的统一。随着东欧剧变,苏联在 1991 年 12 月 25 日正式解体,美苏两极格局瓦解,世界形成了以美国一个超级大国、多个强国林立的"一超多强"的局面。然而,"冷战"的阴霾未散,国际环境中的不安因素蠢蠢欲动。2001 年,美国"9·11 事件"使全世界的人们感到深深的恐惧。如何促进人类社会持久的和平,成为人们思考的问题。为实现组织承诺,教科文组织积极推动国际理解、和平以及人权相关的活动,通过教育、科学及文化来促进各国间的合作,通过交流与对话在人们的心中做出对和平的承诺,实现世界的长治久安。此外,教科文组织还希望人们深知,只有切实行使受教育权,才能实现人权;只有懂得自己权利的人,才能够致力于使用自己的各种权利。

跨入 21 世纪,人类发展迎来新的机遇,然而,在实现经济飞速增长的同时,人口剧增、环境恶化、资源浪费等成为全世界关注的问题。这不利于人类与自然长久共存以及人类社会的长远发展。继 1975 年教科文组织与联合国环境规划署(UNEP)合作开展"国际环境教育计划"(International Environmental Edu-

---

①　郭春林等.联合国教科文组织四十年[M].北京:中国对外翻译出版公司,1985:165.

cation Programme，IEEP)，1992 年联合国环境与发展大会提出"可持续发展"这一概念。教科文组织认为教育是改善环境、实现可持续发展的关键,并从全球角度开展可持续发展教育,通过增强公众意识、改变态度和行为,实现与自然和谐共处。

这一时期,在联合国的改革下,教科文组织内部也展开了一系列变革。正如总干事费德里科·马约尔(Federico Mayor,任期 1987—1999 年)所说的,面对障碍"要有一种可靠的力量,就是要有革新的精神,要富有想象力,以便表明勇敢的人所能办到的事,懦夫是不可能办到的"[1]。在马约尔、松浦晃一郎(Koïchiro Matsuura,任期 1999—2009 年)、伊琳娜·博科娃(Irina Bokova,任期 2009—2017 年)3 位总干事的改革下,教科文组织在机构设置、人事制度、决策制度等方面进行了深刻的改革。持续的改革不仅为组织带来了活力,提高了组织的工作效率,更扩大了教科文组织在国际、地区和国家层面的影响,英国与美国分别于 1997 年、2003 年重返教科文组织。

在世纪之交,教科文组织为适应其所处的国际环境以及时代变化,不得不思考教育在新时期应承担的责任,研究未来教育的发展趋势,出版了两大具有里程碑意义的教育政策报告,即 1996 年国际 21 世纪教育委员会提交的《教育——财富蕴藏其中》(即《德洛尔报告》)[2]以及 2015 年的《反思教育:向"全球共同利益"的理念转变?》(以下简称《反思教育》),引发世界对教育的思考和改革。

二、 新时期的标志性教育政策

在全球化浪潮中,世界性的危机出现在经济、金融、社会和环境领域,以及道德层面,以前所未有的方式影响着人类,教科文组织在新形势下坚定理想,召开国际会议,通过一系列建议及宣言,努力实现新目标,标志性教育政策如表 2-5 所示。

---

① [美]米歇尔·科尼尔·科拉斯特.宏图大业——联合国教科文组织编年史(1946—1993)[M].北京:中国对外翻译出版公司,1995:208.

② 也有学者译为《学习:内在的财富》。

表 2-5　20 世纪 90 年代至今的标志性教育政策

年　份	事　　　件	类　　型
1990 年	世界全民教育大会(泰国宗迪恩)	全民教育
1990 年	第 77 号建议"扫盲:90 年代的行动政策、战略与计划"	扫盲运动
1993 年	人权与民主教育国际大会和世界行动计划(加拿大蒙特利尔)	教育权利
1992 年	第 78 号建议"教育对文化发展的贡献"	其他
1993 年	成立国际 21 世纪教育委员会	其他
1994—1995 年	《为和平、人权和民主的教育宣言和综合行动纲领》(瑞士日内瓦)	教育权利
1994 年	第 79 号建议"国际理解教育的总结与展望"	国际理解教育
1996 年	第 80 号建议"加强教师在多变世界中的作用之教育"	教师教育
1996 年	出版《教育——财富蕴藏其中》	报告
1997 年	第五届成人教育国际大会集中讨论教师继续培训问题(德国汉堡)	教师教育
1998 年	第一届世界高等教育大会:展望与行动(法国巴黎)	高等教育
1999 年	第二届国际职业技术教育大会(韩国汉城,2005 年改名为首尔)	职业教育
2000 年	世界教育论坛通过达喀尔行动框架(塞内加尔达喀尔)	全民教育
2000 年	通过联合国千年宣言,确立了在 2015 年实现 8 项消除贫困目标即"千年发展目标"(MDGs)	千年发展目标
2001 年	第 81 号建议"国际教育大会第 46 届会议达成的结论和行动建议"	其他
2002 年	联合国大会宣布可持续发展教育十年(2005—2014 年)计划,并指定教科文组织为该计划的牵头机构	可持续发展
2003 年	联合国扫盲十年(2003—2012 年)启动。教科文组织扫盲提高能力倡议(LIFE 2005)是实现十年目标的指导框架	扫盲运动
2004 年	第二届国际职业技术教育与培训大会召开五年后的回顾	职业教育
2004 年	第 82 号建议"提高所有青年的教育质量之优先行动事项"	全民教育
2004 年	联合国艾滋病规划署委员会启动"艾滋病教育计划——全球艾滋病教育倡议"	其他

年 份	事 件	类 型
2008 年	第 48 届国际教育大会"全纳教育是未来的道路"(瑞士日内瓦)	全纳教育
2009 年	世界可持续发展教育大会"迈向联合国 10 年的后 5 年"(德国波恩)	可持续发展
2009 年	第六届国际成人教育大会"为一个稳定的未来而生活与学习:成人学习的力量"(巴西贝伦)	成人教育
2009 年	世界高等教育大会"促进社会变化与发展的新活力"(法国巴黎)	高等教育
2010 年	世界婴幼儿保育与教育大会(俄罗斯莫斯科)	学前教育
2012 年	第三届国际职业技术教育与培训大会"培养工作和生活技能"(中国上海)	职业教育
2014 年	可持续发展教育世界大会(日本爱知名古屋)	可持续发展
2015 年	世界教育论坛《仁川宣言》(韩国仁川)	宣言
2015 年	通过可持续发展目标(美国纽约)	可持续发展
2015 年	通过"2030 年教育框架"(法国巴黎)	可持续发展
2015 年	发布《反思教育:向"全球共同利益"的理念转变?》	报告

（资料来源：UNESCO. History of the Education Sector[EB/OL].[2017-10-28]. https://en. unesco.org/themes/education-21st-century/about-us/History.）

从表 2-5 可以看出,这一时期,教科文组织以开展全球教育活动为主,重点关注的有:一是全民教育,二是高等教育,三是可持续发展教育。

（一） 推动全民教育运动

全民教育(Education for All，EFA)运动是致力于为所有儿童、青少年、成人提供优质基础教育的全球承诺,源于教科文组织、儿童基金会和发展中国家的担忧:越来越多的儿童、青少年、成年人连接受基础教育这种最基本的权利也没有。教育并没有与人口的增长保持同步[1]。1990 年 3 月,在泰国宗迪恩召开世界全民

---

① Colin Power. The Power of Education：Education for All，Development，Globalisation and UNESCO [M]. Netherlands：Springer，2015：45.

教育大会(World Conference on Education for All, WCEFA),讨论并通过了《世界全民教育宣言——满足基本学习需要》及其指南《满足基本学习需要的行动纲领》。值得注意的是,这次会议不是单一的事件,也不仅仅是一场"对话盛宴",而是战略实施的重要一步,目的是改变政府以及非政府组织在今后几十年里的重点、思考、政策和行动①。

全民教育是一项持续的挑战。2000 年 4 月,教科文组织与儿童基金会、世行在塞内加尔达喀尔召开世界教育论坛,并通过了《达喀尔行动纲领——全民教育:实现我们的集体承诺》,明确了到 2015 年应实现 6 项内容广泛的教育目标,即幼儿教育、初等教育、青年和成人教育、扫盲教育、男女平等、教育质量。这是近十几年来最为重要的教育承诺。受命协调各国的行动,教科文组织将其活动集中于 5 个关键领域:政策对话、监测、宣传、动员资金和能力发展,并且与联合国开发计划署、人口基金署、儿童基金会和世行合作,一起负责全民教育的跟踪和协调工作。教科文组织通过其附属的统计研究所来统计全民教育运动的情况,并从 2002 年开始,几乎每年发布一份《全民教育全球监测报告》(GMR),以监测全民教育运动在世界范围内的发展过程及面临的问题,如表 2-6 所示。

表 2-6　全民教育全球监测报告系列

年　份	名　　　称
2002 年	《全民教育:世界走上正轨了吗?》
2003/2004 年	《性别与全民教育:向平等跃进》
2005 年	《全民教育:提高质量势在必行》
2006 年	《扫盲至关重要》
2007 年	《坚实的基础:幼儿保育和教育》
2008 年	《2015 年之前实现全民教育:我们能做到吗?》
2009 年	《消除不平等:治理缘何重要》
2010 年	《普及到边缘化群体》

① Colin Power. The Power of Education:Education for All, Development, Globalisation and UNESCO [M]. Netherlands:Springer, 2015:50—51.

年　份	名　　称
2011 年	《潜在危机：武装冲突与教育》
2012 年	《青年与技能：拉近教育和就业的距离》
2013/2014 年	《教学与学习：实现高质量全民教育》
2015 年	《2000—2015 年全民教育：成就与挑战》

（资料来源：教科文组织.2016 年全球教育监测报告　教育造福人类与地球：为全民创造可持续的未来［EB/OL］.［2017-09-12］. http://unesdoc. unesco. org/images/0024/002457/245752C.pdf.）

尽管各国政府、民间社会和国际社会做出了种种努力，但在 2015 年这个时间节点，全世界仍未实现全民教育：全球仍有 5800 万名儿童失学，有 1 亿名左右的儿童没有完成初等教育；教育中的不平等加剧，最贫穷和处境最不利的人们的负担最重。[①]确保人人获得良好基础教育仍然是一个梦想：即使是在经济发达的国家，不平等和排斥现象仍然存在，但这并不意味着全民教育计划失败了。20 世纪90 年代至今，全民教育运动取得了巨大进展，它确实"是值得的，也是必要的，而且全民教育的使命必须以新的活力重新开始"[②]。

（二）　召开世界高等教育大会

全世界几乎所有国家的高等教育，实际上都处于危机之中[③]。21 世纪来临之际，人们对高等教育的需求空前高涨。据教科文组织的统计，1985—1997 年高等教育的毛入学率的世界平均从 12.9％上升到 17.4％，发展中国家从 6.5％上升到10.3％，而发达国家已从 39.3％快速上升到 61.1％。[④]为应对高等教育大众化、国际化等问题，教科文组织做了一系列的努力，如加强高等教育国际合作、开展姊妹大学计划（UNITWIN）以及教席计划（Chair Program）；颁布相关建议和报告，1993

---

① 联合国教科文组织.2000—2015 年全民教育：成就与挑战［M］.北京：教育科学出版社，2015：序言.

② Colin Power. The Power of Education: Education for All, Development, Globalisation and UNESCO [M]. Netherlands: Springer, 2015:77.

③ 赵中建.全球教育发展的研究热点——90 年代来自联合国教科文组织的报告［M］.北京：教育科学出版社，2003：116.

④ 联合国教科文组织.世界教育报告 2000［M］.北京：中国对外翻译出版公司，2001：65.

年的《关于承认高等教育学历与资格的国际建议》以及 1995 年的《关于高等教育变革与发展的政策性文件》综合分析了高等教育面临的主要趋势和挑战。

　　在智力资源将越来越占优势的未来社会,高等教育和高等教育机构的重要性只会日趋增加。[1]1998 年,教科文组织在法国巴黎召开第一届世界高等教育大会,通过了《面向 21 世纪的高等教育:愿景与行动》和《高等教育改革与发展优先行动框架》两份重要文件。教科文组织认为,高等教育本身正面临着巨大的挑战,必须进行从未要求它实行过的、最彻底的变革和革新,使我们目前这个正在经历一场深刻的价值危机的社会可以超越一味地经济考虑,而注重深层次的道德和精神问题[2]。2009 年,第二届世界高等教育大会的主题为"促进社会变化与发展的新活力",通过了《2009 年世界高等教育大会公报》,其主要议题为高等教育与全球挑战、高等教育的社会贡献和社会责任、特别关注非洲。另还有 3 个分议题,即国际化、地区化与全球化,公平、入学机会与质量,学习、科研与创新。这次会议不仅回顾了 1998 年以来世界高等教育发展与变革的重要变化,还为未来 10 年世界高等教育的改革及发展指明了方向。[3]这一时期,教科文组织召开的两次世界高等教育大会,均受到国际社会的高度关注,使人们意识到高等教育的重要性,进一步思考和关注高等教育的作用和发展,更促进了这一领域的国际合作。

(三)　重视可持续发展

　　在 21 世纪,可持续发展成为当今世界的热点,也是联合国千年发展目标的重要组成部分,2005—2014 年被命名为"联合国可持续发展教育十年",教科文组织全身心投入可持续发展教育[4]。

　　2015 年 5 月,教科文组织携手联合国儿童基金会、世行、人口基金署、开发计

---

① 联合国教科文组织国际 21 世纪教育委员会.教育——财富蕴藏其中[M].北京:教育科学出版社,1996:92.

② 赵中建.全球教育发展的研究热点——90 年代来自联合国教科文组织的报告[M].北京:教育科学出版社,2003:402.

③ UNESCO. 2009 World Conference on Higher Education: The New Dynamics of Higher Education and Research for Societal Change and Development[EB/OL].[2017-12-12]. http://unesdoc.unesco.org/images/0018/001832/183277e.pdf.

④ 张民选.国际组织与教育发展[M].上海:上海教育出版社,2010:124.

划署、妇女署、难民事务高级专员办事处在韩国仁川举办世界教育论坛。会上总结了全民教育目标和与教育有关的千年发展目标等方面取得的进展以及经验,并通过了关于 2030 年教育的《仁川宣言》,为今后 15 年提出了新的教育愿景,即实现包容和公平的全民优质教育和终身学习。

2015 年 9 月,联合国大会第 70 届会议上通过了新的全球发展议程《改变我们的世界:2030 年可持续发展议程》,其核心是 17 个可持续发展目标,包括教育方面的可持续发展目标 4(SDG4),即确保包容和公平的优质教育,让全民终身享有学习机会,这也是实现所有可持续发展目标的关键。SDG4 及其指标推动了新的模式,如表 2-7 所示,其中任何种类和形式的学习都有能力影响人们的选择,创造更公正、包容和可持续的社会。为了促进实现 SDG4 及其指标,全球教育界于 2015 年 11 月在巴黎通过了"2030 年教育行动框架"。

表 2-7 SDG4 的 10 个具体教育目标和指标

目标 4.1	小学和中学教育	到 2030 年为止,确保所有女孩和男孩都能接受免费、公平和优质的小学和中学教育,并产生恰当而有效的学习成果
目标 4.2	幼儿	到 2030 年为止,确保所有女孩和男孩都能得到早期开发,接受良好的保障和学前教育,为接受小学教育做好准备
目标 4.3	技术、职业、高等和成人教育	到 2030 年为止,确保所有女性和男性平等接受价格优质的技术、职业和高等教育,包括成人教育
目标 4.4	工作技能	到 2030 年为止,具有相关技能(包括技术和职业技能)的青年和成年人数大幅度增加,使他们能够就业、谋求体面工作和创业
目标 4.5	公平	到 2030 年为止,消除教育中的性别不平等,确保为弱势群体(包括残疾人、原住民和处境不利的儿童)平等地提供各级教育和职业培训
目标 4.6	识字和计数	到 2030 年为止,确保所有青年和大部分成年人(无论男女)都能识字计算
目标 4.7	可持续发展与全球公民	到 2030 年为止,确保所有学习者获得促进可持续发展所需的知识和技能,包括通过教育促进可持续发展、可持续生活方式、人权、性别平等、和平和非暴力文化、全球公民意识,理解文化多样性以及文化对可持续发展的贡献

（续表）

目标 4.a	教育设施和学习环境	建造和完善适合儿童和残疾人并且没有性别歧视的教育设施,为所有人提供安全的、非暴力的、包容的、有效的学习环境
目标 4.b	奖学金	到 2020 年为止,向发展中国家(特别是最不发达国家、发展中小岛国和非洲国家)提供的奖学金数目大幅增加,以便其学生在发达国家和其他发展中国家接受高等教育,包括职业培训和通信技术教育、技术、工程和科学教育
目标 4.c	教师	到 2030 年为止,大幅增加合格教师的数量,包括通过国际合作为发展中国家(特别是最不发达国家和发展中小岛国)提供教师培训

（资料来源:教科文组织.2016 年全球教育监测报告 教育造福人类与地球:为全民创造可持续的未来［EB/OL］.［2017-09-12］. http://unesdoc. unesco. org/images/0024/002457/245752C.pdf.）

教育是可持续发展的关键,是社会、经济和环境变化的积极力量,可以有力地影响人们的思考、感知和行动。可持续发展目标的最终落实主要在于政府,但作为被授予负责各方面教育的唯一的联合国机构,教科文组织与世界各国、其他伙伴一同联手,加强政策建议、技术援助、能力建设以及对国家、地区和全球层面进行教育监测,共同营造可持续发展的未来。

三、 新时期的教育政策价值取向:以可持续发展为目标

随着信息化时代的到来,教育以前所未有的速度发展和变化,其所处的环境也面临着一系列重大问题:人口增长、环境恶化、经济危机和贫困等问题。这些问题大部分已经超出了国家的能力范围。教科文组织针对世界各国普遍关心的教育问题,在这一时期发布教育报告、积极推动全球教育活动、召开各类国际会议等,为世界各国的教育发展提供全球视野。因此,这一时期的教育政策价值取向表现为:开展全球教育活动,注重教育的全球治理,重视人类共同发展以及可持续发展。

进入 20 世纪 90 年代,教科文组织不遗余力地在世界范围推广全民教育运动。可以说,全民教育是教科文组织这一时期的重要关键词之一。全民教育的最终目标是要满足全体儿童、青年和成人的基本学习需要,这无疑是一项艰巨且持

续的挑战。实际上,《达喀尔行动纲领》所宣称的 2015 年前实现全民教育是"一个务实而可达到的目标"或许言过其实,即便缩小目标范围,如普及初等教育,仍然过于夸张。然而,尽管全球目标没能实现,但也取得了适当的进展[1]。2015 年,教科文组织确定了以可持续发展目标为核心的全球发展议程。可持续发展目标反映的是一种超越经济发展的、思维观念的转变,以应对 2000 年以来世界范围内出现的挑战。其展望的未来是公正、包容、和平且具生态可持续性的,而教育是众多可持续发展目标之间相互联系的关键因素。因此,要从经济、生态、环境和社会文化等多个角度开展全球教育活动。为实现这一宏大的目标,需要保证国家当局、国际伙伴和民间组织之间的持续承诺,并付诸行动,吸取全民教育运动中的经验和教训。虽然全民教育和可持续发展目标角度不同,但都有着共同的期待,是教科文组织对人类社会困境的回应、对全球教育问题的思考及行动。当下,可持续性发展已成为全球大部分政府的主要关注点。

从《富尔报告》的"国际共同体"到《德洛尔报告》的"地球村",世界逐渐形成一个整体,每个人都是参与者。尤其是全球化时代的来临和世界性危机的出现,使得各国的政策决策和行动过程更加复杂,人们有意识地从全球层面寻求有效的解决方法。在这一过程中,教科文组织作为教育、科学、文化和传播领域的国际领导机构,承担着重要职能,利用自身优势在教育领域开展全球活动,通过与会员国、各类国际组织以及利益相关者的广泛参与、协商协作,形成庞大的全球教育治理网络,重视人类和地球当前和未来的福祉。

虽然教科文组织是按照西方自由主义政治意识形态和价值观所建立的[2],而且在 70 多年的发展过程中,其教育政策也不可避免地会受多方因素的影响,如联合国、时代背景、成员国、总干事等。纵观教科文组织教育政策,其中蕴含的价值是:教育是每个人的基本权利,让每个人都通过学习掌握自己的命运,并且通过教育促进各国之间的合作,实现教育民主,为世界和平做出贡献。从教科文组织这些耐心、细致的活动中,像冰山露出水面的可见部分一样,有时只显现出一些表面

---

① 联合国教科文组织.2000—2015 年全民教育:成就与挑战[M].北京:教育科学出版社,2015:24.

② 刘铁娃.从倡导普世价值到倡导文化多样性:联合国教科文组织推动文明对话的努力[J].国际观察.2013(2):52—58.

上孤立的活动。教科文组织的一大贡献,可能是最有效的,但是最不为人所知的,就是促进从思考过渡到应用和行动的过程。①

第五节　教科文组织教育政策价值取向的基本特征及影响因素

通过对教科文组织各个时期教育政策的梳理和分析,其价值取向的基本特征表现为:为和平而教、深刻的人文主义的传统、"性别平等"与"非洲优先"。同时,其价值取向也受到多方面因素的影响,如稳定的组织架构、层级鲜明的教育部门以及注重结果的管理。

一、　教科文组织教育政策价值取向的基本特征

（一）　最根本的教育政策价值取向

在教科文组织 70 多年的发展历程中,《组织法》的地位毋庸置疑,是教科文组织的行动基石,是其所有活动的出发点,不仅确立了组织定位、宗旨及理念,还赋予其强烈的伦理使命,更包含了深远的教育理想。

1.《组织法》的诞生

1942 年 11 月,盟国教育部长们②聚集在伦敦召开会议。这是教科文组织产生的起点,很多重要设想、建议以及报告都由此产生。1944 年 3 月,美国应邀加入并提交了名为《联合国教育和文化重建组织》的提案,在此基础上起草了临时章程草案③。

在教科文组织的筹备会议中,美国代表团的人数是最多的,其中包括美国参议员 J.威廉·富布赖特(J. William Fulbright)和阿奇博尔德·麦克利什(Archibald MacLeish),后者是美国国会图书馆馆长、诗人,在教科文组织章程的编制和起草

---

① 郭春林等.联合国教科文组织四十年[M].北京:中国对外翻译出版公司,1985:186.

② 包括大不列颠及北爱尔兰联合王国、比利时、希腊、挪威、荷兰、波兰、捷克斯洛伐克、南斯拉夫、法国、澳大利亚、加拿大、中国、美国、印度、南非联邦,1944 年 3 月美国才正式加入。

③ Howard Brabyn. Birth of an ideal[J]. The Courier, 1985(10):5.

中起着重要作用①。《组织法》中"战争起源于人之思想,故务须于人之思想中筑起保卫和平之屏障"②,这一经典表述就出自麦克利什,并获与会代表的一致赞同。他在会议演讲中称:"这次会议最直接的目的是在教育、文化、科学、艺术领域取得更广泛、更有效的国际合作,但它背后有着更深远的目标——世界上人类最广泛的共同理解……今天我们在这里所要完成的任务就是创造一种社会工具,通过这些传播工具、通用语言,为实现和平的共同希望而服务。"③1945年11月16日,各国代表在《组织法》草案上签字,标志着教科文组织的正式成立。

2.《组织法》的内容及地位

《组织法》是教科文组织颁布的法规文件,是该组织成立的法律依据,包括序言和15条条款,规定了该组织的宗旨与职能,以及大会、执行局、秘书处三大机构的组成及职能等内容,对教科文组织各个领域的活动产生着广泛的影响。

《组织法》在序言的第一段中就向全世界人民宣告道:"战争起源于人之思想,故务须于人之思想中筑起保卫和平之屏障",而后进一步阐述教科文组织的使命和理想——"人类自有史以来,对彼此习俗和生活缺乏了解,世界各民族间始终猜疑与互不信任,而此种猜疑与互不信任又往往使彼此之间产生分歧,最终爆发战争,现已告结束。此次大规模恐怖战争之所以发生,既因人类尊严、平等与相互尊重等民主原则之遭摒弃,亦因人类与种族之不平等主义得以取而代之,借无知与偏见而散布;文化之广泛传播以及为争取正义、自由与和平,对人类进行教育,为维护人类尊严不可缺少之举措,亦为一切国家关切互助之精神,必须履行之神圣义务",并重申"和平若全然以政府间之政治、经济措施为基础,则不能确保世界人民对其一致、持久又真诚之支持。为使其免遭失败,和平必须奠基于人类理性与道德上之团结"④。总而言之,各国期望通过教科文组织的创建,创造一种信任的国际氛围,最大限度地实现人类对和平的共同理解。教科文组织致力于在尊重共同价值观的基础上为不同文明、文化和民族之间开展对话创造条件,并认为只有通过这种对话,世界才能实现可持续发展的全球愿景,包括尊重人权、相互尊重

---

①③　Howard Brabyn. Birth of an ideal[J]. The Courier, 1985(10):5.
②④　联合国教育、科学及文化组织.基本文件[R].巴黎:联合国教育、科学及文化组织,2016:7.

和减轻贫困。所有这一切构成了教科文组织的核心使命和活动。

3. 教育的最终目的：为和平而教

《组织法》序言中对教科文组织的组织使命的描述充满着理想主义与人文主义色彩，着重强调了两个主题：人与和平。作为教科文组织成立的伟大宣言，《组织法》中确定了教科文组织的宗旨是，"通过教育、科学及文化来促进各国间之合作，对和平与安全做出贡献，以增进对正义、法治及联合国宪章所确认之世界人民不分种族、性别、语言或宗教均享人权与基本自由之普遍尊重"[1]。可以说，《组织法》集中体现了教科文组织日后众多教育政策的最根本价值取向：为和平而教，以教育为桥梁，消除国家、民族之间的隔阂，在人之思想中筑起保卫和平的屏障。

经历了残酷的战争，人们对和平的期望比以往任何一个时代都来得更加强烈。为了世界的长久和平，人们寄望于教育，并赋予教科文组织这个年轻组织极大的期望。作为《组织法》的起草者之一，麦克利什称："我们当然能够使教育为世界和平服务……就我个人来说，除了教育，没有其他途径能获得世界和平。这也就意味着要对全人类进行教育。"[2]此外，虽然战争已经落幕，但基于政府之间的协议的"和平"，只能是暂时的，不可能长久。假若各国人民之间缺乏相互理解，久而久之，误解会日趋严重。如此循环恶化，只会让悲剧再次上演。"教育被认为是重要媒介，不仅能净化德、意两国的纳粹主义和法西斯主义，而且能把世界人民聚集在一起。"[3]

在教育领域，教科文组织遵循《组织法》确立价值取向，开展面向全人类的教育，通过各方面的教育来建设和平。"我们的座右铭应该是：教育我们的人民，让他们心向和平。"[4]教科文组织在战火中诞生，承载着人们对和平的希冀，时刻提醒我们和平是多么宝贵，也承载着人类对教育的期待和信任。教育要为世界和平服务，达到为和平而教的目的，从教科文组织在世界范围内开展的教育行动就可窥一二。例如，教科文组织在世界范围中推广高质量的全民教育和终身学习，而

---

[1]　联合国教育、科学及文化组织.基本文件[R].巴黎：联合国教育、科学及文化组织,2016:7.

[2]　Archibald MacLeish. Can we educate for world peace？[J]. The Courier, 1985(10)：27.

[3]　Asa Briggs. The mood of Britain, 1945[J]. The Courier, 1985(10)：14.

[4]　郭春林等.联合国教科文组织四十年[M].北京：中国对外翻译出版公司,1985:7.

且大多情况下代表着发展中国家的利益。同时,教科文组织尊重各国的教育主权,在其职责范围内尽可能地呼吁、提醒人们动态地、功能性地看待教育。

(二) 深刻的人文主义传统:从《组织法》到《反思教育》

如前所述,《组织法》中着重强调了两个主题:人类与和平,关注的重点是全体人类自身的长远发展,为教科文组织确立了人文主义的基调。同时,第一任总干事赫胥黎从个人的角度提出了"科学人文主义"。此外,教科文组织在不同历史阶段发布了3份具有标志性的教育政策报告,不仅包含了其教育政策的价值取向,还紧紧围绕"人"这一主体,提出了许多具有前瞻性的教育理念,体现了深刻的人文主义思想。

1. 朱利安·赫胥黎:科学人文主义

作为教科文组织的第一任总干事,朱利安·赫胥黎就如何理解《组织法》所确定的理想和宗旨,以及如何在教科文组织的计划中予以实现的问题起草了一份研究报告,名为《教科文组织:它的宗旨哲学》*UNESCO:Its Purpose and Its Philosophy*。在报告中,赫胥黎提出了"科学人文主义"(Scientific Humanism)这一概念,认为教科文组织除了众所周知的职责之外,还应促进文化交流,帮助落后的教育系统或者是"欠发达"的国家。同时,它不能依赖于宗教教义,避免不同宗教和不同教派之间的冲突或者是哲学体系中的任何冲突。就其自身而言,应以人文主义的互助理想、科学思想的传播和文化交流为指导。但是,赫胥黎也承认,尽管教科文组织实际上追求的是人文主义的目标,但如果将任何教条作为其工作的基础,那将是不幸的,而且纯粹的人文主义论调会引起世界主要宗教团体的反感[1]。

这份报告引发了广泛的思考和讨论,为教科文组织最初的行动提供了宝贵的基础,也生动地阐明了该组织未来的行动。赫胥黎认为,教科文组织必须在"科学人文主义"思想下开展工作,要把自己的行动建立在一种哲学、一种工作假设基础上。这种工作假设应力求解释人类存在的目标和目的,并能决定或至少能建议在各种问题面前采取何种立场。如果本组织没有这样一种哲学观念,使它从一个独特的角度去考虑各种事务,那么,教科文组织就可能采取一些零碎不全的、甚至

---

[1] Julian Huxley. Early Days[J]. The Courier, 1985(10):24.

自相矛盾的措施。无论如何,教科文组织就将缺少一个指导原则,缺少从一种和谐而全面的理论信念中所得到的启示①。赫胥黎的"科学人文主义"带有浓厚的理想主义色彩和哲学色彩,而教科文组织是一个汇集了众多纷繁复杂意识形态和信仰,同时又关注现实问题的组织,无法以一种哲学原则调和其伦理使命与实践定位之间的矛盾。因此,该报告最终只以赫胥黎的个人名义发表,但不可否认其对教科文组织的发展有着深刻的影响。

2.《富尔报告》:科学的人道主义与终身教育

20 世纪 70 年代,随着科学技术革命的到来,整个人类社会面临着前所未有的巨大变革,教育体系与社会发展之间极度不平衡,对人们自身生存能力和适应能力也提出了挑战。《富尔报告》作为教科文组织对这一时期教育的回答,充分引用了教科文组织 25 年来的教育思考和行动经验,其目的是帮助各国制订教育发展的国家策略,为各国的一系列研究和决策提供一个出发点。它还用来指导联合国第二个发展 10 年期间教育的国际合作,特别是指导教科文组织的工作②。

报告指出,任何教育行动都要坚持"科学的人道主义"。它是人道主义的,因为它的目的主要是关心人的福利;它又是科学的,因为它的人道主义内容还要通过科学对人与世界的知识领域继续不断地做出新贡献而加以规定和充实③。教育在历史上第一次为一个尚未存在的社会培养新人,而且面对的是这个时代中每一个具体的个人。教育的终极目的是为了人的发展与完善,因此要帮助每个人成为"完人"(complete man),实现自身的潜能。所谓"完人",应当学会生活、学会学习,学会自由地和批判地思考,学会热爱世界并使这个世界更有人情味,学会在创造过程中并通过创造性工作促进发展④。教育也为这个时代的人类共同体服务,因为世界的未来取决于今天的教育。

---

① 郭春林等.联合国教科文组织四十年[M].北京:中国对外翻译出版公司,1985:9.

② 联合国教科文组织国际教育发展委员会.学会生存——教育世界的今天和明天[M].北京:教育科学出版社,1996:312.

③ 同上书,1996:8.

④ 同上书,1996:98.

基于对人类未来发展的思考,报告还提出了一系列重要的教育理念与基本原则,其中最重要的就是终身教育,将这一理念集中、完整地呈现在世人面前。联合国教科文组织前总干事马厄称这一报告"肯定了目前指导教科文组织工作的思想,即教育应扩展到一个人的整个一生,教育不仅是大家都可以得到的,而且是每个人生活的一部分。教育应该把社会的发展和人的潜力的实现作为它的目的"[①]。由于科学技术革命的到来,人们进入了学习化社会,只有不断学习,才能适应科学技术革命所带来的生产和社会变革。报告指出,终身教育是学习化社会的核心,是人类的一种生存状态,其关注的重点是每个个体终身教育的过程,使他们成为"完人",成为发展与变化的主体、民主主义的促进者、世界的公民、实现自己潜能的主人,这样人类就能理解他们所生活的世界,在改革自身的必要时刻兑现个人承诺。终身教育不仅是时代的应然要求,还是个体生存的必要条件。教育正逐渐在时间上和空间上扩展到它的真正领域——整个"人"的各个方面。在早年时期一劳永逸地获得一套终身有用的知识或技术的想法已经过时了,人们要学会生活,学会如何去学习,这样便可以终身吸收新的知识。也就是说,人们不能停止自我完善,个人要努力成为教育自己的主人,教育必然是从学习者本人出发的[②]。同时,教育不应再限于学校的围墙之内,教育的机构和手段必须大大增加,使人们比较容易得到教育,使个人有尽可能多的选择机会。

《富尔报告》更像是不切实际的理性思考,有着强烈的人文主义意识形态和创新理念,没能向主流大众传播[③],但作为教科文组织对全球教育未来的期待,它将教育的重点从促进经济发展转向实现人类的自身发展,一定程度上促进了人们对教育的思考——为未来而教,关注人类自身,教育发展的主体和中心是"人"。报告的发布引起各国、国际组织纷纷开展有关终身教育和学习化社会问题的研

---

① 联合国教科文组织国际教育发展委员会.学会生存——教育世界的今天和明天[M].北京:教育科学出版社,1996:5.

② 同上书,1996:201,203.

③ Maren Elfert. UNESCO, the Faure Report, the Delors Report, and the Political Utopia of Lifelong Learning[J]. European Journal of Education, 2015(50):94.

究,并进入各国教育政策当中。可以说,终身教育是教科文组织对 20 世纪最伟大的贡献之一①。

3.《德洛尔报告》:人是发展的终极目标、终身学习与四大支柱

在 21 世纪前夕,人们对人类社会的未来进行了激烈的思考和讨论②。世界逐渐形成一个整体,"地球村"的特征日益明显,尤其是在苏联解体、"冷战"结束之后,曾经被掩盖的国家与国家、民族与民族和宗教团体之间的各种矛盾都慢慢浮现,世界格局变得更加复杂。

出于对人类共同命运的担心,教科文组织于 1996 年发布了《德洛尔报告》。该报告延续了《富尔报告》的精神,确认了教科文组织作为人道主义和乌托邦教育理念的倡导者的作用,认为教育是人类社会必要的乌托邦,人类应认真思考和关心 21 世纪的教育和学习,在"地球村"中学会共同生活,开展国际教育合作。该报告促进了终身学习作为教育的核心概念,并提倡学习化社会,而且人既是发展的第一主角,又是发展的终极目标③。

《德洛尔报告》有着完整而深入的人文主义教育思想,被德洛尔巧妙地概括为"教育:财富蕴藏其中",即人类所学到的一切都是内在的财富,而教育者必须帮助学习者发现并善用智慧。④进入 21 世纪,人们必须秉持人文主义精神,要以更包容的方式来看待教育,报告提出了学习的四大支柱以及终身学习的范式。

学会认知(learning to know),即获取理解的手段,包括将掌握足够广泛的普通知识与深入研究少数学科结合起来,也意味着学会学习,拥有对知识和学习的热情,从而有效地参与未来全球化的知识型社会。学会做事(learning to do),不仅包括职业技能,还有"生存技能"⑤,即每个人获得能够应付多种情况和集体工

---

① 谢喆平.中国与联合国教科文组织的关系演进:关于国际组织对会员国影响的一项经验研究[M].北京:教育科学出版社,2010:113.

② Jacques Delors. Education for tomorrow[J]. The Courier, 1996(014):6.

③ 联合国教科文组织国际 21 世纪教育委员会.教育——财富蕴藏其中[M].北京:教育科学出版社,1996:45.

④ Colin Power. The Power of Education: Education for All, Development, Globalisation and UNESCO[M]. Netherlands: Springer, 2015:96.

⑤ Ibid., 2015:97.

作的能力,以便能够对自己所处的环境产生影响①。学会生存(learning to be)是另外 3 种学习成果的主要表现形式,要求人人都有较强的自主能力和判断能力,加强每个人在实现集体命运过程中的责任②。因此,教育应促进每个人的全面发展,即身心、智力、敏感性、审美意识、个人责任感、精神价值等。学会共同生活(learning to live together),在尊重多元性、相互了解及平等价值观的基础下,在开展共同项目和学习管理冲突的过程中,了解自己、了解他人、了解世界,明白人类的多样性、相似性并且是相互依存的③。

《德洛尔报告》和《富尔报告》都支持人文主义传统,后者使用"终身学习"(learning throughout life)来替代"终身教育",被更为广泛地采用。这个转变不仅是语义的变化,更反映了这个领域实质性的进展④。作为《德洛尔报告》中重要的价值取向之一,终身学习被认为是进入 21 世纪的关键,是不断增加知识、技能和行动能力的过程。它不同于传统的基础教育和继续教育,而是与学习化社会联系起来,关注的是每一个人和群体能够围绕这四大支柱,并依靠社会提供的各种机会持续地终身学习,能够平等地在社会上发展、立足。21 世纪的生活和工作充满复杂和不确定性,意味着我们必须持续终身学习,四大支柱与终身学习意味着重新思考教育的范围、顺序、时间,以及各层次教育与培训之间的关系⑤,应将学习延伸到人们的全方位生活当中,这是经济发展的必然要求,每个人都能掌握自己命运,为社会进步做出贡献。在地球村中,人们有相互了解、和平交流以及和睦相处的迫切需要,现有的矛盾、冲突源于不了解。不能互相理解,也就无法谈及尊重、共同生活、合作,而教育使人们能够了解自己、了解他人,引导人们寻求有助于建立教科文组织《组织法》中宣布的"人类理性与道德上之团结"的共同价值观⑥。

---

① 联合国教科文组织国际 21 世纪教育委员会.教育——财富蕴藏其中[M].北京:教育科学出版社,1996:52—59.

② 同上书,1996:序言 9.

③ 同上书,1996:55—60.

④ 联合国教科文组织终身学习研究所.成人学习和教育全球报告[M].北京:教育科学出版社,2012:12.

⑤ Colin Power. The Power of Education: Education for All, Development, Globalisation and UNESCO [M]. Netherlands: Springer, 2015:98.

⑥ 联合国教科文组织国际教育发展委员会.学会生存——教育世界的今天和明天[M].北京:教育科学出版社,1996:14.

作为一份愿景性质的报告,《德洛尔报告》充满乐观主义和人文主义色彩,虽然很难估量其实质性的影响,但它在出版不到一年的时间里就被翻译成 30 多种语言,引起国际社会关于教育政策的讨论和兴趣,许多国家更是以"四大支柱""终身学习"为参照,积极采取教育改革行动。

4.《反思教育》:重申人文主义教育观

2009 年,来自保加利亚的伊琳娜·博科娃成为教科文组织的第一位女性总干事,并提出"新人文主义"理念,称是一种新的全球视野,对整个人类社会敞开,囊括每一片大陆①。在她的大力支持下,教科文组织发布了《反思教育:走向全球共同利益?》的报告。该报告继承了《富尔报告》和《德洛尔报告》的精神,同时还是一部在人文主义教育观和发展观下完成的作品,以尊重生命和人类尊严、权利平等、社会正义、文化多样性、国际团结和为创造可持续的未来承担共同责任为基础,而这些正是人性的基本共同点②。

报告认为,21 世纪教育的根本宗旨是维护和增强个人在其他人和自然面前的尊严、能力和福祉,教科文组织应从概念和实践两方面承担起人文主义的使命。随着世界格局的不断变化,全球学习格局的显现,应将人文主义价值观作为教育的基础和宗旨:尊重生命和人格尊严,权利平等和社会正义,文化和社会多样性,以及为建设我们共同的未来而实现团结和共担责任的意识③。21 世纪有必要重申人文主义教育观,教育应超越狭隘的功利主义,增强各教育阶段的包容性,采取全方位的学习方式,如移动学习、在线课程,使每个人都能够应对各种变化,有能力过上有尊严的生活,以实现可持续的未来。

基于人类命运共同体的信念,报告还将可持续发展作为核心关切内容,认为可持续发展是个人和社会在当地及全球层面采取负责任的行为,争取实现人人共享的、更美好的未来,让社会正义和环境管理指导社会经济发展④。长期以来,人

---

① 教科文组织.博科娃就任致辞[EB/OL].[2017-12-24]. http://unesdoc. unesco. org/images/0018/001855/185556c.pdf.

② 联合国教科文组织.反思教育:向"全球共同利益"的理念转变?[M].北京:教育科学出版社,2017:1.

③ 同上书,2017:30.

④ 同上书,2017:12.

们忽视经济与人口、资源、环境的协调关系,不可持续的经济生产方式和生活方式造成环境破坏,各种全球性问题不容忽视,如气候变化和全球变暖、全球健康以及人口增长可持续发展等。在资源有限的世界里,人类应该与自然和谐一致。事实上,教育是实现可持续发展的关键所在,可以帮助人们改变思维方式和世界观,对人们的共同未来至关重要。因此,需要重新审视教育目的,必须根据公平、可行、可持续的人类和社会发展新观念来重新审视教育目的,而且教育可以,也必须促进新的全球可持续发展观[①]。

报告的发布也意味着观念上的转变。以往国际社会将教育作为人权或者是公共利益事业,但面对日益增长的、多样化的教育需求,教育供给私有化越来越明显,是否还能将教育视为公共利益(public good),这个问题值得人们思考。报告认为,面对全新的学习格局,应该重新界定教育和知识的概念,将知识和教育视为全球共同利益(common goods)。共同利益是通过集体努力紧密团结的社会成员关系中的固有因素[②];而且共同利益实际上是人类在公共社会生活当中、在共同体生活当中所不可或缺的内在的善。没有这些善或利益的实现,如缺乏正确的价值观、公民美德和普遍的正义感,人类彼此之间的相互关系就不能得到维持,从而也不可能作为大大小小的共同体(community)而存在[③]。此外,我们还需从多方着手规范共同利益的作用和责任。

(三) 重视教育公平:"性别平等"与"非洲优先"

教科文组织重视全球教育公平,一直秉承着"人人皆享有充分与平等受教育机会之信念",[④]并将"性别平等"和"非洲优先"作为组织的全球优先事项,在组织工作中占有重要地位。从另一个侧面来说,优先项目是其价值取向的体现。

1."性别平等"与"非洲优先"

1948 年,联合国大会通过并颁布《世界人权宣言》;1979 年通过《消除针对妇女的一切形式的歧视国际公约》。作为联合国下属机构,教科文组织与联合国系统行

---

① 联合国教科文组织.反思教育:向"全球共同利益"的理念转变? [M].北京:教育科学出版社,2017:24.
② 同上书,2017:69.
③ 石中英.从《反思教育》中的四个关键概念看教育变革新走向[J].人民教育.2017(18):59—66.
④ 联合国教育、科学及文化组织.基本文件[R].巴黎:联合国教育、科学及文化组织,2016.

动保持一致,一贯倡导扩大妇女和女童的受教育机会,并在其使命范围内促进性别平等。例如,1952 年通过第 34 号建议"妇女教育",该建议认为不论男女,都应能接受这样一种教育,即能使他们尽可能地施展自己的才华,有效地尽到作为社区、国家乃至世界成员或公民的职责,迎接人生道路上其他特殊任务的挑战[①]。教科文组织认为,性别平等是指女性和男性享有同等的地位和平等的机会,以充分实现其人权和潜能,为促进国家、政治、经济、社会和文化发展做出贡献,同时享有由此带来的惠益[②]。同时,性别平等作为一项基本人权,是社会正义和经济发展的必要基石,是实现以人为本的可持续发展的必要条件,也是实现所有国际商定的发展目标的关键因素。

2014 年,教科文组织出台《性别平等优先行动计划 2014—2021 年》UNESCO *Priority Gender Equality Action Plan 2014—2021*。该计划提供了一个可操作的框架:依托教科文组织的 5 项重大计划,即教育、自然科学、社会科学和人文科学、文化、传播和信息,各自承担着具体的使命,又能从整体上促进性别平等,从而为实现性别平等做出独特的贡献。

20 世纪 60 年代初期,许多非洲国家逐渐独立并加入教科文组织,教科文组织与非洲国家开始建立长期合作伙伴关系,包括提供技术援助、政策咨询等。为支持非洲朝着更好的方向发展,1985 年教科文组织启动了非洲优先计划,并于次年实施。随着在非洲活动的开展,教科文组织于 1996 年成立非洲部(Africa Department, AFR)。这一机构的使命是促进教科文组织与非洲成员国、政府间组织、非政府间组织以及其他双边或多边机构之间的全方位合作。它负责秘书处内的联络、协调和动员工作,以确保所有方案能够反映非洲的优先地位[③]。通过这一机构,教科文组织能够更好地倾听非洲的需要,加强并协调为非洲制定的行动方案。

为确保"性别平等"和"非洲优先"两个优先事项之间尽可能保持一致和互动,教科文组织将性别平等纳入《非洲优先业务战略》的 6 个"旗舰计划",它们分别

---

① 赵中建.全球教育发展的历史轨迹——联合国教科文组织国际教育大会建议书专集[M].北京:教育科学出版社,2005:102.

② 教科文组织.性别平等优先行动计划(2014—2021 年)[EB/OL].[2017-12-28]. http://unesdoc. unesco.org/images/0022/002272/227222c.pdf.

③ UNESCO.Introduction to the Africa Department[EB/OL].[2018-01-06]. http://www.unesco.org/ new/en/africa-department/about-us/.

是:①促进和平与非暴力文化;②加强教育系统以促进非洲可持续发展,提高公平性、质量和相关性;③利用科技创新和知识,促进非洲可持续的社会经济发展;④推动科学发展,为可持续管理非洲自然资源和降低灾害风险服务;⑤在区域一体化的背景下,利用文化的力量促进可持续发展与和平;⑥促进有利于表达自由和媒体发展的环境①。教科文组织在其职能领域内,从国际、地区和国家层面不断将这两个优先项目转化为行动。

2. 具体教育行动:撒哈拉沙漠以南非洲的性别平等②

《教科文组织与撒哈拉沙漠以南非洲的性别平等》*UNESCO and Gender Equality in Sub-Saharan Africa* 报告介绍了由非洲部性别平等处(division for Gender Equality, GE)发起的研究,涵盖了教科文组织两个双年度计划和预算周期(2012—2013 年和 2014—2015 年),重点关注其在撒哈拉以南非洲促进性别平等与妇女赋权的工作,并取得了引人注目的成果。在教育方面,教科文组织工作的中心主题是:让女童留在学校、教师培训机构的性别能力建设以及基于信息和通信技术的妇女扫盲项目。

(1) 让女童留在学校。教科文组织开展让女童留在学校的工作,力求消除男童和女童之间持续存在的差距,如降低辍学率的众包项目以及关注学校安全。

在帕卡德基金会(Packard Foundation)的资助下,教科文组织在埃塞俄比亚和坦桑尼亚实施了"众包女童教育"(Crowdsourcing Girls' Education)项目,为期 3 年(2012—2015 年),旨在减少两地的辍学率,提高女童在学校中的参与程度。教科文组织的众包女童教育取得了实实在在的成果:在所有受益学校中,女童的留校率和学业成绩都提高了 10%(埃塞俄比亚有 12 个学校,坦桑尼亚有 15 个学校)。埃塞俄比亚的 6000 名女童和坦桑尼亚的 4500 名女童接受了多种领域的培训,获得了生活技能、基本的信息通信技能以及全面的性教育。该项目在坦

---

① 教科文组织.性别平等优先行动计划(2014—2021 年)[EB/OL].[2017-12-28]. http://unesdoc. unesco.org/images/0022/002272/227222c.pdf.

② UNESCO. UNESCO and Gender Equality in Sub-Saharan Africa: Innovative programmes, visible results[EB/OL].[2017-12-28]. http://www.unesco.org/new/fileadmin/MULTIMEDIA/HQ/AFR/images/3781_15_E_web.pdf.

桑尼亚建立了32所学校俱乐部,开展创收活动,为处境不利的女童提供援助。与此同时,所有女童都可以得到特殊的卫生用品,如干净的水、卫生巾和肥皂,使女童在经期期间依然可以去学校上学。最后,该项目在坦桑尼亚培训了135名教员,使这些教员能够创造包容、友好的学习环境,以及获得具有性别差异的教学和管理技能。该项目还有助于国家计划/战略的实施,受益学校的经验可以为决策者实施女童教育战略提供指导,并为今后在区域一级采取行动提供借鉴。

博科圣地恐怖组织的暴力行为给撒哈拉以南非洲地区带来了巨大的安全问题。在联合国的呼吁下,2014年11月21日,教科文组织在阿布贾开设校长能力建设讲习班。该讲习班完全由教科文组织资助,目的是为校长提供培训,帮助他们改善校园安全。参与讲习班的共有114所学校和组织,其中小学39所、中学30所、高等教育机构30所,以及其他机构,如国家普及基础教育委员会、国家应急管理机构、尼日利亚教师联盟、尼日利亚记者联盟等。在讲习班结束时,教科文组织分发了1350个"安全学校"工具包。"安全学校"工具包中包括《安全学校手册》、教学视频DVD、音频CD和消毒洗手液。其中,《安全学校手册》有四个目的:一是为教师、家长和学生提供简单易懂的学校安全技能,并结合应用和参考信息;二是为学校社区增设专门的安全工具包,以保障自身安全、提高协助安全机关的能力,树立"安全人人有责"的基本理念;三是为学校提供必要的信息和技能,以评估他们所面临的具体风险和威胁;四是为学校提供规划和紧急行动的范例。

(2)教师培训机构中的性别能力建设。在撒哈拉以南的非洲,一些国家教育质量较低,很大程度是教师培训系统无法满足数量与质量的需求,因此,迫切需要为数百万教师提供正规的培训机会。同时,女教师人数的不足对女童的入学率产生了负面影响。

为应对这一挑战,教科文组织驻达喀尔区域办事处开展了马里师资培训机构能力建设项目。通过为妇女提供具体帮助,使她们能够进入培训机构并继续学习,从而减小师资培训机构中的性别差异。同时,在日本和马里政府的财政支持下,该项目为参加师资培训入学考试的妇女提供培训,以增加她们成功的机会。该项目与教科文组织2006年发起的"撒哈拉以南非洲国家教师培训倡议"(TTISSA)、非洲政府通过《非洲基础教育方案》(BEAP),并且和女童教育政策、职前与在职教师培训相联系。因此,这一项目可以说是教科文组织解决女教师问题的有益尝试,所获得的成果十分显著——女性在师资培训机构中的比例有明显的提高,女性学生的毕业率逐年升高而重读率也有所下降。通过这个项目,教师接受了大班教学以及特殊儿童教育的培训,以及如何教授科学和数学,如何分析课堂实践以及如何设计、开发具有性别敏感的课程。

(3) 基于信息和通信技术的妇女扫盲项目。基于信息和通信技术的妇女扫盲项目(PAJEF)是教科文组织驻达喀尔区域办事处及其他合作伙伴共同提出的,目的是提高 15 岁至 55 岁的女孩和妇女的识字能力,并探讨信息和通信技术在这一过程中的作用。

教科文组织采取了双重战略:一是通过使用信息和通信技术,如电话辅导、远程教育和广播电视教育节目等来提高女孩和妇女的识字能力,创造一个可持续的扫盲环境,以及提高基本识字技能。二是为教学人员提供进一步的培训,使他们能够利用在线培训课程,如 CD、电视、在线和移动应用程序等,积极参与学习。PAJEF 项目被认为是提高国民识字率的范例,并在塞内加尔的迪乌贝尔、法蒂克、凯杜古、马塔姆等 7 个文盲率较高的地区中取得了引人注目的成果:6500 名女孩和妇女报名参与培训;开设了 253 个面授班;3000 名女孩和妇女参加在线培训课程;3000 名妇女接受了非常规教育,学习了缝纫、美发和农业技能;135 个教室和 7 个区域教师培训中心,配备有桑科尔(Sankore)数字工具包,包括笔记本电脑、交互式投影仪以及多媒体遥控笔;1900 名小学阶段的女童在项目支持下完成学业;在沃洛夫,国家电视台播放了 60 节课程,同时在当地社区的支持下,有 20 间教室配备了太阳能。由于塞内加尔不俗的成绩,教科文组织于 2014 年 3 月 10 日在尼日利亚实施了为期 3 年的 PAJEF 项目(2014—2017 年)。

教科文组织有两项彼此交叠的首要任务,需要努力去完成:性别平等和非洲,而且性别不平等是实现一切国际上协商一致的发展目标的障碍,包括和平[①]。教科文组织十分重视弱势群体以及落后国家的教育问题,集中组织能力和资源于

---

① 教科文组织.博科娃就任致辞.[EB/OL].[2017-12-24]. http://unesdoc.unesco.org/images/0018/001855/185556c.pdf.

这两项任务,并将其转化为实际行动。

在教科文组织70多年的发展中,其价值取向的基本特征主要是:为和平而教、深刻的人文主义传统、"性别平等"与"非洲优先"。从一开始,《组织法》就为教科文组织的发展确立了人文主义的基调,即为和平而教,关注人类与和平。而后的3份报告与《组织法》所包含的价值取向是一脉相承的,重视人类与发展,最终目的是实现国际和平与人类共同福利。同时,教科文组织积极回应时代对教育的要求,并构筑理想的未来教育、关注性别平等以及非洲的发展,体现了该组织对人类命运的使命感、对全球教育的终极关怀。这不仅为各国提供了有益的参考,还昭示了世界教育发展的趋势,引领着世界教育的发展。

二、 教科文组织教育政策价值取向的影响因素

教科文组织教育政策的影响因素有很多,如时代背景、联合国、总干事等,这些在前文均有涉及。除此之外,影响因素还包括稳定的组织架构、层级鲜明的教育部门以及注重结果的管理。

(一) 稳定的组织架构

根据《联合国宪章》以及《组织法》,教科文组织的组织机构主要有:大会(General Conference)、执行局(Executive Board)、秘书处(Secretariat)。其中,大会、执行局均由会员国代表组成,属于政府性质的机构。国家是教科文组织的重要行为主体,而且实行一国一票制,在一定程度上保证了决策的民主。此外,通过世界各地的全国委员会,教科文组织的教育政策能够更好地被理解,更具影响力并最终获得支持。

1. 大会

作为最高权力机构,大会由各会员国的代表组成,每个会员国政府最多指派五名代表,同时各会员国无论大小和缴纳会费多少,都拥有一票表决权。大会每两年举行一次,会员国及准会员都可以参加。大会还邀请非会员国、国际组织代表和基金会等作为观察员参加会议。大会的职能包括制定组织政策和工作路线、决定教科文组织的政策和工作方针、就执行局提交的工作计划做出决定、批准和

通过各类准则性文书、选举执行局委员,每四年任命一次总干事等。大会的工作语言为英文、阿拉伯文、中文、西班牙文、法文和俄文。

2. 执行局

作为理事机构,执行局在某种意义上负责教科文组织的全面监督和管理。执行局由大会选出的 58 个会员国组成。在挑选代表时需要经过综合权衡,既要考虑其所代表的文化多样性和所在区域,又确保世界各地区的均衡分布,反映本组织的普遍性。执行局每年召开两次会议,既要为大会做筹备工作,确保大会的决定得到落实。在大会闭幕期间,执行局接受大会委托的具体任务,其他任务则源自教科文组织与联合国及其专门机构,以及其他政府间组织签订的协议。

3. 秘书处

作为领导机构,秘书处负责日常工作,由总干事及所需的工作人员组成,并在全球各地设立了上百个办事处。总干事是教科文组织的行政首长,由执行局提名,然后大会根据大会同意之条件任命,任期 4 年,最多可以再次任职 4 年。除总干事外,还设有副总干事、助理总干事等多个职位,组成总干事办公室。秘书处包括五大部门,即教育部门、自然科学部门、社会科学及人文科学部门、文化部门、传播和信息部门①。

4. 会员国及投票原则

《组织法》规定,凡是联合国的成员国均有权成为教科文组织的会员国,且自 2001 年起,每个会员国有权任命一位常驻教科文组织代表。截至 2016 年,教科文组织共有会员国 195 个,准会员 10 个,同时与 373 个非政府国际组织保持合作关系。

同时,大多数会员国设有教科文组织全国委员会(National Commission for UNESCO)。这是教科文组织所特有的,是其教育政策传递的重要窗口。根据《组织法》第 VII 条规定,"各会员国应采取适合该国具体情况之措施,使其本国有关教育、科学及文化事业之各主要机构与本组织之工作建立联系,并以设立一广泛代表其政府及这些主要机构之全国委员会最为适宜"②。各国教科文组织全国

---

① 教科文组织.2014—2017 年 37 C/5 批准的计划与预算[EB/OL].[2017-11-21] http://unesdoc.unesco.org/images/0022/002266/226695c.pdf.

② 联合国教育、科学及文化组织.基本文件[R].巴黎:联合国教育、科学及文化组织,2016:16.

委员会的职能包括：负责本国与教科文组织的联系；为本国的有关行动提供咨询；
与其他政府机构、大学、研究机构、非政府组织、专业组织、工会、妇女和青年组织
联络；参与教科文组织的国别方案、国家规划和研究等；定期发行通讯，翻译教科
文组织的出版物，组织研讨会和展览会等；通过各种方式让公众和专业人员了解
教科文组织的活动及有关的国家行动①。通过各国的全国委员会，教科文组织与
各国国内教育、科学、文化及新闻交流方面的主要机构形成紧密联系，在开展国际
合作项目、地区活动、专家交流等方面有着重要作用。

在教科文组织的政策决策中，无论国家大小、性质，所有的国家都有一票表
决权，且一会员国不能代表另一会员国或代其投票。尤其是在 20 世纪 60 年代，
大量第三世界国家的加入，在"一国一票"民主、平等的决策下，教科文组织更加关
注发展中国家的教育事业，如 1996 年成立了非洲部。此外，这也在一定程度上限
制了美国等国家主导组织议程，增强了第三世界国家的话语权。

（二） 层级鲜明的教育部门

2010 年，我国唐虔先生获任教科文组织助理总干事（Assistant Director-General），负责分管教育部门。教育部门是教科文组织中规模最大的业务部门，由执
行办公室（The Executive Office）和 4 个分部门组成，即政策和终身学习系统部
（Division for Policies and Lifelong Learning Systems），包容、和平及可持续发展部
（Division for Inclusion, Peace and Sustainable Development），教育 2030 支持与协
调部（Division for Education 2030 Support and Coordination）以及全球教育监测报
告小组（The Global Education Monitoring Report Team）组成。②

与教育部门相对应，教科文组织在全球范围内有 53 个外地办事处。通过外
地办事处，专门从事教育工作的人员与各国政府、其他伙伴和民间社会保持密切
关系，协商制订战略、方案和活动。

1. 一类教育机构及教育中心

在教育领域，教科文组织设有若干专门机构和中心，其中包括 6 个一类教育

---

① 张民选.国际组织与教育发展[M].上海：上海教育出版社,2010:94—95.

② UNESCO. Education Sector staff at Headquarters[EB/OL].[2017-12-06]. https://en. unesco. org/
themes/education-21st-century/about-us/hq-staff.

机构和两个教育研究中心。它们在各地区开展工作,承担着不同的研究工作,以协助各国处理其特殊的教育挑战,形成了全球性的网络,表2-8所示。

表 2-8　一类教育机构及教育中心

名　称	地　点	研　究　内　容
国际教育局(IBE, 1925 年)	瑞士日内瓦	负责加强课程开发和教育内容
终身学习研究所(UIL, 1951 年)	德国汉堡	促进终身学习政策和实践,重点是成人教育扫盲和非正规教育
国际教育规划研究所(IIEP, 1963 年)	法国巴黎	帮助各国设计、规划和管理其教育系统;在阿根廷的布宜诺斯艾利斯、塞内加尔的达喀尔均设立分研究所
教育信息技术研究所(IITE, 1997 年)	俄罗斯莫斯科	协助各国在教育中使用信息和通信技术
拉丁美洲及加勒比地区国际高等教育研究所(IESALC, 1997 年)	委内瑞拉加拉加斯	推动区域高等教育的发展
非洲国际能力培养研究所(IICBA, 1999 年)	埃塞俄比亚的斯亚贝巴	加强非洲的教育机构和教师的能力建设
职业技术教育与培训国际中心(UNEVOC, 1999 年)	德国柏林	协助成员国制定政策和措施,为工作和技能就业和发展世界进行公民教育
甘地和平与可持续发展教育研究所(MGIEP, 2009 年)	印度新德里	专门研究和平、可持续发展和全球公民的知识共享和政策制定

(资料来源:UNESCO. About the Education Sector[EB/OL].[2017-12-06]. https://en.unesco.org/themes/education-21st-century/about-us.)

2. 二类教育机构

教科文组织在世界各地成立了不少二类机构。这些机构是根据会员国的建议,基于其在教科文组织能力领域的专业化实力,提交可行性评估报告,并由大会正式通过。它们与教科文组织紧密联系在一起,通过能力建设、知识分享和研究,为执行教科文组织给会员国带来的战略方案目标提供了宝贵和独特的贡献[1]。

---

① UNESCO.Institutes and Centres(Category 2)[EB/OL].[2017-11-21]. http://www.unesco.org/new/en/bureau-of-strategic-planning/themes/category-2-institutes/.

目前,在教育领域,教科文组织共有 11 个二类机构,如表 2-9 所示,被视为教科文组织方案交付部门的重要延伸,也是提高教科文组织成员国形象的一种手段①。

表 2-9　二类教育机构

地　　点	名　　　称
中国北京 (1994 年)	国际农村教育研究与培训中心(International Research and Training Centre for Rural Education, INRULED)
韩国汉城(现首尔) (2000 年)	亚太地区国际理解教育中心(Asia-Pacific Centre of Education for International Understanding, APCEIU)
阿拉伯联合酋长国沙迦(2003 年)	教育规划区域中心(Regional Centre for Educational Planning, RCEP)
布基纳法索的瓦加杜古(2005 年)	非洲女童和妇女教育国际中心(International Centre for Girls' and Women's Education in Africa, CIEFFA)
孟加拉国(2011 年)	国际母语学院(International Mother Language Institute, IMLI)
叙利亚大马士革 (2009 年)	阿拉伯国家幼儿保育和教育区域中心(Regional Centre for Early Childhood Care and Education in the Arab States, RCECCE)
菲律宾马尼拉 (2009 年)	可持续发展的终身学习东南亚中心(South-East Asian Centre for Lifelong Learning for Sustainable Development, SEACLLSD)
斯里兰卡 (2012 年)	教师发展南亚中心(South Asian Centre for Teacher Development, SACTD)
埃及(2014 年)	成人教育区域中心(Regional Centre for Adult Education, ASFEC)
沙特阿拉伯 (2014 年)	教育质量和卓越区域中心(Regional Centre of Quality and Excellence in Education, RCQE)
中国深圳 (2015 年)	高等教育创新国际中心(International Centre for Higher Education Innovation, ICHEI)
中国上海(2017 年)	教师教育中心(Teacher Education Centre, TEC)
中国三亚 (2017 年)	联合国教科文组织联合学校网络国际中心(International Centre for the UNESCO ASPNET, ICUAC)

(资料来源:UNESCO. About the Education Sector[EB/OL]. [2017-12-06]. https://en. unesco.org/themes/education-21st-century/about-us.)

---

①　UNESCO. About the Education Sector[EB/OL].[2017-12-06]. https://en. unesco.org/themes/education-21st-century/about-us.

3. 全球教育网络及教育合作伙伴

教科文组织通过其广泛的全球教育网络开展工作。这些全球教育网络主要有以下 4 个[①]：

(1) 教科文组织联系学校项目网络(UNESCO Associated Schools Projects Network, ASP net)。该项目成立于 1953 年,当时只有 15 个国家的 33 所学校参与该项目。该项目已持续 60 多年,是当下世界范围内最大的学校网络,涉及 181 个国家约 9900 所学校,包括幼儿园和教师培训机构等各种机构。ASP net 能敏锐地感知世界上最新发生的事情,同时作为一个"领跑者",努力在课堂上引进新的问题,让学生更好地准备和应对目前和未来的挑战。目前,ASP net 的目标是通过开展有效的试点和重点项目、开发和创新教学教材,以改善学习,将联合国及教科文组织的理想和优先领域转化为现实[②]。

(2) 姊妹大学/教席计划(UNITWIN/UNESCO Chairs Programme)。该项目于 1992 年启动,所涉及的范围超过 116 个国家、700 多个机构,促进大学间的国际合作和交流,通过知识共享和协同合作以提升机构能力。姊妹大学的目的是给高等教育机构之间的结对关系和其他合作协定以新的推动,在分地区、地区和国际一级加强高等教育培训和研究方面的合作,以及发展和加强发展中国家的专门研究和高级研究中心。教科文组织教席是姊妹大学项目的主要组成部分,其目的是通过涉及与持久发展概念有密切关系的学科的国际计划,确保知识的迅速转让[③]。教席计划帮助各大学设立"高等培训研究中心",可使一些研究人员和高水平的大学生在某个被认为对促进发展有重要意义的具体领域参加高级培训或研究计划[④]。通过姊妹大学/教席计划网络,世界各地的高等教育和研究机构将它们的人力、物力资源汇集起来,以应对紧迫的挑战,并为社会的发展做出贡献。在

---

① UNESCO. About the Education Sector[EB/OL].[2017-12-06]. https://en.unesco.org/themes/education-21st-century/about-us.

② UNESCO. ASP net Strategy 2014—2021 Global Network of Schools addressing Global Challenges: Building Global Citizenship and promoting Sustainable Development[EB/OL].[2017-09-16]. http://unesdoc.unesco.org/images/0023/002310/231049E.pdf.

③ [美]米歇尔·科尼尔·科拉斯特.宏图大业——联合国教科文组织编年史(1946—1993)[M].北京:中国对外翻译出版公司,1995:311.

④ 同上书,1995:252.

大多数情况下,该网络是学术界、公民社会、地方社区、学术研究、政策制定的智库以及它们之间沟通的桥梁。事实证明,它们有利于政策决策、制订新的教学计划,通过研究创新、丰富现有的大学课程,以及促进文化多样性等。在专业知识匮乏的地区,在区域或次区域层面上,姊妹大学/教席计划已成为卓越和创新的标杆,同时也有利于加强南北、南南合作①。

(3) 职业技术教育与培训网络(UNEVOC Network)。该项目是一个专为职业技术教育和培训提供的全球独家平台,旨在进一步推动南南和南北合作。UNEVOC 网络由位于德国柏林的职业技术教育与培训国际中心开展协调工作。该网络有利于调查、案例研究、数据库、出版等,确保该中心履行其作为信息交流中心的职能。通过 UNEVOC 网络,该中心可以分享职业技术教育、培训各个方面的知识和经验,通过主办会议让各国交流经验,讨论常见的、具有共性的问题。②

(4) 国际教育局课程开发实践共同体(IBE Community of Practice in Curriculum Development)。该项目为国家以及内部和跨区域的政策对话提供了平台,促进与课程创新和变革相关的愿景、方法、经验和数据的共享,通过研究区域和国家趋势,以更明确地确定课程实践、发展和当地需求③。

除了构建全球教育网络,教科文组织还十分重视教育合作伙伴关系。合作伙伴关系是应对全球挑战和产生可持续变革和持久影响的关键驱动因素,教科文组织在国家、区域和全球层面与各种伙伴开展合作,如为开展教育 2030 议程,教科文组织召集了儿童基金会、世行、开发计划署、难民事务高级专员办事处、人口基金署、妇女和国际劳工组织。教科文组织还通过非政府组织关于教育的集体协商,与民间社会保持持续的对话,约有 300 个国家、区域和国际组织参与其中④。合作伙伴关系已深刻嵌入教科文组织处理全球事务之中,与合作伙伴共同努力,可以更好地分配资源,实现组织的理想与价值观,实现共同发展目标,并增强组织

① UNESCO. UNITWIN/UNESCO Chairs Programme [EB/OL]. [2017-12-09]. https://en.unesco.org/unitwin-unesco-chairs-programme.
② UNESCO. UNEVOC Network Portal[EB/OL].[2017-12-09]. http://www.unevoc.unesco.org/go.php?q=fwd2UNEVOC+Network+-+History+and+Overview.
③ UNESCO. International Bureau of Education Communities and networks[EB/OL].[2017-12-09]. http://www.ibe.unesco.org/en/who-we-are/communities-and-networks.
④ UNESCO. About the Education Sector[EB/OL].[2017-12-06]. https://en.unesco.org/themes/education-21st-century/about-us.

行动的知名度、扩大影响力。

(三) 注重结果的管理

随着教科文组织的不断发展、改革,其教育政策形成也逐渐制度化、规范化,但由于面对的教育问题多样化,教育政策如何具体、有效地实施,并开展教育活动成为关注的重点。

1997 年,时任联合国秘书长科菲·安南(Kofi A. Annan)建议联合国在制定规划、编制预算和汇报工作时更多地注重结果:"使联合国方案预算从投入会计制转变为结果责任制。"制订规划、编制预算、管理、监测、报告和监督的重点由此从工作方法转向了具体实效。此后,注重结果的管理概念成为联合国系统内部的核心议题,并成为各个国际组织的总体发展趋势①。

作为联合国的一分子,教科文组织也顺应趋势,在教育政策实施中注重结果的管理。注重结果的管理(RBM)是指涉及广泛的管理策略,通过改善绩效、完善计划重点和计划交付工作,目的是改变机构的运作方式。从中反映出一个组织如何运用多种程序和资源,采取干预措施,以期实现预期成果②。在 2014 年发布的《2014—2021 年中期战略》中,教科文组织称将发展注重结果的文化,将改进注重成果的管理、监测、评估和成果报告工作,从而在各项活动中努力将注重结果交付的文化制度化③。在教科文组织,注重结果的管理分为 7 个步骤,如表 2-10 所示。

表 2-10　注重结果的管理步骤

序号	步　　骤
1	确定对更高层面预期成果的促进作用,确保不同计划层面的预期成果保持一致,从而**形成合理、连贯的结果链**
2	分析需要满足的需求和有待解决的**问题**,确定其原因和影响
3	设计**结果框架**,特别是按照明确和可计量的标准来拟定预期成果
4	制定一项实施战略的具体方法是提供**概念框架**,说明如何从当前情况发展到预期成果所述的情况

---

① ②　教科文组织.教科文组织采用的注重结果的计划编制、管理、监测和报告(RBM)方法指导原则 [EB/OL].[2017-11-21].http://unesdoc.unesco.org/images/0017/001775/177568C.pdf.

③　教科文组织.2014—2021 年中期战略[EB/OL].[2017-05-22].http://unesdoc.unesco.org/images/0022/002278/227860c.pdf.

（续表）

序号	步　　骤
5	**监测**实现预期成果的进展,同时利用已实现的实际产出和已取得的实际结果的相关数据,对绩效和影响进行适当监测
6	向重要利益攸关方**报告**如下内容:取得的进展,并将预期成果与实际成果进行对比;受影响的受益者;涉及的合作伙伴;投入的资源
7	及时评价计划、活动和项目的相关性、影响、成效、效率和可持续性

（资料来源:教科文组织.教科文组织采用的注重结果的计划编制、管理、监测和报告（RBM）方法指导原则［EB/OL］.［2017-11-21］. http://unesdoc. unesco. org/images/0017/001775/177568C.pdf.）

　　通常来说,教科文组织以往的教育政策实施需要将一个领域细分为多个次级领域,而后再分为若干倡议、活动和项目。引入并采用注重结果的管理方法,有利于避免漫无方向的盲目性,以及过于关注教育政策的实施细节而忽视了最终目的或目标,同时也有利于在多方行为主体的共同参与下,确定本组织能够实现哪些具体结果,并确定实现目标的最适当的途径。总的来说,注重结果的管理侧重于绩效以及实现结果和影响,目的是改善计划交付情况、增强管理实效、提高效率和强化问责。这在教育政策的实施过程中也有所体现,下面以全民教育为例,加以说明。

　　1990 年,教科文组织在泰国召开了世界全民教育大会,明确提出了“全民教育”的概念。其基本内涵是,扫除成人文盲、普及初等教育以及消除男女受教育之间的差别。同时,大会通过了《世界全民教育宣言》。为促进全民教育目标的实现,2000 年,世界教育论坛在塞内加尔首都达喀尔召开。164 个国家的政府,以及来自区域集团、国际组织、捐助机构、非政府组织和民间的代表们共同签署并通过了《达喀尔行动纲领》,为全民教育制订了更为具体化的目标并确定了时间表:到2015 年实现六大教育目标,即幼儿教育、初等教育、青年和成人教育、扫盲教育、男女平等、教育质量。在实现全民教育目标的过程中,教科文组织在国际范围内推动合作,形成广泛的全球合作机制,开展各项活动和倡议。同时,教科文组织还持续出版全球教育监测报告,以独立监督、监测、管理各目标,向世界各国报告全民教育各项目标的实现情况,从而形成循环往复的进程,既有利于具体教育政策的实施,又能在目标的实现过程中作出必要的路线调整,具体参见表 2-11。

表 2-11　全民教育机制期望效果的逻辑框架

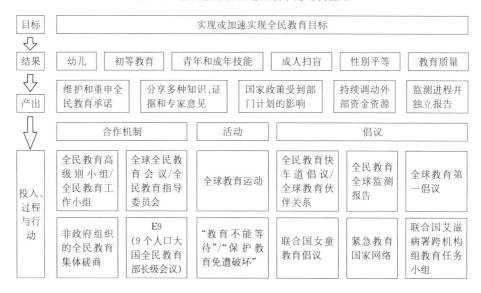

目标	实现或加速实现全民教育目标				
结果	幼儿	初等教育	青年和成年技能	成人扫盲	性别平等 教育质量
产出	维护和重申全民教育承诺	分享多种知识、证据和专家意见	国家政策受到部门计划的影响	持续调动外部资金资源	监测进程并独立报告
投入、过程与行动	合作机制		活动	倡议		
	全民教育高级别小组/全民教育工作小组	全球全民教育会议/全民教育指导委员会	全球教育运动	全民教育快车道倡议/全球教育伙伴关系	全民教育全球监测报告	全球教育第一倡议
	非政府组织的全民教育集体磋商	E9（9个人口大国全民教育部长级会议）	"教育不能等待"/"保护教育免遭破坏"	联合国女童教育倡议	紧急教育国家网络	联合国艾滋病署跨机构组教育任务小组

（资料来源：联合国教科文组织.2000—2015 年全民教育：成就与挑战[M].北京：教育科学出版社，2015：28.）

在充满矛盾、变化的世界中，作为一个政府间组织，教科文组织的教育政策价值取向不可避免地受到多方面因素的影响，如时代因素、会员国间的博弈、联合国改革等。除此之外，教科文组织稳定的组织架构使其价值取向能够保持一定的稳定性，个别国家很难完全控制该组织的议程，尤其是"一国一票"的投票原则，确保了弱势国家的话语权，从而能够反映到该组织的政策议程以及活动当中，如"非洲优先"成为优先事项。其次，通过层层教育中心、机构以及教育网络，教科文组织的教育理念、教育政策及其价值取向能够层层传递下去，转化成具体行动，并逐渐成为现实。最后，价值取向具有实践品格，是动态的过程，教科文组织在具体的教育政策过程中注重结果的管理，关注教育政策及活动的投入和产出，重视具体实效，有利于其价值取向的最终实现。

第六节　结　　语

教科文组织在充满矛盾的世界中不断发展，承载着一种乌托邦的理想——

在人之思想中建立和平,致力于在人类思想和道德团结,以及在互相理解的基础上实现长久和平,并为推广这一理念付出了艰辛的努力。在教育领域,该组织不仅提出了全方位的教育政策、教育理念,而且其价值取向影响十分深远,被世界各国和众多国际组织接受,进入了许多国家的政策当中。

纵观教科文组织 70 多年的发展,其教育政策价值取向分别为:创建时期(20 世纪 40 年代末)——重视基础教育与成人教育,以国际理解与和平为目标,消除国家、民族和种族间的误解和隔阂,反对战争,同时也为教科文组织日后的教育活动确立了基本价值观;探索时期(20 世纪 50 至 60 年代)——以发展和合作为目标,关注各级各类教育,重视教育权利,开拓更广的工作领域,着眼于长远;困难与发展时期(20 世纪 70 至 80 年代)——注重教育的全球导向,呼吁教育权利及教育平等,推动终身教育的发展;新时期(20 世纪 90 年代至今)——开展全球教育活动,注重教育的全球治理,重视人类共同发展以及可持续发展。在不同历史时期,教科文组织所关注的重点政策以及教育活动有所不同,其价值取向有一定的侧重、变化和延续。教科文组织教育政策价值取向的基本特征是:为和平而教、深刻的人文主义的传统、"性别平等"与"非洲优先",同时其价值取向也受到多方面因素影响,如稳定的组织架构、层级鲜明的教育部门以及注重结果的管理。

对教科文组织教育政策价值取向的研究,可以为新时期我国参与全球教育治理提供参考。自 1971 年恢复联合国席位之后,我国不断深入并参与到教科文组织的各项活动当中,其终身教育思想、可持续发展理念等对我国的教育发展有极大的影响。在社会变迁的时代中,教科文组织关于世界教育发展的议程具有普遍意义,坚信教育与各方面的发展息息相关,如消除贫困、卫生健康、气候变化等。在未来,我国应更加重视这一平台所提出的教育政策,并结合我国实际情况加以发展。教科文组织作为一个多边外交平台,我国应以更加积极的姿态参与其中,对全球教育议程进行讨论和磋商,通过介绍我国经验、主张,丰富人类命运共同体,为人类社会应对 21 世纪的各种挑战做出自己的贡献,并加强文化软实力的建设,提升国际地位。

第三章
经合组织教育政策价值取向

经合组织成立于 1961 年,是由 35 个市场经济国家组成的政府间国际经济组织,总部设在法国巴黎。作为一个经济组织,经合组织的教育职能经过发展,在组织、运行以及教育政策方面形成自己的特点,具有自身独特的价值取向。PISA 作为经合组织教育测评方面最有影响力的项目,集中体现了经合组织教育政策的价值取向。经合组织教育政策价值取向存在着正面和负面评价,我国可以从中获得一些启示。

第一节　经合组织教育职能的发展与演变

本节主要是从历史维度上对经合组织教育职能及其政策重点的演变进行总体性描述,根据不同阶段梳理教育政策的目标、侧重点与管理机构的变化,将经合组织教育职能的发展划分为 4 个阶段。

一、20 世纪 60 年代:培养科技人才,开发人力资本

经合组织的前身——欧洲经济合作组织(OEEC)是美国对欧援助计划"马歇尔计划"的产物,旨在促进欧洲地区的第二次世界大战战后重建工作,实现经济复苏。为满足经济振兴的需求,同时由于苏联领先欧美成功发射第一颗人造卫星,

欧洲经济合作组织意识到科技人才对于国家发展的重要战略意义,于是在 1958 年成立科技人才办公室(Office for Scientific and Technical Personnel)及管理委员会,负责科技研究项目的进行、顶尖科技人才的培养及其他与科技教育和技术培训有关的国际教育行动,如开展国别调查、召开国际会议等。

1961 年,重建基本完成,欧洲经济合作组织于巴黎改组为经合组织,单就名称的变化就可以看出该组织的范围从欧洲扩大到全球,并将工作重心由经济合作转变为经济合作与发展,以经济发展为宗旨,国际合作为手段。之前的科技人才办公室管理委员会也更名为科技人才委员会(Committee for Scientific and Technical Personnel),主管教育工作。当时的主要工作是为满足经济发展需要,培养科学家和工程师。20 世纪 60 年代,人力资本理论兴起,教育和人才培养可以提升劳动生产率的观点广泛流行于欧美各国。这个时期,经合组织政策重点放在通过推动高等教育国际化以促进经济增长。各国也都加大教育投资,扩张教育规模,然而,到 20 世纪 60 年代末,迅速扩大的毕业生群体超越了劳动力市场所能吸纳的体量,成员国大幅增加的教育投资也未能有效解决当时的经济和社会问题,经合组织开始将提高教育质量作为教育改革的重要目标。1968 年,经合组织设立了第一个教育专门机构——教育研究与创新中心(Center of Education Research and Innovation, CERI),积极开展教育教学方面具有前瞻性和创新性的研究,并致力于为教育研究、创新和政策发展建立有效联结。

二、 20 世纪 70 至 80 年代:重视教育效益,注重经济功能

1970 年,经合组织成立了教育委员会(Education Committee),取代之前的科技人才委员会,教育在经合组织内的独立地位由此奠定。它与教育研究与革新中心同属于科学事务司(Directorate for Scientific Affaires)①。同年,一场关于"政策与经济增长"的政府间会议在巴黎召开,此后《回归教育:终身学习的一项策略》报告发布,"高等教育从精英化向大众化过渡中的问题"国际会议召开,诸多政策活动体现出"教育扩张"成为经合组织在 20 世纪 70 年代的教育主题。1973 年发布

---

① 张民选.国际组织与教育发展[M].上海:上海教育出版社,2010:240—241.

的《回归教育:终身学习的一项策略》报告强调,人需要再教育以实现教育机会均等和人的解放,突出了教育的人文价值和社会性目的,与之前只关注教育对经济发展的作用有所区别。1974年,经合组织将科学事务司与人力资源和社会事务司合并为社会事务、人力资源与教育司(Directorate for Social Affairs, Manpower and Education),负责管理教育委员会和教育研究与创新中心。这一组织变动体现经合组织内部改变了之前单从经济视角解读教育政策的价值取向①。

20世纪70年代也是经合组织教育指标活动的开端。当时由于新发展战略的盛行,世界各国需要系统、全面地收集社会统计数据以了解社会经济发展水平,并以此完善和改进相关政策的制定。于是,经合组织于1973年4月发布了《引导政府决策的教育指标体系》报告,提出了衡量教育影响个体和社会的46个指标。这些指标在结构上分为6类:①教育在知识传递过程中的作用;②教育在争取机会平等和社会流动中的作用;③教育在适应社会经济需要方面的作用;④教育对个体发展的作用;⑤教育在价值观传递和演变过程中的作用;⑥在争取上述政策目标过程中资源的有效利用②。这些标准体现了经合组织对教育机会公平与教育民主化的关注。

然而,20世纪70年代中后期,经济危机导致经合组织成员国失业问题严重,对教育人文价值的关注有所减弱,经合组织转而从人力资源和就业政策的视角重新审视教育和培训的作用,再次将"回归教育"的工具价值置于首位。教育与经济发展的紧密联系被视为制定教育政策的出发点,再教育有助于国家人力资源的开发并以此促进经济增长,因而获得广泛重视。受社会和经济变迁的影响,1978年,经合组织召开以"社会和经济变迁中的未来教育政策"为主题的第一届成员国教育部长会议,将提高教育质量、促进经济增长设定为20世纪80年代的工作重点③。

20世纪80年代,许多经合组织成员国由于面临经济衰退的重大危机,不得不减少教育财政支出,而把经济复兴和振兴市场作为这一时期的当务之急。经合组织也开始投入对教育中费用与效率、基本技能与学生成就之间关系的研究。

---

① George S. Papadopoulos. Education 1960—1990: the OECD perspective[M]. Paris: OECD, 1994:121.

② 刘明堂.OECD教育指标体系的变迁及启示[J].教育发展研究,2009(Z1):67—70.

③ [美]亚当斯·D.教育大百科全书:比较教育与国际教育[M].朱旭东,译审.重庆:西南师范大学出版社,2011:377.

"教育质量和教育标准"在1984年召开的第二届成员国教育部长会议上被列为重要议程。此次会议以"现代社会中的教育"为主题,指出教育应当帮助人们为进入知识经济做好准备。会上就如何实现这一功能展开讨论。

经过1987年在美国华盛顿和1988年在法国普瓦提埃的两次国际会议,经合组织成员国一致认为:应建立一套更好、更全面的评价机制,正视教育的质量问题,使各国决策者能由不同角度重新思考和分析教育问题以适应新的教育情景,由此满足教育的大众化和政治绩效责任的需要,实现教育质量与经济竞争联结的决策价值,促进教育公平理想的实现[①]。1988年,教育研究与改革中心启动了教育体系国际评价指标项目(Indicators of Education System, INES)。该项目的目标有三点:一是提供世界教育全面而精确的量化统计数据,二是保障教育统计数据的系统性、可靠性和实践性,三是为各国教育发展提供可靠的国际性信息参考[②]。这个时期,经合组织强调教育投资的绩效、成员国教育发展的水平,并将其置于国际竞争与全球背景之下。

三、20世纪90年代：开展质量测量，倡导终身学习

自20世纪90年代开始,全球化的深入发展打破了民族国家边界,实现了商品、服务、资金、人力资本的国际流动,各项资源在全球范围得到优化配置,同时也使得经济竞争加剧,加之信息技术的迅猛发展以及知识边界的创新突破,经济发展与教育投资受到经合组织成员国的普遍重视。其中,终身学习、教育指标体系、学生学业表现评价以及高等教育质量成为关注热点。

1990年,以"为全民提供高质量的教育和培训"为主题的第三届成员国教育部长会议召开,会议指出高质量的早期教育和培训是终身学习的基础,并一致认同信息与数据应当成为重大决策的前提。1991年,社会事务、人力资源与教育司更名为教育、就业、劳动与社会事务司(Directorate for Education, Employment, Labor and Social Affairs),将教育确立为第一要务。

经合组织于1992年首次出版的《教育概览》*Education at a Glance：OECD*

---

① 孙继红,杨晓江.OECD教育指标体系演变及发展趋势研究[J].现代教育管理,2009(5):89—92.
② 艾蒂安·阿尔比瑟,崔俊萍.走进OECD教育指标体系[J].世界教育信息,2014(17):46—49.

Indicators 是一份年度性教育指标统计数据报告,以广泛性、政策相关性及标准化为原则,确立了第一套较为完整的国际教育指标体系,内容包括人口和经济背景的数据;教育成本、资源和过程方面的信息;教育产出方面的数据;专业术语、注释和一些技术性信息。之后的版本也秉承了这一基本模式①。从统计数据可以看出,随着教育在经济社会中的作用愈加凸显,经合组织成员国大大增加对教育的投入,教育系统的规模也得到相应扩张,质量也有所提高。教育研究与改革中心(CERI)还负责并不定期出版其他刊物,对《教育概览》进行补充说明,如《教育政策分析》《教育指标聚焦》《评估教育:发展与使用国际指标》《经合组织国际比较教育数据手册:概念、标准、界定与分类》《教育概览:分析》等②。

经合组织也积极开展对高等教育和成人教育方面的调查与研究。1994 年,经合组织进行了第一次跨国别的、以高等教育为主题的主题审议(Thematic Review),对成员国共同关心的高等教育相关的重点政策问题进行主题评估。同年,经合组织开展了第一次国际成人素养调查(International Adult Literacy Survey,IALS),以成人如何运用信息、如何使信息在社会和经济生活中发挥作用为调查内容。20 世纪 90 年代中期之后,INES 项目的顺利推进与《教育概览》的定期发布,确立了经合组织在教育治理领域的权威和影响力,同时也被各国教育政策制定者和研究者广泛作为教育评价的参考性指标。

20 世纪 90 年代,在全球化和知识经济的时代背景下,全球掀起终身学习浪潮,经合组织也成为这一浪潮的引领者。1996 年,经合组织召开了主题为"让全民终身学习成为现实"的第四届成员国教育部长会议,发布《全民终身学习》*Lifelong Learning for All* 报告,将全民终身学习确定为经合组织迈入 21 世纪发展的教育主题,正式提出"全民终身学习"的理念。该报告指出,终身学习涵盖了各式各样的教育,对个人发展、经济增长和社会凝聚都会产生巨大作用,体现了工具价值和人文价值的结合。紧接着,1997 年,经合组织发起"素养的界定和遴选:理论和概念基础"(The Definition and Selection of Competencies:Theoretical and Conceptual Founda-

---

① 刘明堂.OECD 教育指标体系的变迁及启示[J].教育发展研究,2009(Z1):67—70.
② 孙继红,杨晓江.OECD 教育指标体系演变及发展趋势研究[J].现代教育管理,2009(5):89—92.

tions, DeSeCo)项目,试图提供一个合理的概念框架来改善评价质量,促进对主要能力的识别,并推进对青年和成年人能力水平测试的国际性调查,从而更准确地反映出年轻人和成年人应对生活挑战做怎样充分的准备,以确保教育体系和终身学习的整体目标得以实现。1996 年召开的教育部长会议以"终身学习"为主题。与会成员国纷纷表示,早期教育作为人一生学习与发展的基石,应受到高度重视。在此次会议推动下,经合组织教育委员会于 1998 年 3 月发起了一项关于早期教育政策的专题调查活动。历经两年,经合组织调查组对 12 个国家开展调研活动,并将调研结果在2001 年的斯德哥尔摩国际会议上以《强势开端:早期教育和保育》报告的形式发布。

全球化带来经济生产和社会生活的巨大转变,时代对教育提出新需求,包括满足所有年龄学习者对教育和培训的持续增长的新需求、对政府角色转换的新需求、对融资渠道扩充的新需求,等等。教育也成为应对人口老龄化、劳动力市场的变革、社会生产转型和文化矛盾冲突的有力手段。促进终身学习和形成学习化社会由此成为 20 世纪 90 年代经合组织成员国的共同目标,也是经合组织关注的一大要务[①]。

四、21 世纪以来：深化教育影响，实现全球治理

进入 21 世纪以后,全球化和现代化正构建着一个不断变化和交融的世界,个人和社会面对许多挑战。经合组织的宗旨表述也突出了教育在个人的发展、可持续的经济增长和社会融合方面的重要作用。经合组织的功能是要协助成员国和合作伙伴实现全民高质量的终身教育。2002 年,经合组织设立独立教育司(Directorate for Education)。该司确立了 6 项战略目标:①促进终身学习,改善教育与社会和经济的联系;②评价和提升教育结果;③促进高质量教学;④在全球经济中考虑高等教育的发展;⑤通过教育建设融合社会;⑥建设教育新未来[②]。

这一阶段的教育政策活动已逐渐成为经合组织工作的核心事务之一。经合组织坚持一贯对教育质量的重视,并着力更好地发挥教育对经济社会发展的重要作用。国际比较研究能为人们在解释一国的教育表现时提供更大的参照系而加

---

① 李薇.经合组织与全民终身学习发展[M].上海:上海教育出版社,2015:63.
② OECD. OECD Annual Report 2006[R]. Paris: OECD, 2006:106.

深和丰富人们的认识,因此逐渐成为世界教育热点之一。2008 年,由美国"次贷危机"引发的国际金融危机迅速蔓延到其他国家,导致经合组织成员国承受严重的经济危机,对教育事业特别是高等教育也产生强烈冲击。然而在这样的国际环境下,经合组织成员国的教育事业也面临着发展机遇,如教育需求的增长、教育被视为解决社会问题的优先战略以及高等院校变革意识的增强。因此,许多国家将高等教育列为政府经济社会发展刺激计划的组成部分,重视提升高等教育机构内部效率与效益,发挥高等教育的社会服务功能。

2008 年发布的《全球人才竞争力:高技能人才的流动》表明,科技人力资源的流动已经成为全球化的核心内容,在高技能劳动力市场的形成中起着重要作用[①]。对于高技能劳动力的重视,还可以追溯到 2004 年与教科文组织统计研究所(UNESCO Institute for Statistics)、欧洲统计局(Eurostat)联合启动的"博士学位获得者职业发展"(Careers of Doctorate Holders, CDH)项目。该项目意在建立一个"博士学位获得者职业发展"的常规性指标产出体系。经过一系列前期研究和试点调查,经合组织于 2007 年 12 月推出 CDH 首个版本,约 25 个国家据此开展数据收集工作,统计结果于 2010 年 3 月 26 日对外公布。经合组织于 2010 年 2 月发布了 CDH 第二个版本。该框架反映出博士学位获得者在就业率、劳务性质、职业与专业背景相关程度、工作满意度、收入差别等方面的信息[②]。

2013 年,教育司更名为教育与技能司(Directorate for Education and Skills)。当前教育与技能司的工作主要包括 4 个方面:早期儿童教育与学校、校外技能、教育创新、研究与知识管理。教师教学国际调查项目(TALIS)、经合组织成人技能调查(PIAAC)、教育全球定位(Education GPS)是该司的 3 个关注点[③]。

五、 小结

经合组织的教育工作从 20 世纪 70 年代单一的国别审议发展到 20 世纪 90

① OECD. The Global Competition for Talent : Mobility of the Highly Skilled[EB/OL]. https://www. keepeek.com//Digital-Asset-Management/oecd/employment/the-global-competition-for-talent_9789264047754-en. 2017-11-3.

② 王忠,董旭梅.博士学位获得者的就业状况——基于经合组织 CDH 框架的统计结果[J].中国科技信息,2010(20):170—172, 174.

③ OECD. Directorate for Education and Skills[EB/OL]. http://www.oecd.org/edu/. 2017-11-3.

年代跨国别的主题审议,从零碎的数据收集发展到大型的教育数据调查,从单纯的数据报告发展到数据报告与政策报告结合①。自 20 世纪 70 年代始,不仅经合组织从世界政治舞台的边缘走向中心,教育职能在经合组织各项工作中也由边缘走向中心,教育执行部门从经合组织庞大的组织架构由独立走向壮大,经合组织开展的教育研究和活动也日益丰富与深入。教育职能的执行机构逐步确立教育的独立地位,如表 3-1 所示,从机构更名也可以观察到教育事务在经合组织工作中的职能和目标也是不断变化着的。例如,20 世纪 60 年代教育职能的目的比较单一,重在培养顶尖科技人才;20 世纪 70—80 年代重视人力资本的开发;20 世纪 90 年代教育事务更加多元,与社会联系紧密;21 世纪后经合组织教育工作更加独立,同时顺应国际社会发展与要求,重视技能与终身学习。

表 3-1　经合组织教育职能机构

所属阶段	机构名称	成立年份	备　　注
20 世纪 60 年代	科技人才办公室(Office for Scientific and Technical Personnel)	1958	开展科技研究,增加成员国科学家和工程师数量和质量,举办科技教育和技术培训国际调查和会议
	科技人才委员会(Committee for Scientific and Technical Personnel)	1961	原科技人才办公室管理委员会,负责教育工作
	教育研究与创新中心(Center of Education Research and Innovation, CERI)	1968	第一个教育专门机构
20 世纪 70—80 年代	教育委员会(Education Committee, EC)	1970	取代科技人才委员会,奠定教育的独立地位
	科学事务司(Directorate for Scientific Affairs)		CERI&EC 同属该司
	社会事务、人力资源与教育司(Directorate for Social Affairs, Manpower and Education)	1974	由科学事务司与人力资源和社会事务司合并而成,CERI&EC 同属该司

---

① 李薇.经合组织与全民终身学习发展[M].上海:上海教育出版社,2015:79.

所属阶段	机构名称	成立年份	备　　注
20 世纪 90 年代	教育、就业、劳动与社会事务司(Directorate for Education, Employment, Labor and Social Affairs)	1991	原社会事务、人力资源与教育司
21 世纪以来	教育司(Directorate for Education)	2002	
	教育与技能司(Directorate for Education and Skills)	2013	原教育司

（资料来源：根据经合组织官网资料整理。）

　　历届部长级会议的主题也体现出经合组织在不同时期对教育事务的不同关注点，如表 3-2 所示。20 世纪 60 年代重视教育的经济功能，因此普遍认为把关好教育质量就可以促进经济社会发展。20 世纪 70—80 年代逐渐由工具理性转向工具理性与价值理性并重，以终身学习为突出特征。经合组织自身发展的需求以及经合组织成员国日益增长的教育需求是经合组织教育职能得以增强的原因。

表 3-2　20 世纪 70—90 年代，经合组织成员国教育部长会议概况

序　号	会　议　主　题	年份	会　议　内　容
第一届	社会和经济变迁中的未来教育政策	1978	20 世纪 80 年代以提高教育质量促进经济增长
第二届	现代社会中的教育	1984	重视教育质量和教育标准，就教育如何为人们进入知识经济做好准备进行讨论
第三届	为全民提供高质量的教育和培训	1990	高质量的早期教育和培训是终身学习的基础
第四届	让全民终身学习成为现实	1996	发布《全民终身学习》报告，将全民终身学习定为经合组织迈入 21 世纪发展的教育主题

（资料来源：根据经合组织官网资料整理。）

　　经合组织教育政策的价值取向是随着时代背景与时代要求不断发展变化

的。政治上,国家在公共政策中的角色发生转变,更加关注社会公平与社会凝聚;经济上,经济重构与劳动力市场发生变化,市场驱动、消费导向社会形成;文化上,知识急剧增长和技术迅猛发展。国际格局中,国家在政治、经济、文化上愈发互依共存。时代背景重构了经合组织工作的大环境,同时也影响了经合组织对于这种环境的解读和回应。

第二节　经合组织的组织与运行以及教育政策的特点

经合组织的目标是:①实现最高可持续发展、充分就业和提高成员国生活标准,同时保持金融稳定,促进世界经济发展;②在经济发展过程中,推动成员国和非成员国适当的经济扩张;③遵守国际规则,在多边和平等基础上推进国际贸易的适当扩展。经合组织为政府解决共同问题、分享经验、寻求最佳实践和改进民生提供了一个交流平台。经合组织在成立之初就非常重视教育在推动经济发展当中的作用。近年来,经合组织通过国际教育体系指标(INES)、国际学生测评项目(PISA)、教师教学国际调查项目(TALIS)和成人素养调研(PIAAC)等国际数据比较项目,国别及专题性的教育政策评价,面向未来的教育创新研究等享誉世界,并对许多国家的教育改革与发展产生了重大影响。

一、 经合组织的组织与运行特点

(一) 经合组织积极拓展成为具有重要影响的全球治理参与者

经合组织成员国数量有限,但包括了七国集团(G7)国家、欧盟绝大多数成员国和超过半数的二十国集团(G20)国家,在全球经济和贸易版图当中有着举足轻重的作用。经合组织成员国分布在西欧、中东欧、南北美洲、亚洲和大洋洲等主要地区,并且在各自地缘政治和区域经济中也具有重要作用。近年来,经合组织不断推进全球战略,把我国、印度、印度尼西亚、南非和巴西等新兴发展中国家列为"重点合作伙伴国家";加强与阿根廷、沙特阿拉伯和俄罗斯等二十国集团当中非经合组织国家的合作;积极参与联合国可持续发展目标的活动,加强了与世行、国际货币基金组织、国际贸易组织、教科文组织等国际组织的协同与合作;加强与二十国集团合作,参加了二十国集团高层领导人峰会、部长级会议以及技术层面几乎所有工作组会议,并提供了政策建议、标准制定和技术支持等服务。另外,经合组织成立之初主要聚焦在经济和贸易等方面,经过 50 多年发展,关注领域已经扩展到金融、教育、科技、能源和健康等众多方面。因此,作为服务于这些成员国和伙伴国家、体现他们利益和需求的国际组织,经合组织的有关活动和政策在全球范围内具有较强的示范引领和辐射带动效应,从而对推进全球治理具有重要作用。

(二) 经合组织经费分摊方式使得经费贡献大国发挥主导作用

经合组织的第一类预算经费依据成员国经济规模进行分摊,国家间由于经济规模悬殊较大,相应地分摊的会费份额悬殊。受 2008 年经济危机的影响,迫于经费贡献大国的压力,经合组织 2008 年推进财务改革,实施为期 10 年的年度预算"零实增长",并调整经费分摊的计算公式等,从而逐步降低大国分摊的费用比例,提升小国分摊的费用比例。为了克服项目不断增多带来的经费压力与第一类预算经费"零实增长"之间的矛盾,经合组织一方面强调精简项目,提供满足成员国需求的优质服务;另一方面,很多项目,尤其是那些需要大量投入的项目主要通过第二类预算经费和自愿捐赠经费进行,如教育领域 4 个一级机构当中,国际学生评估项目(PISA)理事会等 3 个理事会的经费来自第二类经费和自愿捐赠经费。但第二类预算经费分摊方式一般也是参照第一类预算经费,即一小部分作为基准经费由所有项目参与国平均分摊,余下的大部分按照成员国的经济规模进行一定比例的分摊,大国同样需要承担更多经费。这一方面使得经合组织有效地募集经费,开展满足部分成员国需求的项目;另一方面,也对经合组织成员国参与第二类预算项目设置了经费壁垒。

因此,面对同样的经合组织项目服务,不管是由第一类预算经费支持还是第二类预算经费支持的项目,大国付出的成本要远高于小国。这使得大国更在意经合组织的服务是否符合本国利益,也更倾向主导经合组织的发展方向。

(三) 经合组织的决策机制强化了经费贡献大国的主导地位

自 2004 年开始,为了提升理事会运作的战略性、针对性和有效性,经合组织把提交给理事会的事务划分为常规事务、根本事务和特定事务,对它们分别采用无辩论通过、全体一致同意通过和绝对多数通过的原则。其中绝对多数原则一般获得60%以上成员支持即可活动通过。但是,如果3个以上分担第一类预算经费份额总和25%以上的成员国反对,即便得到多数其他成员国的支持,活动也无法通过。由于小国在很多方面依赖于大国,因此很大程度上,不管对于全体一致同意通过还是绝对多数通过,他们往往会顺从大国的意愿;同时,美国、日本和德国(2017年分摊第一类预算经费分别为20.6%、9.4%和7.4%)等经费贡献大国相互联合起来,很容易达到25%,也就决定了他们对于表决结果具有压倒性影响。

经合组织理事会下设的常设委员会、特设委员会和众多业务委员会及其下设的工作组和工作小组等是经合组织常规决策和管理的核心。他们在全体一致同意的基础上,依据公开、公正原则指定主席、副主席或主席团成员等若干人作为主席团成员;主席团成员的职责包括起草会议议程、会议总结、预先讨论有争议的问题、编制经费预算和工作项目等。其中,主席负责主持会议,确保会议程序符合既定规范。可以说,他们在经合组织决策和管理当中具有较大的话语权。从实际统计来看,七国集团成员国等发达国家代表担任主席、副主席或相当职位的人数居于前列,其中来自美国的人数远超其他国家。当然,这在一定程度上也是因为七国集团成员国等发达国家具有先发优势,拥有丰富的研究、管理和实践经验,以及丰厚的多层次、多类型人才资源。选择来自这些国家能干的人员担任委员会、工作组和工作小组主席或副主席等,可以更加有效地获得有关经费支持、智力支持和社会网络方面的支持,从而把经合组织的未来发展建立在更加坚实的基础上。

(四) 经合组织秘书处的人力资源结构保障了大国发挥主导作用

经合组织秘书长由理事会选举产生,副秘书长由秘书长提名,然后需要得到理事会的任命。从经合组织成立以来,来自美国、日本和法国的秘书长或副秘书长数量居于前三位,截至2017年10月,几乎每年都有至少有一位来自美国的副秘书长。经合组织对专业技术人员国别没有配额限制,而是本着机会均等的原则,聘用来自各个国家、拥有不同经验的高素质人才。这些专业技术人员国籍涵盖各个成员国,人数较多的国家近年来稳定为七国集团国家和澳大利亚、西班牙等国,领导管理层当中人数较多的仍然主要是七国集团国家。这在一定程度上也是因为这些发达国家具有完善的教育体系,国民普遍具有较高的受教育程度,从而在竞争经合组织秘书处的职位当中具有更多优势。

尽管依据章程,经合组织秘书长、副秘书长、领导管理层和专业技术人员作为国际组织雇员,不得寻求或接受任何成员国或其他国家政府的指导,但他们的社会关系网络更多来自祖国,在内在观念和外在行动上仍然会更亲近祖国。而这也在一定程度上保障了七国集团等大国对于经合组织的主导地位。

（五） 经合组织积极构建克服委托代理问题的运行机制

作为一个政府间国际组织,经合组织受成员国政府的委托开展单个或一些成员国难以或无法开展、或由经合组织开展更容易实现增值的活动,并且获得了成员国的经济资本、人力资本和社会资本等方面支持。经合组织理事会下设的业务委员会受成员国具体部委的委托,在某一领域开展单个国家的部委难以或无法开展、或由业务委员会开展更容易实现增值的活动。这些业务委员会受到成员国政府在经合组织的代理机构,即经合组织理事会的统一领导。他们的经费或者来自成员国政府整体缴纳的经费,即第一类预算经费;或者来自成员国有关部委直接的经费支持,即第二类预算经费支持。成员国有关部委也为相应的业务委员会开展工作提供了智力支持(安排高级官员或资深专家参与)和社会资本等方面的支持。经合组织以及这些业务委员会章程正是他们的任务委托书。

围绕章程确定的目标,经合组织和业务委员会需要不断向成员国政府及有关部委证明其存在的价值:立项项目符合成员国需求,按照时间节点保质保量实施,项目成果质量较高并得到采纳和应用。因此,经合组织构建了产出导向战略管理框架和整合式管理循环,强化与成员国政府及其有关部委的互动,实施过程的进度汇报,对已完成项目进行绩效评价,每 6 年对业务委员会进行一次深度评价,以此决定是否继续予以任务委托。这些措施旨在克服委托代理关系当中的信息不对称问题。

战略管理框架明确了 6 个战略目标、19 个政策产出群、60 个具体政策产出领域和超过 250 个具体项目产出结果。这一方面体现了经合组织"良策造福民生"

的宣言,让成员国看到各个项目的预期成果;另一方面也为后期开展绩效评价提供了具体参照。经合组织整合式管理循环是一个规划、实施、监控和评价的自我强化过程,其间有多个轮次的、自上而下和自下而上的互动,这使得经合组织更好地实现了以下平衡:成员国政府的整体需求与具体部委的特定需求、秘书处的现实基础与成员国的理想期待,从而使资源分配建立在共同认可、兼顾各方的重点项目之上,并使项目实施得到最广泛的支持,确保项目产出结果具有较高相关性、质量和影响力。整个循环过程是一个共商、共建和共享的过程,确保了成员国共识性需求得到贯彻、实施过程得到有效监控和项目成果得到分享和使用。

二、 经合组织教育政策的特点

(一) 经合组织强调教育的人力资源价值

经合组织一贯重视把教育作为一种提升人的能力以及促进经济和社会发展的重要手段。经合组织教育方面工作的使命为:体现并补充经合组织整体战略重点,支持成员国和非成员国努力实现人人可得的高质量终身学习,从而推动个人发展,保持经济增长和促进社会和谐。在经合组织战略管理框架当中,教育属于战略目标2,即面向所有人提供就业机会,提升人力资本,增进社会和谐,推进经济可持续发展;具体隶属于目标2.1人力与社会资本。目标2.1还可以再细分为:2.1.1教育、经济与社会,2.1.2学前与中小学教育和2.1.3成人劳动力的技能形成。

经合组织秘书长安赫尔·古里亚在2011年回顾经合组织教育50年的发展历程时,所用的小标题就是"一个不断演进的人力资本故事"(An Evolving Narrative of Human Capital)。他指出,早在1961年10月16—20日,经合组织成立不久,就在美国首都华盛顿召开了"经济发展与教育投资的政策会议",专门探讨了当时新兴的人力资本理论。在50年的发展过程中,经合组织逐渐认识到:①受教育水平等指标并不能很好地代表一个人所具有的推动经济和社会发展的能力,而应该看一个人通过教育所获得的实际知识和技能等;②并非所有的知识和技能都具有同等的推动经济和社会发展的能力,有必要筛选出那些关键能力;

③在一个快速变化的时代,某一时间的集中学习已经不足以支撑一个人的终身发展,人们需要坚持终身学习。这些也正是经合组织教育项目不断演化的基本思路。20世纪70年代以来,经合组织一直积极倡导将终身学习作为一种范式。20世纪80年代,人们越来越意识到国际可比性数据的缺乏制约了人们有效地借鉴和吸收他国的教育经验和教训。在这种情况下,经合组织在1988年组织了国际教育指标体系(INES)项目组,开发具有国际可比性的指标体系,收集和整理了有关教育资源、结构和入学率等方面等信息,并于1992年发布了第一份《教育概览》。在此基础上,人们越来越关注教育结果,那些单纯提升高中或大学入学率的观点受到了挑战。1997年,经合组织组织实施国际学生评估项目(PISA),旨在了解学生在义务教育结束时所掌握的知识和技能情况,即他们的学习结果。PISA在2000年进行了首次测试,结果显示,不同国家间同一年龄层学生所掌握的知识和技能具有非常大的差异。PISA测试之前,比较国家间教育质量的常见指标之一为生均教育经费。这与教育结果具有正相关关系,但往往只能解释国家间25%左右的办学绩效差异。PISA结果显示,教育过程中并没有单一的指标能够起到决定性作用,但是把PISA所测试的一系列政策和实践结合起来,对国家间办学绩效差异的解释可以达到80%。这一发现与现有教育研究的结合已经开始塑造教育政策的发展[①]。

在PISA测试取得成功的基础上,经合组织随后开发了针对教师教学专业发展及其对学生影响等方面的TALIS项目以及针对16—65岁成人知识技能情况的PIAAC项目,并且还将在教育层次上和测评能力类型上进一步拓展,如开展针对学前儿童教育和保育结果的测评项目,针对中小学生社会和情感技能等非认知能力的测评项目,针对大学生创新能力和批判性思维等认知和非认知相结合能力的评价项目等。

另外,1997—2003年,经合组织开展了"能力的定义与选择项目(DeSeCo)",提出了未来取得个人成功和社会和谐的三类能力。在该项目基础上,2014年以

① OECD. Education at Glance 2017-OECD Indicators. 16—17[EB/OL]. http://www.oecd.org/education/education-at-a-glance-19991487.htm. 2018-6-20.

来,经合组织动员各方力量开展了《教育2030——面向未来的教育与技术》,旨在明确未来社会需要什么样的知识、技能和价值观,以及如何有效教授这些知识、技能和价值观。

(二) 经济大国主导着经合组织教育政策的发展方向

作为经合组织整体工作的一部分,教育工作也服务于经合组织总体发展目标,并受制于经合组织制度条件和文化环境。与经合组织整体发展状况相一致的是,经合组织教育工作也受到经济大国的主导。在中期需求调研结果当中,我们发现,在决定一个项目产出和未来经费安排方面,经合组织不仅会考虑成员国的数量,还会考虑这些成员国贡献的经费份额大小。这也就表明了经费贡献的大小转换成了决策权的大小。经合组织在教育领域,目前有16个委员会、工作组和工作小组,28个成员国有代表担任了主席或副主席,其中第一类经费贡献份额最大的两个国家:美国和日本,其代表担任主席和副主席的数量明显比较多,如表3-3所示[①]。这也保障了美国和日本具有较大的话语权。当然,这在一定程度上也体现了这些国家教育研究、管理和实践比较先进,管理和专业人才比较丰富。

表3-3　经合组织教育类委员会、工作组和工作小组主席和副主席等的国别分布情况

国　家	主席	副主席或相当职位	合计	国　家	主席	副主席或相当职位	合计
美　国	1	7	8	挪　威	2		2
日　本		5	5	瑞　士	2		2
荷　兰	2	1	3	比利时	1	1	2
爱尔兰	1	2	3	法　国	1	1	2
加拿大		3	3	匈牙利	1	1	2
瑞　典		3	3	斯洛文尼亚	1	1	2
英　国		3	3	意大利	1	1	2
澳大利亚	2		2	德　国		2	2

---

① OECD. On-line Guide to OECD Intergovernmental Activity[EB/OL]. https://oecdgroups.oecd.org/. 2018-5-30.

国 家	主席	副主席或相当职位	合计	国 家	主席	副主席或相当职位	合计
韩 国		2	2	捷 克		1	1
新西兰		2	2	爱沙尼亚		1	1
新加坡*		2	2	芬 兰		1	1
西班牙		2	2	卢森堡		1	1
丹 麦	1		1	斯洛伐克		1	1
葡萄牙	1		1	土耳其		1	1
奥地利		1	1				
巴 西*	1		1	合 计	17	47	64

（资料来源：根据经合组织官网资料整理。备注：1.国际成人能力调查项目理事会采用共同主席的办法，即一个理事会有两个主席；2.智利、以色列、拉脱维亚、希腊、冰岛、墨西哥和波兰没有代表担任主席或副主席；3.巴西和新加坡为非经合组织成员国，但他们在具体项目理事会当中为关联方，即享有和经合组织成员一样的权利和义务，可以当选为主席或副主席。）

注：加*为非经合组织成员国。

20世纪80年代，为了让经合组织开展基于学生成绩表现指标的研究，美国教育部对经合组织施加了持续不断的压力，以非常直接的方式要求经合组织实施一个收集、统计和分析教育投入和结果的项目，涉及财政经费、课程标准、学习成就和就业趋势等。经合组织工作人员对此的反应是震惊和怀疑。但是在美国一再的要求下，经合组织不得不在1988年开启国际教育指标体系的研究，后来逐渐演变成经合组织的旗舰出版物《教育概览》[①]。

（三）经合组织教育政策的主要优势

经合组织《2012—2016教育工作发展战略》指出，经合组织教育工作具有以下方面的竞争优势[②]：①数据驱动和基于证据。经合组织在有关成员国和伙伴国家各级各类教育数据、指标、测评和分析方面保持着领先地位。国际教育指标体

[①] 孔令帅.透视国际组织教育政策背后的运作逻辑——以世界银行和经合组织为例[J].比较教育研究，2011(10)：51.

[②] OECD. Work on Education：Medium-Term Strategy(2012—2016)[R]. EDU/EDPC, 2011：6.

系项目(INES)和《教育概览》是数据收集和统计方面的典型代表。国际早期学习与儿童福利研究(IELS)(面向 5 岁学生)、中小学生社会与情感调查项目(SSES)(面向 10 岁和 15 岁两类学生)、国际学生测评项目(PISA)(面向 15 岁学生)、国际成人素养调查项目(PIAAC)(面向 16—65 岁成人)以及教师教学国际调查项目(TALIS)和教师教学知识调查项目(IETL)等则通过问卷和测试等方式采集和统计信息,并且相互之间形成了互补和协同的关系,从而可以形成数据之间的多元验证,提升数据的可靠性和解释力。教育数据导览系统(GPS)则对上述数据进行整合和二次开发,并以可视化、系统化的方式进行数据呈现。②比较分析和同行学习。经合组织工作的附加值在于比较分析数据和证据、政策经验和实践范例,并创造成员国相互评审和同行学习的机会。③以改革为目标。任何一个方案都无法适用于所有国家,但是基于可以获取的数据和同行学习的过程,经合组织帮助成员国找到适合其自身条件和需求的最佳改革路径。④基于研究和创新。持续开展前瞻性和创新性研究是经合组织在教育领域保持领先地位的重要原因,而这方面突出地表现在教育研究与创新中心的工作。⑤注重横向联系。经合组织教育工作注重"政府整体观",与组织内其他方面工作,如创新战略、技能战略和经济与发展评审委员会的《经济概览》工作建立了密切的协作关系。同时,经合组织教育工作还与教科文组织、儿童基金会等国际组织和亚洲开发银行等区域性组织建立了合作关系。

结合 2019—2020 年中期需求调研、2015—2016 双年度预算与项目绩效评价和 2010 年的 3 份深度评价报告,我们可以看到:①经合组织教育工作项目能够较好地满足成员国的需求,得到了他们的普遍认同和好评。这应该与经合组织设立项目过程中进行多次上下结合、整体与局部结合的互动关系分不开。②项目成果整体质量较高,在 2015—2016 双年度绩效评价报告和深度评价报告当中都得到了体现。③在项目影响力方面,根据 2015—2016 双年度绩效评价报告,60％的项目为"中等/优秀",40％的项目为"优秀";依据深度评价报告,教育政策委员会、教育研究与创新理事会和 PISA 理事会 3 个一级机构项目成果整体上都得到了广泛使用,并对教育政策或研究产生了重要影响,其中 PISA 对教育政策变革的影响尤为显著,三者都被评为"优秀"。④存在的问题主要体现在 2010 年的 3 份深度评价报告中,并且集中在教育政策委员会的职能和定位方面,包括加强内部管理、促进横向协同和推进全球战略等方面。针对这些问题,教育政策委员会也进行了针对性的整改和落实。

经合组织教育领域分散化的决策机构和高素质的人才队伍也有效地保障了各项工作的顺利开展。经合组织教育领域共有 4 个一级机构,而 PIAAC 参与国理事会也是一个重要的决策管理机构。这些机构具有独立的任务委托书、独立成员国、独立的经费来源和不同专业资质的代表人员,有效地保障了这些机构的独立性、专业性和创造性。例如,教育研究与创新研究中心理事会要求代表资质为具有研究背景的决策者或与决策联系紧密的资深教育研究专家;教育政策委员会代表为具有决策权的高级教育官员;PISA、TALIS 和 PIAAC 代表都需要具有大规模国际测评方面的经验,并且熟悉相关领域工作。这些委员会和理事会具有共同的使命,受到教育政策委员会的统筹协调和监督指导,并且有具体措施推进他们之间的项目协同工作,包括 PISA 与 TALIS、PISA 与 PIAAC、TALIS 与 PI-AAC,以及教育政策委员会与教育研究与创新中心理事会。例如,教育政策委员会更多地侧重于政策评审与分析,教育研究与创新中心理事会侧重于基础性、前瞻性的教育研究,以及加强研究、创新与政策之间的联系。两者之间的协同有助于增进教育政策委员会有关政策评审和分析的深度,以及教育研究与创新中心理事会成果的推广使用。另外,经合组织教育与技能司领导管理层和专业技术人员具有较高专业素质,基本上都毕业于世界一流大学,具有多样化的专业背景、国际化的求学或工作经历,这些都有效支撑了经合组织前瞻性、国际性和综合性的政策研究工作。

第三节 经合组织教育政策价值取向的特征

经合组织自成立之初,就以推动成员国及世界经济发展为宗旨。受新自由主义的影响,经合组织教育政策的价值取向在目的、内容、实施和保障 4 个方面呈现出有别于其他国际组织的特征。

一、政策目的：促进个人与经济社会的发展

经合组织教育工作具有明确的政策导向性,旨在帮助个人和国家识别与发展知识和技能,以推进更好的工作和生活,促进经济繁荣,推动社会凝聚。教育技能司是当前教育事务的执行机构。它聚焦于两大目标:①通过培养技能帮助人们,教育技能司与各国政府合作制定政策,提供接受高质量教育的机会,使得所有人可以获得成功(包括女性、老年人、背景处于劣势的人、外来移民及其子女);②通过同行借鉴和政策对话加强教育体系,教育技能司与各国政府合作寻找政策设计和执行的更有效方法①。

经合组织是一个服务于市场经济国家的、以经济职能为主要工作的国际组织。新自由主义是最能体现资本主义精神的理论派别之一,随着经济全球化的不断发展,影响力已从经济领域扩散到政治、社会、文化等各个领域②。新自由主义主张市场化、自由化、私有化和全球化。新自由主义国家的基本职能之一就是为资本的扩张提供良好的政治经济环境。教育被视为提高人力资本存量、促进国家经济发展、赢得国际竞争优势的重要手段而获得重视。经合组织的教育政策是与经济、社会、环境等其他部门的政策相关联的,教育在社会中的作用得到了更全面的认识。

经合组织的教育政策重视教育产出和教育质量,以追求卓越为根本的价值追求,认为卓越的教育有助于提高劳动力素质,进而推动经济增长。政策目的背后反映出对教育的经济功能的重视以及人力资本理论的思想。人力资本理论充分肯定人力资本对推动现代经济增长所起到的作用。经济学家将人力资本投资看作类似金融资本等其他物质资本投资,投资前要考虑该投资的回报、风险等。总体上讲,人力资本投资的收益率一般大于物质资本投资的收益率,在当今知识经济时代背景下更是如此。因此,社会大众对接受教育并由此获得更高收入的需求更加强烈。各国则是希望通过教育改善人力资本结构,提升人力资本存量,以便在日益激烈的国际竞争中占据有利地位。

---

① OECD. OECD Work on Education & Skills[EB/OL]. http://www.oecd.org/education/Directorate-for-education-and-skills-brochure.pdf. 2017-11-28.

② 高和荣.揭开新自由主义的意识形态面纱[J].政治学研究,2011(3):86—92.

教育作为一种培养人的社会活动,不仅要适应人的发展,满足人自身发展的需要,还要适应社会发展的需要。从 20 世纪 60 年代重视通过高等教育国际化来推动经济增长,到 20 世纪 70 年代通过教育解决老牌资本主义国家面临的大范围失业、国内经济增速减缓等问题,再到 21 世纪重视教育对个人发展、可持续的经济增长和社会融合的作用,以及协助成员国和合作伙伴实现全民高质量终身教育的宗旨表述,体现了经合组织从关注教育的经济功能,进一步扩展至对教育在社会发展中所起到的作用的认知。经合组织将知识经济、能力发展等议题联系起来,使教育具有更广阔的视野,且符合各国发展的现实需要。经合组织关注教育对个人发展和社会凝聚的作用,突出对经济发展的效益,其教育政策理念兼具了工具价值和人文价值。凭借其全球影响力,这样的思想也影响到成员国甚至非成员国家和地区的教育政策的制定和改革方向,从而影响着全球教育发展的走势,实现全球教育治理。

二、 政策内容:终身学习下的实证研究

随着教育职能的逐步确立和扩张,经合组织开展了大量教育工作,包括从幼儿到成人全年龄段的教育内容,经合组织也是终身学习的重要倡导者。同时,经合组织认识到有效的教育政策应当基于教育发展的现实情况,因此经合组织极为重视教育结果的测量,开展大量国际调查与测评并发布相关报告,展示翔实可靠的数据和信息,提供分析讨论的意见平台,并为政策优化提出建议和方向。政策内容可以体现出政策目标、政策主体的诉求,甚至对政策结果的预设和期待,隐含着经合组织教育政策的价值倾向。

(一) 早期教育与保育国际调查及报告

经合组织对早期教育与保育进行明确界定,肯定了其对于终身学习的基础性意义,以及努力探究和发现优秀早期教育与保育的成功经验。经合组织所提出的早期教育与保育涵盖所有义务教育阶段之前的儿童教育与保育服务。高质量的早期教育与保育会对儿童入学积极性、良好学习习惯、积极学习动机、与他人合作意愿等方面产生积极作用[1]。同时,早期教育与保育也可以在早期筛查出因身

---

① 经济合作与发展组织.教育政策分析 1999[M].刘丽玲,王薇,译.北京:教育科学出版社,2002:30—33.

体或社会文化背景处于劣势而需要特殊教育帮助的儿童,向其提供具有针对性的干预和服务,使他们能够在感官、情感、认知和社会交往方面获得应有的发展,以此确保学习起点的公平①。早期教育和保育被视为成功的教育、社会、家庭政策议程的重要组成部分。提升早期教育和保育的质量和受教育机会已成为经合组织成员国的政策重点,"强势开端"(Starting Strong)研究项目为成员国早期教育与保育提供了政策建议和行动指导。经合组织通过调研各国早期教育和保育发展状况,掌握了真实的第一手资料,并以资料和数据为根据,为早期教育的政策制定和项目开展提供切实可行的建议。

各国的早期教育政策都是基于特定的国情环境、信仰和价值观,特别是与关于儿童的文化社会理念、家庭和政府角色以及早期教育与保育目标密切相关,但同时各国又面临着相似的问题和挑战。1998 年,经合组织教育委员会委任经合组织教育培训政策处启动了"强势开端"研究项目,通过开展主题审议、召开国际会议、进行实地调查等方式,对成员国的早期教育与保育政策及实践进行研究,发布《强势开端》系列报告,如表 3-4 所示。

表 3-4　《强势开端》系列报告

报　告　名　称	发布年份
《强势开端:早期教育和保育》Starting Strong : Early Childhood Education and Care	2001
《强势开端Ⅱ:早期教育与保育》Starting Strong Ⅱ : Early Childhood Education and Care	2006
《强势开端Ⅲ:早期教育与保育高质量工具箱》Starting Strong Ⅲ : A Quality Toolbox for Early Childhood Education and Care	2011
《早期教育与保育中质量很重要》Quality Matters in Early Childhood Education and Care	2012/2013
《强势开端Ⅳ:早期教育与保育质量的监测》Starting Strong Ⅳ : Monitoring Quality in Early Childhood Education and Care	2015

---

① 经济合作与发展组织.教育政策分析 2002[M].苏尚峰,等,译.北京:教育科学出版社,2006:15.

报　告　名　称	发布年份
《强势开端Ⅴ：从早期教育与保育向初等教育的转变》*Starting Strong Ⅴ: Transitions from Early Childhood Education and Care to Primary Education*	2017
《强势开端2017：经合组织早期教育与保育关键指标》*Starting Strong 2017: Key OECD Indicators on Early Childhood Education and Care*	2017

（资料来源：根据经合组织官网资料整理。）

　　《强势开端》系列报告为所有经合组织成员国改进早期教育与保育政策提供了跨国别的可分析与比较的真实信息。第一份报告提出成功的早期教育应具备的八项基本要素，具有理论探讨的特性；第二份报告增加了对早期教育与保育的管理制度、教育方式等的比较分析，侧重于政策的制定；从第三份报告开始，从名称上就能反映出对"有质量"的早期教育与保育的追求，并提供保障质量的工具和方法。《强势开端》系列报告随着经合组织在早期教育与保育工作上的改进和提升，也从起初简单的"调研—总结"模式发展为相对完善的"调研—分析—改进和提升操作"模式①。

　　经合组织在早期教育与保育领域的最新工作是一项名为"国际早期学习与儿童幸福研究"（The International Early Learning and Child Well-Being Study）的国际调查。该项目于 2016 年开始，为期 4 年，被调查对象为 3—6 个国家年龄约为 5 岁的儿童，目的是识别出促进或阻碍儿童早期学习发展的关键因素。该研究旨在为各国提供共同的分析框架，包含儿童在关键年龄段（0—5 岁）学习发展的翔实的实证信息以及洞见。有了这些信息，各国能够分享最佳实践，努力达成提高儿童早期学习成果与整体幸福的最终目标。该研究收集广泛的信息，包括儿童认知和社会情感技能、儿童个人背景特征、儿童家庭环境特征、儿童早期教育环境特征。该研究采用综合的方法研究 4 项发展领域：早期读写或语言能力、早期数字数学能力、自我管控以及社交与情感技能，如图 3-1 所示。这些发展领域被广

---

　　① 吕武，张博.简析 OECD"强势开端"项目的背景、发展及其启示[J].教育导刊（下半月），2012(11)：91—94.

泛认为是早期教育项目努力发展的关键早期学习与发展技能。

图 3-1　国际早期学习与儿童幸福研究中的认知与社交情感技能领域

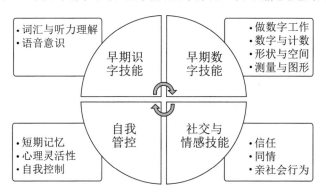

（资料来源：OECD. The International Early Learning and Child Well-being Study—The Study[EB/OL]. http://www. oecd. org/education/school/the-international-early-learning-and-child-well-being-study-the-study.htm. 2017-11-13.）

　　该研究还通过家长与工作人员问卷收集环境要素的信息。家长问卷用来收集儿童的社会人口统计特征、父母背景、家庭学习环境、早期教育参与以及社区特征等相关信息。工作人员问卷用来收集员工背景与儿童的早期教育参与和经历的相关信息。儿童的个人背景包括年龄、性别、语言、移民背景、父母社会经济地位、家庭组成。家庭学习环境包括与儿童的关系、与儿童的活动、家庭学习来源。早期教育与保育经历包括初始年龄、持续时长、频率、持续性、类型①。

（二）　大规模国际评估

　　在当今时代，教育成功的标杆不再是依靠一个或几个国家的标准来提升，而是"参照国际范围内表现卓越的教育体系来提升"②。因此，大规模国际评估成为必要。具有比较性的国际评估可以为各国提供更为广阔的背景，诠释不同国家的教育表现。各国可以真实地了解本国的教育状况，以及本国在国际上的相对实力

　　①　OECD. The International Early Learning and Child Well-being Study—The Study[EB/OL]. http://www. oecd. org/education/school/the-international-early-learning-and-child-well-being-study-the-study. htm. 2017-12-11.
　　②　经济合作与发展组织.教育系统中的成功者与变革者——美国从国际学生评估项目中学什么？[M].徐瑾劼,等,译.北京:北京大学出版社,2013:1—2.

和国际竞争力,便于向比自己表现好的国家学习经验,获取完善和提升本国教育体系的依据。

经合组织开展的 PISA、AHELO 以及 PIAAC 评估项目共同组成了从青少年、大学生到成年人一整套相对完整的关于人的知识、技术和能力的评价系统①。PISA 主要测试即将结束义务教育的 15 周岁学生是否可以将知识应用于现实生活,是否为进入社会做好充分准备,并以此对世界范围的学校系统进行评估。AHELO 试图回答大学毕业生应该掌握什么样的知识和技能这一问题,经由"通用能力"和"具体学科能力"两方面的考察,以及用来了解学生背景和学习环境的背景问卷,对各国高等教育教学水平和学生学习成果做出专门评价。PIAAC 是迄今完成的规模最大、最全面的成人技能国际调查。其以成人技能调查为核心支柱,衡量个人参与社会和促进经济繁荣所需的技能和能力。

与简单的国际竞赛不同,这些国际评估"旨在通过测试研究,发现各国教育政策的有效性和盲点缺失,分析各国教育发展中存在的问题,展现各国教育发展的成就与优势,为各国提供可资借鉴的他国经验"②。经合组织从项目设计、试卷编制、对象选择以及评分标准等各方面均采取严格管控,以确保测试结果的可靠性和科学性,其结果数据被广泛接受,作为教育改革发展的重要参考指标。

(三) 教育指标体系与《教育概览》

教育指标体系是经合组织提出的监控和评估教育质量的重要手段。经合组织教育指标开发活动始于 1973 年。经合组织于 1973 年 4 月发布了《引导政府决策的教育指标体系》报告,提出衡量教育影响个体和社会的 46 个指标。在之后的一段时间,教育指标活动由于受到国际环境变化的影响一度沉寂。1988 年,经合组织下设的教育研究与改革中心(CERI)开展了教育体系国际评价指标项目(Indicators of Education System, INES)。该项目的目标有三点:一是为世界教育提供全面而精确的量化统计数据;二是保障教育统计数据的系统性、可靠性和实践性;三是为各国教育发展提供可靠的国际性信息参考③。INES 属于第三方检测,

---

① 吴岩.国际高等教育质量保障体系新视野[M].北京:教育科学出版社,2014:254.
② 高光,张民选.经济合作与发展组织的三大国际教育测试研究[J].比较教育研究,2011(10):28—33.
③ 艾蒂安·阿尔比瑟,崔俊萍.走进 OECD 教育指标体系[J].世界教育信息,2014(17):46—49.

具有评估客观性,且由多主体联合监测,保证了数据的可靠性和实践性。该项目由 INES 工会、教育政策委员会、成员国代表三类主体共同构成一种顶点稳定、关系交互的三角结构权力运行模式①。INES 项目的顺利开展也为之后 PISA 的大获成功积累了宝贵经验。

《教育概览》是经合组织定期发布的一项教育调查数据年度报告,从入学机会与经济社会背景、教育制度的特征或教育过程以及教育产出三方面提供了丰富的数据信息,为教育政策的制定和改良提供可靠参照。以 2016 年的报告为例,经合组织教育指标围绕成果、政策杠杆、先行因素以及政策问题,共包含 28 项指标,如表 3-5 所示。

表 3-5　《教育概览 2016:经合组织指标》所包含的教育指标

维　　度	指　　标
1. 教育机构的产出及学习的影响	成人学历水平
	完成高级中等教育的学生数
	完成高等教育的人数及群体特征
	父母背景多大程度影响教育成就
	学历如何影响就业
	教育的经济收益
	教育投资的经济动机
	教育的社会效益
	完成高等教育的学生数
2. 教育中的财政与人力资源投入	生均支出指标
	教育支出占 GDP 的份额
	公共教育投入和私人教育投入
	公共教育总支出
	高等教育学生花销及接受的公共补贴
	教育经费支出的资源及服务
	影响教育花销程度的因素

---

① 李桂荣,尤莉.试析经济合作与发展组织基础教育发展监测机制[J].比较教育研究,2016(5):50—55.

维　　　度	指　　　标
3.受教育机会、参与与进阶	哪些人受教育
	全球早期教育体制的不同
	希望接受高等教育的学生数
	哪些人出国留学及留学所在地
	从学校到工作的转换：15—29 岁的成人在哪儿
	受教育的成人数
4.学习环境与学校组织	学生的课堂学习时间
	生师比与班级规模
	教师薪酬
	教师用于教学的时间
	教师的身份
	学校领导的身份及他们的工作

（资料来源：OECD. Education at a Glance 2016；OECD Indicators［OL/R］. http://www. oecd-ilibrary.org/docserver/download/9616041e. pdf? expires＝1521364839&id＝id&accname＝guest&checksum＝8A30401472FFBFF71BEC9770DA8DAB7C. 2017-11-3.）

在这 28 项指标中，每一项指标又包含大量数据和图表以及详尽的分析。《教育概览》中的教育指标充分体现出经合组织对教育产出的重视，而且每一项指标都有相应的政策含义。通过定量描述教育发展水平，经合组织帮助政府确定教育发展的合理性和有效性。经合组织的教育测评和指标体系将教育相关的人力和财政资源投入、学校系统的运行和发展，以及教育投资回报等信息考虑在内，以广泛的数据来源为基础，对各国制定方向明确且行之有效的教育发展战略具有重大作用，教育管理者和研究者也可以从调查报告和数据分析中了解世界教育的发展趋势。

（四）教师质量与教师专业发展

了解学生如何学习与教师如何教学是教育政策的核心。经合组织认识到教师对于教育效果具有重大影响，因此关注教师质量与教师专业发展，通过创新教学方法以促进教学与学习的有效性，并认识到学习环境的作用。

有效的教学与高质量的教师是卓越教育的保障。经合组织开展的教师教学国际调查项目(TALIS)是一项基于对教师和校长问卷调查的有关教师、学校与学习的国际调查项目。这是第一个也是唯一关注参与国教学人员、教学条件、学习环境的国际性大规模调查,填补了国际教育系统比较中重要的信息空白。它使得教师和校长能够参与重要政策领域内的教育分析和政策开发,也让各国能与其他面临相同挑战的国家进行比较,学习他们的政策手段。

TALIS 调查评估教师专业发展需要达到的程度,观察教师带入课堂的教学理念与态度以及他们采取的教学法。承认学校领导力对于加强有效教学和学习环境的重要作用,TALIS 检视校长带给教师的帮助。最后,TALIS 评估与教师职业满意和自我效能相关的要素。

该调查的指导原则包括:①政策相关性。清楚重要政策问题和聚焦于参与国最相关的问题。②价值增值。调查结果可进行国际比较。③指标导向。调查结果可供开发指标。④有效性、可靠性、可比较性、严谨性。基于对知识基础严谨的审议,调查应当产出有效、可靠、参与国可比较的信息。⑤可阐述性。参与国可对调查结果进行有意义的解读。⑥效率与成本效益。调查工作应当及时并讲求成本效益①。

第一轮 TALIS 2008 调查有 24 个国家参与,调查对象为与学校教学工作关系最为密切,也与教育质量的提升直接相关的教师和校长;关注的是初中低年级教师。首份报告《创建有效教与学环境:TALIS 首轮结果》于 2009 年发布,此外《新教师的经验:来自 TALIS 2008 的结果》和《教学实践与教学法创新:来自 TALIS 的证据》两份主题报告相继发布。第二轮 TALIS 2013 调查有来自超过 6500 所学校的超过 10 万名随机选出的初中低年级教师和校长参与,代表了 34 个国家和经济体的 400 万名教师。TALIS 2013 将参与调查的教师扩大到小学和高中,参加 TALIS 2013 的学校有可能参加过 PISA 2012②。TALIS 2013 的主题包

---

① OECD. Teaching and Learning International Survey TALIS 2013 Conceptual Framework[EB/OL]. http://www.oecd.org/education/school/TALIS％202013％20Conceptual％20Framework.pdf. 2017-11-13.

② OECD. TALIS 2018 Survey [EB/OL]. http://www.oecd.org/education/school/TALIS _ 2018 _ brochure_ENG.pdf. 2017-12-11.

括学校领导力,教师培训,教师评估与反馈,教师教学理念、态度和教学实践,教师自我效能感、工作满足感与学校和课堂氛围①。TALIS 2018 有超过 45 个国家加入,更加关注校园领导力和教师职业环境、教学条件及对学校和教师有效性的影响。

基于 TALIS 的成功经验,经合组织于 2016 年启动了一项"TALIS 强势开端调查"(The TALIS Starting Strong Survey),为早期教育工作人员和早期教育保育中心的领导者提供机会分享职业发展、教学理念与实践、教学环境以及领导力、管理和工作问题的有关观点。该调查试图指出不同国家和地区的儿童早期学习和健康环境的优势和改进机会。这项调查不仅将国家内部和国家之间的早期儿童环境进行了比较,还突出了早期教育与小学教育之间的共同点,以及从早期教育到小学教育的差异和过渡。从这些数据中获得的信息将会促进关于早期教育员工工作条件的政策讨论,并提高员工的整体素质。该调查是经合组织发展早期教育和保育数据的长期战略的一部分②。

经合组织也对 21 世纪教师的素质提出了明确要求。《为 21 世纪培育教师及学校领导者:来自世界的经验》指出,21 世纪教师应满足以下要求:必须精通自己所教的科目,善于采用不同的方法使学生获得最好的学习成果;需要深入了解学习的发生机制;需要高度协作的工作方式,形成专业团体和网络来进行合作;需要获得强大的技术技能,优化数字资源在教学中的利用,并使用信息管理系统来跟踪学生的学习等③。

(五) 个人素养发展与全民终身学习

现代社会向人们提出了更大挑战。为了让人们更有效地面对生活中的复杂性,经合组织意识到有必要对核心素养进行界定,并研发评价系统,以评价年轻人

---

①　OECD. TALIS 2013 Results: An International Perspective on Teaching and Learning[M]. Paris: OECD Publishing, 2014:28.

②　OECD. OECD Starting Strong Teaching and Learning International Survey[EB/OL]. http://www.oecd.org/education/school/oecd-starting-strong-teaching-and-learning-international-survey.htm. 2018-1-11.

③　OECD. Preparing Teachers and Developing School Leaders for the 21st Century[R/OL]. http://www.oecd-ilibrary. org/docserver/download/9812021e. pdf? expires = 1519944650&id = id&accname = guest&checksum=22549771A378D84AEC04933A14AB27E2. 2017-12-11.

和成人是否为社会生活中的挑战做好准备,识别和保证教育体系和终身学习的目标实现。素养不仅指知识和技能,还包含通过在特定情境下调用心理资源(包括技能和态度)满足复杂需求。例如,有效沟通的能力就依赖于个人的语言知识、实用信息技术技能和态度的素养。人们需要诸多素养以面对当今世界纷繁复杂的挑战,经合组织通过 DeSeCo 项目,与众多学者专家和机构合作确定了一组核心素养,如图 3-2 所示。每一个核心素养必须有助于社会和个人的宝贵产出,帮助个人满足不同环境中的重大需求,不是对专家,而是对全人类都很重要。

图 3-2　三类核心素养

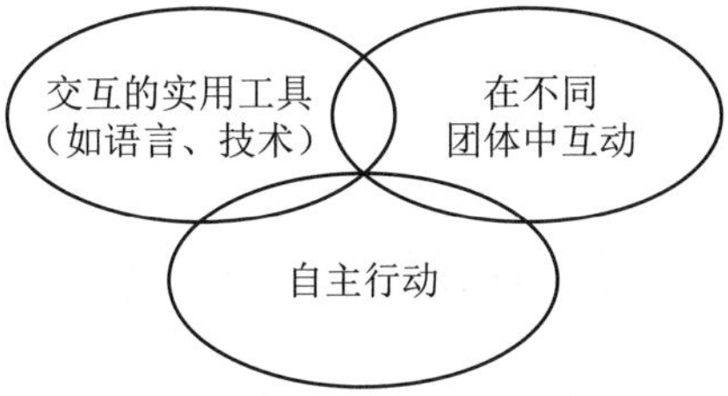

(资料来源:OECD. The Definition and Selection of Key Competencies:Executive Summary[EB/OL]. http://www.oecd.org/pisa/35070367.pdf. 2017-8-23.)

单从经济角度来看,个人素养之所以重要,是因为素养可以提高生产率和市场竞争力。通过培养具有适应性和合格的劳动力从而降低失业率,以及在全球性竞争的世界中为创新创造环境。随着工业时代向知识时代转变,人们从事生产活动的时间、方式以及价值观均发生改变。由于工作效率的提升,人们掌握更多的可支配时间与空间,因而对工作的成就需求也有所提高,这扩大了对继续教育的需求。此外,人口老龄化、贫困以及失业等社会问题间接促进了社区教育或补偿教育的发展[1]。

经合组织通过推动全民的终身学习意识和行动,为全民终身参与学习活动提供机会和条件,并于 1996 年发布《全民终身学习》报告,明确提出"全民终身学习"理念。经合组织指出,全民终身学习应包括正规教育、非正规教育、正式学习、

---

[1]　李薇.经合组织与全民终身学习发展[M].上海:上海教育出版社,2015:61—62.

非正式学习在内的所有学习活动,涵盖人从摇篮到坟墓的整个生命过程,最终要实现的是个人发展、社会凝聚与经济增长的根本目标。经合组织推进全民终身学习的策略包括通过加强早期教育与保育作为终身学习的基础,促进技能的培养以实现学习与工作的转换,对终身学习提供者的作用与责任加以明确和革新,以及对于创新终身学习的投资与支持等。

在全民终身学习理念明确提出之前,经合组织早在 20 世纪 70 年代便开始回归教育的相关工作,发展至 90 年代,呈现出明显的价值转向:从强调价值理性到强调工具理性,再到强调工具理性与价值理性的结合。回归教育前期提倡"再教育是为了实现机会均等和人的解放",体现了价值理性;回归教育后期提倡"再教育是为了开发人力资源和实现经济复苏",体现了工具理性;全民终身学习提倡"再教育是为了实现个人发展、社会凝聚以及经济增长",体现了工具理性和价值理性的统一[1]。

三、 政策实施:在系统性操作下的软权力

"软权力"(soft power,或翻译成"软实力")一词由国际关系理论中新自由主义学派的代表人物约瑟夫·奈(Joseph Nye)提出,形容以非强制性的方式影响其他行为体,依靠意识形态或文化影响形成认同。这个概念与硬权力(硬实力)相对,"冷战"格局下的国际秩序以霸权主义和强权政治为特征,随着世界多极化发展,国际组织表达了各国在新的权力格局下对共同利益与集体行动的诉求,其超国家特征与国际合法性充分体现了新自由主义精神。

经合组织并不具备主权国家一般的行政力量,其工作通常始于数据收集和分析,然后以集体讨论的形式使政策问题进入到决议阶段。在一致通过后集结各方行政资源予以执行,并辅以同行审议、多方监督等手段,进行监控和保障。经合组织现已形成一套系统性的高效工作模式。秘书处负责数据的采集与分析,之后各委员会就相关政策问题展开讨论,再经由理事会决议后,具体的政策执行由各国政府负责。同行审议是经合组织政策有效性的核心内容,包括政府间相互检查、多方监督、同伴监督等,由委员会进行。委员会层面的讨论,经由磋商等手段

---

① 李薇.经合组织与全民终身学习发展[M].上海:上海教育出版社,2015:68—69.

达成国际博弈下受到各国一致认可的合作规则,形成国家间的正式协定或其他形式的政策文本,如年度概览、展望、报告等。这些出版物成为经合组织传播知识成果和价值取向的媒介和载体,对成员国并没有法律上的强制力①。这些调查报告、政策建议和指导方针是经合组织发挥"软权力"的主要工具。

经合组织在 20 世纪 90 年代以前的教育工作基于国际合作,教育委员会负责确定可以有效合作的政策问题,各国进行自愿性质的教育政策审议,自定调查方法、范围和周期。秘书处向教育委员会提出近期政策重点,以进行专题审议。经合组织往往只是提出鼓励和建议,并不会强制进行这些审议工作。近年来,经合组织的工作方式转为设置工作重点,并愈发重视合作与监管中的管理问题,不再以国别报告为关注重点。如今的经合组织更多注重收集学业成就的比较数据,体现经合组织对教育公平和教育产出的关注,同时依靠多方监管和同行评议的制度,使得国家在执行教育政策时更加公正、客观。

当今经合组织内主管教育事务的机构是教育技能司。教育技能司帮助各国教育政策制定者和实践者应对所面临的重大教育问题,例如,如何确定并发展正确的技能,以促进人们更好地工作和生活;如何最优化地配置资源,使教育支持社会和经济发展;如何为每个人提供机会,使他们在每个年龄和发展阶段都可以施展才能等。教育技能司的工作受到教育政策委员会(Education Policy Committee,原教育委员会)监管。此外,有 4 个机构分别有着各自的管理、成员、工作项目、预算,在经合组织理事会的总体治理下开展工作:PIAAC 参与国委员会、教育研究与创新中心管理委员会、PISA 管理委员会、TALIS 管理委员会②。

随着经济活动的全球性融合,经合组织意识到,仅仅关注成员国的经济竞争力而忽略观察比较问题和高速发展的经济体对其产生的挑战是不够的,因此经合组织还注重与非成员国经济体合作进行学业表现比较评估,教育司还特设立"与非成员国经济体合作小组"。经合组织尤其对中国和印度这两个高速发展的经济体特别关注。在全球融合的背景下,经合组织的"全球关系"项目对于了解这些经

---

① OECD. What we do and how[EB/OL]. http://www.oecd.org/about/whatwedoandhow/. 2017-11-13.

② OECD. OECD Work on Education & Skills[EB/OL]. http://www.oecd.org/education/Directorate-for-education-and-skills-brochure.pdf. 2017-11-28.

济体并与其开展战略合作的成员国经济的稳定发展非常重要。因此,经合组织与这些非成员国经济体开展广泛的政策对话和能力建设活动,就知识经济、治理、国际投入、竞争、农业与教育等政策主题开展定期的全球论坛。

经合组织还注重与其他国际组织建立正式合作。例如,经合组织与世行、教科文组织联合开展世界教育指标(World Education Indicators, WEI)项目。该项目提供一系列有关经济转型期国家的比较教育数据。鉴于长期以来在结果指标方面的悠久历史,经合组织在项目中提供技术咨询。经合组织教育政策已成为与非成员国及其他国际组织的多边关系的核心[1]。

教育政策的实施过程有很多价值负载的存在。政策过程实质上是一套代表社会权力结构的话语规则,既要考虑决策主体是否按照一定的秩序通过话语表达形成了工具理性和价值理性相统一的政策话语,还要考虑不同主体在政策过程中是否能够充分表达各自的诉求[2]。

四、 政策保障:三条路径

经过半个多世纪的发展,教育已成为经合组织的重要职能之一,经合组织的教育政策具有广泛影响力,并形成以下三条路径予以保障:有效借鉴过去经验、高度重视专家团队、合理组建行政组织。

(一) 有效借鉴过去经验

自经合组织成立至今,教育在经合组织的各项职能中由边缘走向中心,开展的教育研究和相关活动也日益丰富,过去的经验往往为后来开展具有国际影响力的教育工作奠定了基础。经合组织于 20 世纪 90 年代起开展的跨国别的主题审议,即是建立在 20 世纪 70 年代早期国别审议的经验上。20 世纪 70 年代,经合组织注意到各国教育系统已无法应对经济危机带来的压力,如何提升教育有效性以促进经济增长成为当务之急,而这有赖于对教育状况真实而全面的了解。于是,经合组织派出代表团对成员国的教育状况进行实地考察,并发布研究分析报告,

---

① Robert Cowen, Andreas M. Kazamias(eds). International Handbook of Comparative Education[M]. Netherlands: Springer, 2009:437—453.

② 涂端午,魏巍.什么是好的教育政策[J].教育研究,2014(1):47—53, 59.

作为改进教育系统的依据。

这样单一的国别审议在 20 世纪 90 年代发展成为不同主题的跨国审议。1996年，经合组织召开了一次主题为"为全民实现终身学习"的教育部长会议。会上提出优质的早期教育与保育是终身学习的开端。为真实了解成员国早期教育与保育状况，经合组织在 1998—2000 年间对 12 个成员国[①]开展调查，探讨早期儿童教育与保育的政策路径，分析重要政策问题，提出适应不同背景的可行性政策的建议。2001年主题为"为全民投资能力"教育部长会议强化了早期教育作为政策重点的关注。

经合组织强调创新的政策和实践，并且确定了支持政策制定和发展的数据和工具类型。这些跨国分析为政策制定者提供了各种提高早期儿童教育与保育的政策选择。此次调查结果形成了第一份《强势开端：早期教育和保育》比较研究报告。除该报告外，每一个参与国都出版了各自国家的背景报告（background report），包括国家背景的总览介绍、早期儿童政策和规定以及关键政策考量。在研究背景报告后，一批经合组织秘书处成员和国际专家开始访问各国，会见主要相关方、考察各国早期教育的规定。这样的小组访问形成了国家笔记（country notes），总结访问者的印象和政策建议。这些报告都在经合组织网站上发布，引起国内和国际政策讨论。《强势开端》报告参考了这些背景报告、国家笔记以及委托文件，对 12 个参与国家的重要趋势和代表性的政策问题进行了分析，并提出了适用于不同国家背景的政策建议。该报告是专题综述和超过 3 年工作的最终成果。

随着全球化的不断深入，各国在政治、经济、文化上愈发互依共存。时代背景重构了经合组织工作的大环境，同时也影响了经合组织对于这种环境的解读和回应。过去的经验仍然是经合组织教育工作顺利开展的重要基础。

（二） 高度重视专家团队

经合组织现如今作为国际教育数据信息的提供方，其发展速度、影响规模以及数据可靠性都离不开参与其教育工作的专家团队的贡献。目前经合组织委员会、工作组和专家组共计约 250 个，每年约有 4000 多名来自各国政府部门的高级官员

---

① 12 个成员国分别是：澳大利亚、比利时（弗兰芒与法语区）、捷克、丹麦、芬兰、意大利、荷兰、挪威、葡萄牙、瑞典、英国、美国。

参加经合组织委员会会议,对经合组织秘书处开展的工作提出要求、进行审议并发挥作用。当他们回到本国,也可以通过网络途径获取文件、交换信息①。

为保证跨国调查的信度和效度,经合组织一向重视专家团队,如 TALIS 的概念框架由 INES 项目"A"小组(学习成果)和"C"小组(学习环境与学校组织)的专家组成的联合小组进行研发②。TALIS 管理委员会组建相应的国际专家团队,积极与不同代表团开展讨论,共同完成调查问卷的设计,并确保调查的科学性和可靠性。

PISA 等大规模国际化评估也正是由于过程严谨、科学,结果真实、可靠,获得国际社会广泛认可,专家团队在设计过程起到重要作用。就"学生应当掌握什么样的知识和技能"这一问题,经合组织在研发大型国际测评时召集技术专家对评价指标进行设计。大规模国际化评估的广泛开展一定程度上也促进了经合组织教育理念的传播和发展。

(三) 合理组建行政组织

国家在政治、经济、文化上愈发互依共存,经济重构与劳动力市场的转变,以及知识的指数型增长与技术的急剧发展,都对教育提出更高要求。经合组织作为国际社会中超国家行为体,其教育工作既要符合组织本身的宗旨,也要充分考虑大多数国家的利益。在开展教育行动时,也离不开有多方构成的高效率的行政组织。

在经合组织内部,工作的核心架构由理事会、委员会和秘书处三方构成,下设不同部门负责各项事宜,其中教育主管部门现为教育技能司。重大项目的职能机构,如 PISA 管理委员会、TALIS 管理委员会以及 PIAAC 参与国委员会等,享有在管理程序、参与成员、项目推行等方面自主开展工作的权力,但整体上还是要受到理事会监管③。在经合组织外部,经合组织与超过 50 个非成员国家和经济体开展合作,其他合作方还包括欧洲委员会、教科文组织、世行在内的众多国际组

① OECD. Who does what[EB/OL]. http://www.oecd.org/about/whodoeswhat/, 2017-7-13.

② OECD. Teaching and Learning International Survey TALIS 2013 Conceptual Framework[EB/OL]. http://www.oecd.org/education/school/TALIS%202013%20Conceptual%20Framework.pdf. 2017-11-13.

③ OECD. OECD Work on Education & Skills[EB/OL]. http://www.oecd.org/education/Directorate-for-education-and-skills-brochure.pdf. 2017-11-28.

织、非营利性政府机构以及私营部门。

高效的行政组织是经合组织教育工作顺利展开、价值取向得以实现和贯彻的重要保障。以跨国审议调查为例,经合组织开展的 PIAAC 涉及 40 多个国家,每个国家选取 5000 名 16—65 岁成年人进行访谈,用电脑回答,评估读写和计算技能,以及在多技术环境中解决问题的能力,并收集广泛的信息,包括在工作及其他场景(如家庭和社区)中如何使用技能[①]。该调查是由多方共同合作实施的,包括参与国理事会、经合组织秘书处、欧盟委员会以及由美国教育考试服务中心组建的国际联盟。参与国理事会为最高管理机构,负责监督和指导调查的实施。美国教育考试服务中心国际联盟负责测试工具的研发以及基本数据的收集。经合组织秘书处负责各方协调[②]。

五、 小结

经合组织以促进个人及经济社会发展为目标,实施召开会议、发布文件、实施跨国测评、开展研究、确立指标等政策活动,通过相对完善的政策过程,树立起全球教育领域的权威角色。教育技能司是当前教育事务的执行机构。在政策实施与保障过程中,经合组织积极组建有效的行政与专家组织系统,借鉴过去经验,依靠"软权力"开展全球教育治理。从主体需求来说,教育政策的价值实现依赖于教育政策的不同价值主体的合理构成,以及确立合目的性与合规律性相统一的价值取向[③]。经合组织在教育治理过程中特别注意不同价值主体的利益构成与分配问题。

第四节　PISA:经合组织教育政策价值取向的集中体现

PISA 是经合组织发起的一项学生能力国际比较研究项目。它旨在了解 15 岁学生在义务教育接近尾声时,在多大程度上掌握了充分参与社会生活所必需的

---

① OECD. About the Survey of Adult Skills(PIAAC)[EB/OL]. http://www.oecd.org/skills/piaac/aboutpiaac.htm. 2017-11-16.

② 徐静,刘宝存."成人的 PISA":OECD 成人技能调查研究[J].比较教育研究,2014(11):30—35.

③ 祁型雨.利益表达与整合——教育政策的决策模式研究[M].北京:人民出版社,2006:2.

关键领域的必备知识和技能。PISA 因其明确的政策导向性、创新的"素养"概念以及终身学习的思想,越来越获得国际社会广泛认可,现已成为许多国家教育政策制定的重要参考。经合组织也凭借 PISA 项目逐步确立起全球教育治理领域的权威角色,使其教育政策的价值取向得以贯彻与传播。

一、 测评目的：提供教育成果的真实、可比较的信息

不论是家长、学生、教师还是教育系统的执行者,都在寻找尽可能全面的信息来了解其所处的教育体系,能否让学生对未来的生活做好准备。为了得到这个答案,大多数国家都密切关注本国学生的学习成果。但随着全球化的深入和教育国际化的发展,教育水平的评价坐标已然跨越国界,各国需要参照国际范围内表现卓越的教育体系来进行衡量、比较和改进。PISA 并不是简单的国际竞赛或比较,而是通过测试获取各国教育状况的真实有效的信息,展现各国教育发展的成就与缺失,以研究各国教育政策的有效性,并通过国际比较为各国提供可借鉴的他国经验,以改良本国教育政策[1]。这使得 PISA 具有明确的"政策导向"的特性。PISA 不仅测试学生的认知发展水平,而且通过配套问卷,对社会公平、学习投入、财政保障水平进行测评,从而为教育决策者和政策制定者提供改进教育政策与实践、推动教育发展与改革的国际性的可比较信息。

经合组织自成立之初,便以推动成员国和世界经济发展为宗旨。经济是其主要关注点,它所评估和公布的教育评价信息,也主要是为成员国提供有关教育人力和物力投资效益方面的参考。虽然各国在文化、经济方面差异较大,但是政府的教育目的都是一样的:即本国的教育是否为孩子将来全面参与社会做好了准备。特别是近年来,世界的不确定性增加,学生应具备应对未知的能力,因此PISA 不以评价学生掌握了多少学科知识为目的,而评估他们是否掌握了与将来生活切实相关的必备知识和技能。PISA 不仅测查学生课内和跨课程的素养,还用问卷的形式测查学生的学习动机、自我态度和学习策略,以此形成对学生学习能力的全面评估。

---

① 高光,张民选.经济合作与发展组织的三大国际教育测试研究[J].比较教育研究,2011(10):28—33.

以 PISA 为典型代表的比较性国际评估为各国提供了更广阔的教育图景,让各个国家了解到相对于其他国家,本国做得怎么样,也便于向表现优于本国的国家借鉴学习,促进国际教育交流互动,推动全球教育质量的整体提高。PISA 结果数据被广泛接受。各国将相关数据用作教育改革发展的重要参考指标。其结果的可靠性和科学性建立在项目设计、试卷编制、对象选择以及评分标准等各方面的严格管控之上。

二、 测评内容:"素养"概念下的能力考查

PISA 与选拔人才或升学考试的目的不同,是要测试即将结束义务教育的学生(15 岁学生)能否在个人工作或社会生活中运用已掌握的知识和技能去解决实际问题。这种能力在 PISA 测试中被界定为一个创新的概念——"素养"。既然 PISA 考察的是作为未来社会公民的学生在主要学科领域应用知识和技能的能力,以及在不同情境中提出、解决和解释问题时有效地分析、推理和交流的能力,学生无须为回答试题而特别准备,只需理解基本概念,灵活运用已掌握的知识和技能即可。此外,PISA 还以问卷的形式收集影响教育质量的背景信息,包括学生个人、家庭以及学校情况,目的是为教育系统的改进提供尽可能全面科学的政策建议①。

PISA 围绕阅读素养、数学素养和科学素养三个核心领域以及问题解决能力和财经素养两个次要领域对学生展开测评;每个领域的评估框架又以个体应掌握的知识内容、运用过程及现实情境三个维度为基准②。PISA 测评对阅读素养、数学素养和科学素养的定义是不断变化着的,同时对同一素养的测试维度也是在变化发展着的。以阅读素养为例,PISA 2000 将其定义为"为达到个人目标,增长知识和发展个人潜能及参与社会活动而对纸质文本的理解、使用和反思的能力"。PISA 2009 加入"参与"(engagement),体现出主动性和积极性,并把文本含义扩展,首次测试了 15 岁学生对于电子文本(electronic texts)的阅读、理解和应用的能力。PISA 2018 增加"评价"(evaluating),促使读者思考,删除"纸质"(written),拓宽

---

① 国际学生评估项目中国上海项目组.质量与公平:上海 2012 年国际学生评估项目(PISA)结果概要 [M].上海:上海教育出版社,2014:1.

② 张民选.国际组织与教育发展[M].上海:上海教育出版社,2010.249.

文本外延,适应时代发展。PISA 2000—2018的阅读素养测试维度见表3-6。

表 3-6　阅读素养测试维度变化一览表(PISA 2000—2018)

维　　度	2000	2009	2015	2018
情境	个人的、公共的、职业的、教育的	同2000	同2000	同2000
形式(文本)	连续文本、非连续文本、混合文本	增加"多文本"	同2009	连续文本、非连续文本、混合文本
类型	议论、描述、说明、叙述、指示	增加"交流"	同2009	增加"互动"
环境	无	写定文本、基于信息的文本	无	无
媒介	无	纸质文本、电子文本	无	无
空间	无	无	静态文本、动态文本	无
单位	无	无	无	单文本、多文本
结构和导航	无	无	无	静态文本、动态文本
层级(PISA 2018改为策略)	获取与访问、整合与理解、反思与评价	增加"复杂性"	同2000年	信息定位、文本理解、评价与反思

(资料来源:俞向军,宋乃庆,王雁玲.PISA 2018阅读素养测试内容变化与对我国语文阅读教学的借鉴[J].比较教育研究,2017(5):3—10.)

PISA对学生知识的掌握有较全面的评估,包括知识本身、对这些知识思考的能力和经验,以及在现实世界中运用知识处理问题的能力[①]。PISA创造性地提出"素养"概念,并不断调整其内涵与测评维度,体现了PISA所强调的一种终身学习的动力模式,即掌握获取新知识的能力,以适应个人发展及社会发展中出现的不断变化。例如,PISA 2018增加了一项全新的评估——"全球胜任力"(global

---

① 王晓辉.全球教育治理——鸟瞰国际组织在世界教育发展中的作用[J].北京大学教育评论,2008(3):152—165.

competence),包括知识与理解力、技能、态度三个维度,并采用李克特量表,分为认知测试和调查问卷。PISA 2018 重点考察对全球议题的知识与理解力、跨文化知识和理解力、分析性与批判性思考。

三、 测评实施:系统严密的实证研究

1997 年,经合组织决定设立 PISA 项目,由教育司教育统计处主持,各成员国教育部派代表组成"PISA 项目理事会"。项目进入前期研究、设计和命题阶段。3 年后,经合组织于 2000 年正式实施了第一次 PISA 测试,来自 32 个国家 25 万名学生参加了第一次 PISA 测试[①]。PISA 测试每 3 年举行一次,每次都以 3 个核心领域之一作为测评重点,迄今已开展了 6 次,详见表 3-7。

表 3-7 经合组织 PISA 项目概况

年份	测评重点	参与国家(个)	参与学生数
2000	阅读	43(28 个成员国+15 个非成员国)	26.5 万
2003	数学	41(30 个成员国+11 个非成员国)	27.5 万
2006	科学	57(30 个成员国+27 个非成员国)	40 万
2009	阅读	74(34 个成员国+40 个非成员国)	47 万
2012	数学	65(34 个成员国+31 个非成员国)	51 万
2015	科学	72(35 个成员国+37 个非成员国)	54 万

(资料来源:李薇.经合组织与全民终身学习发展[M].上海:上海教育出版社,2015:99—100.)

PISA 的顺利实施是经合组织与参与方政府共同努力的结果。评估项目由多方合作开发,由参与国家或地区达成共识,并由国家级机构予以实施。PISA 管理委员会由经合组织成员国代表与非经合组织成员国的参与方代表组成,负责制定评估指导原则、决定在经合组织总体目标下 PISA 项目的政策优先次序,并监督在项目实施中的落实情况。经合组织秘书处负责管理 PISA 项目的日常事务。PISA 国际联合处由 PISA 管理委员会选定,负责每一次测评的具体设计与实施。

---

① 张民选,陆璟,占盛丽,朱小虎,王婷婷.专业视野中的 PISA[J].教育研究,2011(6):3—10.

PISA 主题专家组和 PISA 问卷专家组,以及各地专家负责设计和制定具体题目及调查问卷。参与国家或地区通过国家中心负责测评在国家层面的具体实施。国家中心由国家项目负责人管理,以保障项目优质、高效地实施,同时负责对调查结果、分析、报告、出版物进行核实与评价[①]。从数据收集和分析出发,通过对政策的集体讨论,进而达到决策以及实行,PISA 维持着一种高效的工作机制[②]。具体时间以 PISA 2012 上海实施计划为例,如表 3-8 所示。

表 3-8　PISA 2012 上海实施计划

起止日期	具体实施流程
2010 年 3 月—2010 年 9 月	各参与国家(地区)共同设计测评工具
2010 年 10 月—2011 年 3 月	测评工具翻译及修订,试测抽样
2011 年 4 月—2011 年 5 月	2011 年 PISA 上海试测
2011 年 5 月—2011 年 7 月	评卷、数据输入、校验、提交
2011 年 10 月—2012 年 3 月	分析改善测评工具,正式测试抽样
2012 年 4 月—2012 年 5 月	2012 年 PISA 上海正式测试
2012 年 5 月—2012 年 8 月	评卷、数据输入、校验、提交
2012 年 10 月—2013 年 5 月	数据判定和分析、讨论报告提纲
2013 年 6 月—2013 年 11 月	审阅国际报告、准备上海本地报告
2013 年 12 月	国际组织发表 PISA 2012 首份国际研究报告
2013 年 12 月	中国上海项目组发表 SHPISA 2012 首份研究报告

(资料来源:国际学生评估项目中国上海项目组.质量与公平:上海 2012 年国际学生评估项目(PISA)结果概要[M].上海:上海教育出版社,2014:扉页.)

　　试题在设计、翻译、抽样和数据搜集上均采用严格的质量保证机制,因此PISA 测试具有很高的效度和信度。PISA 的测试对象为参加测试时年龄在 15 周岁 3 个月到 16 周岁 2 个月的 7 年级及以上在校生,简称 15 岁学生。PISA 的抽

---

① OECD. PISA 2015 Assessment and Analytical Framework—Science, Reading, Mathematic and Financial Literacy[EB/OL]. http://www.keepeek.com/Digital-Asset-Management/oecd/education/pisa-2015-assessment-and-analytical-framework_9789264255425-en♯page18. 2016-11-28.

② 吴岩.国际高等教育质量保障体系新视野[M].北京:教育科学出版社,2014:218.

120

样方法简称 PPS 抽样,按照概率与抽样元素的规模大小成比例进行。抽样前必须要确定抽样的外显分层变量与内隐分层变量。分层是为了保障各学段各类不同教育质量的学校被抽取的概率相等。上海 PISA 研究中心确定了 3 个外显分层变量:学段(初中、高中、完中)、学校类型(普通、职业)和学生入学成绩等级或学校质量(实验性示范性、一般)。这 3 个变量把学校分为 6 类:初中及九年一贯制学校的初中部、完全中学、示范性普通高中、一般普通高中、重点中等职业学校、一般中等职业学校。上海采用的内因分层变量是公办与民办、城市与农村,还考虑到有一部分中等职业学校中包含综合高中,因此区分了纯中等职业教育学校、含综合高中教育的中等职业教育学校、不适用此分类的其他学校①。

从 2009 年开始,PISA 官方发布系列报告,就测评中的重大问题进行专题讨论,如表 3-9 所示。

表 3-9　PISA 2009—2015 测评结果系列报告

PISA 2009	《学生知道什么,能做什么:阅读、数学和科学成绩》 《克服社会性因素的制约:学习结果与机会均衡》 《学会学习:学生的参与、策略及其实践》 《是什么造就了一所学校的成功? 资源、政策和实践》 《学习趋势:2000 年以来学生成绩的变化》 《网络中的学生:电子化信息的阅读及使用》
PISA 2012	《学生知道什么,能做什么:数学、阅读和科学成绩》 《通过公平实现卓越:给每一个学生成功的机会》 《准备学习:学生参与,动力与自我信念》 《创造性问题解决:学生解决实际生活问题的技能》 《学生与金钱:21 世纪的财经素养技能》
PISA 2015	《教育卓越与公平》 《成功学校的政策与实践》 《学生的幸福》 《学生的财经素养》 《合作性问题解决》

(资料来源:根据经合组织官网资料整理。)

这些报告为读者展示了最新的较为可靠的教育信息和数据。同时,作为经

---

① 陆璟.PISA 2009 上海实施报告[J].教育发展研究,2009(24):72—75.

合组织重要的政策文本,从该组织对教育问题的关注点也体现出其价值选择。例如,《克服社会性因素的制约:学习结果与机会均衡》关注成绩中体现出的"表现"差异,重点考查学生表现的总体差异与校间差异之间的相关性,并讨论社会经济背景、移民身份等因素对学生和学校表现的影响,以及教育政策在弱化这些因素效应中的作用,体现了教育公平的诉求。再如,《网络中的学生:电子化信息的阅读及使用》报告,阐释 PISA 是如何对学生电子化阅读表现进行测量的,并分析在接受此项测试的 20 个国家中,学生能够做什么来顺应时代对学生技能的新要求。

四、 测评保障:三条路径

PISA 获得世界各国的广泛关注,不仅因为它提供了大量可靠可比较的国际教育数据,而且从一个全新的角度回答了"人们应该掌握什么样的知识和技能"。现如今,很多国家在制定和规划教育政策和教育改革方向时把 PISA 作为重要参考。PISA 大获成功离不开经合组织教育政策的三条保障路径。

经合组织具备组织和开展国际测评的丰富经验,并掌握有世界上最大的教育统计数据来源,过去的成功是 PISA 顺利开展的重要保障。经合组织教育研究与改革中心(CERI)早在 1988 年开展的 INES 项目就提供世界教育全面而精确的量化统计数据,为各国教育发展提供可靠的国际性信息参考。INES 每个研究小组聚焦一个特定的领域,其中一个名为"A 网络"(Network A)小组负责开发学习成果的指标。PISA 测试的顺利实施离不开 INES 项目的已有经验。1995 年,经合组织教育委员会和"A 网络"(Network A)工作小组决定开发自己的定期的学生评估数据来解决当前《教育概览》数据里的差异,这便催生了 PISA 项目。经合组织的身份也由此从教育指标信息的采集者转变为教育观察数据的生产者[1]。

经合组织召集各国各个领域的专家学者参与评估项目的设计与执行。在项目产生之初,知识精英便发挥出巨大作用。PISA 测试的理论框架、具体题目和调查问卷由来自国内外专家组成的专家组负责制定和实施,主题专家组负责阅读、

---

① Clara Morgan, Riyad A. Shahjahan. The Legitimation of OECD's Global Educational Governance: Examining PISA and AHELO Test Production[J]. Comparative Education, 2014(2):192—205.

数学、科学素养 3 个重点测试项目以及其他测试项目(如 2003 年的问题解决)的理论框架的设计,问卷专家组负责设计 PISA 测试的背景问卷,PISA 国际联合处负责每一次 PISA 测评的具体设计和实施①。来自参与国家或地区的专家共同努力将 PISA 政策目标与不同领域专业性评估联系起来。通过专家组的方式,参与方保障了评估工具在国际范围内的有效性,同时也考虑到文化与教育系统的差异②。很多专家学者来自国际教育成就评价协会(IEA),成立于 1958 年的 IEA 被当作世界领先的国际测评方面统计学和心理测量学的标杆。

高效的行政组织过程也使 PISA 自产生之时,就确保其较高的信效度标准与结果稳定性,因而才能获得国际范围的一致认可。以 PISA 2009 上海为例,这是中国内地首次参加 PISA 测评,2009 年 4 月 17 日在上海市 152 所样本学校同时进行。上海市教委成立了上海 PISA 项目领导小组和项目组。项目组成员单位包括上海市教委 5 个相关处室和 4 个直属机构,如图 3-3 所示。

图 3-3　上海 PISA 2009 组织机构

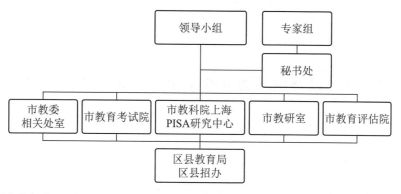

(资料来源:陆璟.PISA 测评的理论和实践[M].上海:华东师范大学出版社,2013:11.)

上海市教育科学研究院设立了上海 PISA 秘书处和研究中心。上海 PISA 秘书处负责决策执行和组织协调。上海 PISA 研究中心负责试卷等测评相关文字材料的翻译和修订、测试和培训主考、学生抽样、数据管理以及研究工作。上海市

---

① 　OECD. PISA FAQ[EB/OL]. http://www.oecd.org/pisa/aboutpisa/pisafaq.htm. 2017-11-28.

② 　OECD. PISA 2015 Assessment and Analytical Framework—Science, Reading, Mathematic and Financial Literacy[EB/OL]. http://www.keepeek.com/Digital-Asset-Management/oecd/education/pisa-2015-assessment-and-analytical-framework_9789264255425-en♯page18. 2017-11-28.

教育考试院负责考务管理,包括试卷印刷、纪念笔制作、评卷管理以及数据输入。上海市教研室在试题评审和命题研究课题中承担主要工作,并负责评卷专家聘任及各学科领域的评卷培训①。

五、 小结

PISA 是经合组织最具关注度和影响力的教育政策内容之一,也是其教育政策价值取向的集中体现。PISA 将学生学习成果的数据、学生背景及学习态度的数据和校内外形成其学习的关键要素相关联,通过指出表现优秀的学生、学校和教育系统的特点,为表现逊色的国家和地区提供重要参考,以达到改善国家教育政策的目的。同时,PISA 结合学生在关键科目中应用知识和技能的能力,创造性地提出"素养"的概念,考查学生在不同场景下认识、解释和解决问题时有效分析、推理和交流的能力,同时关注学生的学习动机、自我信念以及学习策略的评估,体现终身学习的思想。PISA 项目的成功开展及其价值取向的妥善落实建立在过去的成功经验、高效的行政运作以及丰富的专家知识资源的基础上。

第五节　经合组织教育政策价值取向的评价与启示

经合组织以明确的政策导向性影响着成员国的教育宏观政策,并与其他国际组织与非成员国的合作,将政策影响力逐步扩展至全球,其政策效果也引发各界争论。政策评价本身是对政策运行的过程及结果依据某种标准进行价值判断,并把评价结果反馈到政策运行的过程中去②。因此,我们应对经合组织教育政策的价值取向予以评价,也可以深入思考其价值取向,并对我国教育发展得出启示。

一、 评价

教育是现代社会生活的重要的公共领域之一。教育政策作为公共政策活动

---

① 陆璟.PISA 2009 上海实施报告[J].教育发展研究,2009(24):72—75.
② 王宁.教育政策:主体性价值分析理论与应用[M].北京:中国社会科学出版社,2015:140.

实质上体现了政策主体的价值选择,由公共政策引起的社会现实的变化首先是价值因素参与政策过程的结果①。经合组织教育工作天然体现着该组织特有的价值取向,本节对经合组织教育政策的价值取向予以正负两方面的评价。

(一) 正面评价

经合组织的教育工作从 20 世纪 70 年代的国别审议发展到后来成为丰富的教育数据采集及提供平台,因其逐渐完善的教育指标体系、《教育概览》的定期发布,以及 PISA 等大规模国际测评项目获得广泛认可。经合组织逐步丰富的数据资料成为成员国进行教育政策决策时的重要参考,而且随着参考价值越来越大,对成员国教育宏观决策的影响也越来越强②。教育政策的决策与实施既是成员国价值选择的体现,同时也成为其价值传播的途径。

经合组织的教育工作具有明确的政策导向性。众多国家将经合组织提供的教育数据作为改进国家的教育表现、加强国际竞争力的重要参照,并由数据结果的相关分析得出政策建议。在日本、英国、墨西哥等许多国家,PISA 被设定为可测量的政策目标,并作为构建教育改革路径的依据。例如,2010 年日本"新增长战略"的设定,到 2020 年日本要实现减少成绩较差学生数量,增加能够达到 PISA 成绩优秀国家水平学生的数量,在阅读、数学、科学方面提高学生兴趣,使这部分学生的比例高于经合组织平均值。德国、日本以及美国的俄勒冈州还把 PISA 试题纳入本国或本州的测试中。PISA 通过整合学生应用高层次知识及解决实际问题的复杂思维能力方面的数据以及背景数据,并假定学生和校长在教育背景上所具有的特征能够推断出学生长期的教育经验,将教师资格、教师薪资状况、学生社会经济或民族身份等多维度的背景数据与学生特定表现类型联系起来,丰富了提升学生学业成就的视角③。

以 PISA 为典型代表的大规模国际性评估,不仅对各国学生学习成果和学校系统进行量化监测和评价,考查学生应掌握的参与社会生活的知识和技能,同时

---

① 刘复兴.教育政策的价值分析[M].北京:教育科学出版社,2003:15.

② 李薇.经合组织与全民终身学习发展[M].上海:上海教育出版社,2015:84.

③ 经济合作与发展组织.教育系统中的成功者与变革者——美国从国际学生评估项目中学什么?[M].徐瑾劼,等,译.北京:北京大学出版社,2013:13.

将教育相关的人力和财政资源投入、学校系统的运行和发展,以及教育投资回报等方面的信息考虑在内,有利于推动教育系统的科学性和有效性。国际组织在国际和区域性教育质量保障中的重要作用随着全球化的发展而日益突显。经合组织开展的跨国教育工作为全球视野下进行教育教学质量和学生学习质量的国际比较提供了可能。PISA 的政策影响力围绕提升学校教育的效率这一原则,体现了新自由主义经济的思想。①这也符合经合组织作为由市场经济国家组成的国际组织的价值取向。

经合组织侧重于教育质量的监督与评估,源于其对教育经济功能的重视。经合组织认识到教育质量影响着人口和劳动力资源的质量,而这些又直接影响着国家综合实力和社会经济发展水平。特别是在知识经济时代,知识和能力成为除土地、劳动和有形资本外重要的生产要素,劳动力的受教育水平对于国家社会经济发展产生日益深远的影响。经合组织通过大规模国际测评对世界各国和地区的教育表现进行质量监督,并确立评价指标以帮助各国制定方向明确且行之有效的教育发展战略。教育管理者和研究者也可从调查报告和数据分析中得出世界教育的发展趋势。

几乎贯穿全年龄段的大规模国际性调查与评估活动,以及教育指标体系的逐步完善,体现出经合组织重视终身学习的倾向。以 PISA 为例,它不仅将学生看作未来的社会公民,评估他们是否掌握关键学科的知识和技能,强调他们在现实世界运用知识和技能处理问题的能力,还关注他们对这些知识的思考和理解,培养学生掌握不断获取新知识和技能的素养,这样才能适应人的一生中不断变化的形势。这不仅有利于个人的终身发展,而且有利于推动经济和社会的持续进步。

(二) 负面评价

虽然经合组织历来重视教育质量和教育绩效,并以绩效指标作为保障教育质量的重要手段,但当前国际性测评的合理性还有待进一步讨论,如面对不同的国情和文化如何保证国际测试的可行性、公平性以及结果的可靠性等。大规模国

---

① Laura Figazzolo. Testing, Ranking, Reforming: Impact of PISA 2006 on the Education Policy Debate [M]. Brussels: Educational International, 2009:5—6.

际性评估用同一标准和试题去评价来自几十个国家的学生、教师或其他成人学习者。由于文化背景各异，他们对于同一个问题不免会有不同的解读，在试题翻译方面也可能由于语言掌握程度不同影响测评结果。因此，在看待大规模国际评估和国际调查时，是否充分考虑到语言及文化背景因素还有待论证①。

同时，由于文化背景的差异，不同国家的价值取向有所差别，因此在判断教育质量好坏的标准上难以保持一致。PISA 结果中的差异确实可以反映出不同国家教育体制间的差异，但所反映出的文化和其他差异并不能被完全说明②。经合组织重视学校成果，以效率性和竞争力的标准测试学生与评价教师③。绩效很容易被简化成学生学业成绩或是教育系统结果的量化分数。这种量化分数越来越多地被用来进行人与人、国与国之间的教育结果比较，以此判定好坏。这很可能使得教育目的变为一个个空洞的数字，而忽视了对教育主体——"人"的关注。

另一方面，一味地宣扬知识掌握与技术变革，而不充分考虑全球发展的复杂性与不均衡性，不仅难以发挥教育政策的积极作用，反而会拉大教育不均衡所带来的更严重的南北差距。经合组织作为"富人俱乐部"，其话语权由成员国的经济实力和对组织的财政贡献决定④。因此，一国的学校系统在以经合组织的国际测评进行衡量和评价时，能否在政治经济和意识形态上保持公正也是一个值得考虑的问题。迅速的技术变革一直是工业资本主义的特征，因此，以知识为基础的生产很大程度上仅存在于且有利于相对发达的国家。相比于知识革新所带来的技术红利，最基本的用水、医疗、安全与稳定才是欠发达国家的优先议题。作为具有全球影响力的国际组织，经合组织需要将不同国家和地区的利益整合作为教育政

---

① Peter Mortimore. Alternative Models for Analysing and Representing Countries' Performance in PISA [R/OL]. http://pages.ei-ie.org/quadrennialreport/2010/s3.amazonaws.com/educationinternational2010/2009/assets/88/Alternative_Models_in_PISA_EN.pdf. 2017-11-28.

② Harvey Goldstein. International Comparisons of Student Attainment: Some Issues Arising from the PISA Study[J]. Assessment in Education, 2004, 11(3):319—330.

③ Laura Figazzolo. Impact of PISA 2006 on the Education Policy Debate[R/OL]. http://pages.ei-ie.org/quadrennialreport/2009/s3.amazonaws.com/educationinternational/2009/assets/49/Impact_of_PISA_2006_EN.pdf. 2017-11-3.

④ 孔令帅.透视国际组织教育政策背后的运作逻辑——以世界银行和经合组织为例[J].比较教育研究,2011(10):50—54.

策过程良性运作的必备条件。因此,经合组织教育政策的价值取向应当充分考虑其教育政策是否正当,是否充分考虑到各国的利益与诉求,而非一味地为发达国家谋福利。

二、 启示

在当代,教育已成为各国必须面对并具有深刻影响力的政策领域,在政策复杂性和科学性上要求教育政策科学的不断发展和完善。然而,教育政策价值取向的相关研究一直以来并未受到应有的重视,特别是在全球视野下对国际组织教育政策价值取向的分析。随着全球化的深入和知识经济的发展,教育的战略性地位被提到前所未有的高度,国际组织教育政策价值取向理应成为教育政策科学新的关注点。对经合组织教育政策价值取向的分析可为我们带来以下经验和启示。

(一) 国际组织与民族国家应积极协作,共同促进全球教育治理

经合组织在当今国际教育领域的影响力突出表现在推进国际交流与合作、发展全民教育行动、开展国际性教育测评方面的巨大作用。PISA 为各国提供评价标准和借鉴参考的教育数据,同时又使得经合组织享有世界教育话语中的主导权,由此逐步确立其在全球教育治理领域的合法化地位。对各个国家来说,政策创新是教育改革与知识创新的重要方面。国际组织又可以视为国家对外关系与对外政策的延伸,是一种必须善加利用的国际资源和国际交往工具。新时代要求我们要学会超越民族和国家的视野去看教育政策的制定,以推动本国甚至世界教育的发展。各国可以参考国际组织在全球教育治理领域的政策优先点,建设符合本国具体国情的教育系统和政策体系,共同推进全球教育治理“和而不同”的发展方向。换言之,各国政府不应是国际化的消极牺牲者,反而应当成为积极的构建者[1]。

(二) 理性看待 PISA 结果,正确发挥教育测量与评价的功能

教育评价具有鉴定选拔、导向激励、诊断改进、反馈调节的功能[2]。评价的激

---

① 王铁军.全球治理机构与跨国公民社会[M].上海:上海人民出版社,2011:32.
② 涂艳国.教育评价[M].北京:高等教育出版社,2007:15—22.

励作用往往是在教育实践中最普遍存在的一种心理现象。评价对象都渴望了解自己工作和学习的成果被认可的程度,正因如此,更需要冷静、客观地看待教育评价的结果。例如,尽管上海市连续两届(2009 年和 2012 年)均获得数学、科学、阅读三个单项第一和总分第一,但 PISA 2012 测评结果显示,俄罗斯、新加坡和中国上海每周平均作业小时数超过 9 小时,低于 9 小时的有 65 个国家和地区。540分以上的高分组(中国香港、日本、韩国、中国台北)作业远少于中国上海,韩国连 3 个小时都不到。这样来看,我们的优异成绩是否只是拿时间换来的? 现有的教学模式真的是有效果的吗? 面对诸如此类的问题,我们要冷静面对 PISA 成绩,保持既自信又自省的理性态度。

(三) 正视教育问题,共同追求公平的优质教育

质量与公平应当是教育的价值追求,然而,教育的不平衡发展是全球教育治理的一块症结。发达国家和地区不仅在经济资源上相较于发展中国家和地区具有领先优势,在知识经济时代下,更加丰富的知识资源间接扩大了不同国家、地区和群体之间的经济差距。国际竞争力现已成为一场以知识、人才和发展为核心的全球竞赛。发达国家利用知识资源优势,率先完成以知识经济为主导的经济生产方式的转变,其产业结构、资源配置方式也更优越。此外,经合组织成员国之间的教育发展也不均衡。整体来看,北美、欧洲地区的经合组织成员国比其他地区的成员国在知识经济和教育发展水平上更优秀。同时,还应看到一国内部的教育系统发展也不均衡。通过经合组织报告提供的信息来看,学前教育还有待扩展和完善,成人教育的有效性仍需提高,这些都是全球教育发展面临的共同挑战。

总之,教育政策活动体现了政策主体在教育领域的价值选择,反映了教育决策的权力关系和教育资源的配置关系。对教育政策进行价值分析,有助于优化政策决策,同时可以更好地普及政策信息、推动政策合作。经合组织积极开展全球教育治理,其政策活动具有广泛影响力,也受到各方不同态度的评价。评价本身也体现了一定的价值判断与诉求。理性看待对经合组织教育政策的正、反双方评价及由此引发的争论,加强教育理论与教育实践的联系,是提升政策效率、推动政策创新的有效方式,可以在实践层面推动教育的发展,并发挥更大的作用。

第六节　结　语

发展是时代的主题。全球在经历从20世纪70年代"冷战"冲突到20世纪90年代"冷战"后的共同发展,东西方冲突对抗减少,各国交往意愿和行动增强。20世纪60年代民族解放运动兴起,新兴的独立国家增多,世界的政治格局更加多元和复杂,以一种更有成效的组织形态满足人们对维护和平、制止战争、促进发展的期望成为国际普遍诉求。在这样的背景下,国际组织成为国际社会举足轻重的超国家行为体。

我国是一个发展中国家,需要借助国际组织扩大对外交往与合作,推动国家发展;我国又是一个大国,有必要、有义务借助国际组织发挥更大的影响,履行大国职责,彰显大国风范。随着我国的综合国力和国际影响力日益提升,以及我国对国际组织的研究和参与的加强,我国应以更具主动意识、创造精神、行为能力的形象在全球治理领域发挥重要作用。

经合组织在全球教育治理领域的广泛影响力和权威地位,伴随着其PISA测评等教育工作的开展与认可得以确立和巩固。教育政策的本质功能就是要调整和协调教育领域的各种价值关系。在一定价值观的支配下,表示公共政策价值分配的利益倾向与选择,以实现公共政策制定者及决策其他相关者共同的愿望和目标。经合组织通过追求卓越与公平的教育,旨在促进个人与社会的发展,追求经济效益与社会效益的实现,其教育政策价值取向影响着国家教育宏观政策的制定和改革趋势。

我国与经合组织有着良好的教育交流合作经验。我国先后接受经合组织专家组于2002年对我国高等教育质量和财政情况的考察、2007年对我国高等教育的主题评议。随着经合组织在全球教育治理领域作用的凸显,以及我国与经合组织互动的日益增多,理解该组织的教育政策价值取向,有助于把握国际教育政策的发展动态和前沿理念,并在与经合组织的互动中更好地发挥主动性,从而促进我国教育事业的发展,并在全球教育治理领域做出贡献。

第四章
高等教育援助:世界银行教育政策价值取向的重要体现

身为世界三大经济组织之一的世行,已经从最初羽翼稚嫩的援助机构发展成为国际援助的"领头羊"。促进经济发展始终是其首要目标,高等教育在国家发展中的重要性也成为其相关政策演变的重要方向。自20世纪80年代以来,高等教育经历了边缘化、关注改革、制定框架、优先发展的过程,并最终得到世行的青睐,受此影响的高等教育贷款额也相应地进行调整。可以说,高等教育援助作为世行教育政策的重要方面,极大地体现出了世行教育政策的价值取向。

第一节　世界银行教育政策的特征

世行由5个机构组成,包括国际复兴开发银行(IBRD,成立于1945年,成员国184个)、国际开发协会(IDA,成立于1960年,成员国165个)、国际金融公司(IFC,成立于1956年,成员国178个)、国际投资争端解决中心(ICSID,成立于1966年,成员国143个),以及多边投资担保机构(MIGA,成立于1988年,成员国168个)。由于国际复兴开发银行与国际开发协会为发展中国家提供低息、无息贷款和赠款,因此本书中世行就是指这两个机构。

世行自 1945 年成立以来,投资电力、电信、交通运输等基础设施和社会项目融资,以提高国家生产力恢复经济。之后受到收入分配论和人力资本理论的影响,加上 1960 年成立了国际开发协会(IDA),旨在推动最贫穷国家的经济发展,世行开始全面支持发展中国家,并开始关注教育,认为教育是投资人力资本和生产力发展的重要途径,进而世行也在教育领域开始发挥着举足轻重的作用。如世行早在 1950 年便为撒哈拉沙漠以南的非洲地区提供援助贷款,却于 20 世纪 60 年代才在非洲地区设立第一个实验性的教育贷款项目。作为一个经济银行,世行教育政策价值取向一直受经济相关理论,如收入分配论、人力资本理论等的影响。直到 20 世纪 90 年代以来,世行认识到知识在经济发展和人力发展上的重要作用,开始接受其他国际组织及一些国家的教育理念,逐渐形成符合自身特色的教育政策价值取向。当前,世行在国际上主要承担教育援助的角色,同时具有提供和分析教育政策专业知识的能力和资源。

一、 世行教育政策的目的

从银行自身的性质来看,世行教育政策的出台源自"经济银行"和"知识银行"的定位,以及这两种性质定位背后的理论动因。

(一) 出于经济银行的目的:促进经济发展、消贫扶困

20 世纪 60 年代,世行意识到,要促进发展中国家的经济发展,必须投资于人力资源。在这一理念指导下,世行利用其经济优势,开始了一系列针对发展中国家的教育援助活动,以教育作为经济的起跳板,促进全球的经济发展。同时,贫困是 20 世纪后半期全球经济发展的巨大成本之一,消贫扶困是当时全球经济发展及稳定的重要途径,世行顺应当时国际环境的需求,以"经济银行"的定位奠定了它在国际社会中的地位,扩大了全球影响力。

世行以"经济银行"定位出台了一系列教育政策,其政策动因与"经济发展""减少贫穷"直接相关。例如,1963 年,世行出台了第一个关于教育的文件《世行及国际开发协会在教育领域的政策提案》,在世行促进全球教育发展中具有重要地位。该提案确定了世行优先投资的教育领域,包括中等教育、教师教育、职业教

育和各层次的培训教育。1971 年的《教育部门工作报告》，对 1963—1971 财年世行的教育政策和业务进行了审查，并对 20 世纪 70 年代教育政策和业务发展进行了预测。1980 年的《教育部门工作报告》提出了世行教育战略的 5 个关注点，即教育对提高生产力的影响、教育对和平的贡献、受教育人数量的增长、教育效能的增强问题、教育管理水平和规划，对 20 世纪 80 年代以及 90 年代初世行的教育援助活动具有重要的指导意义。1986 年的《资助发展中国家的教育：政策选择的探索》对当时教育领域公共财政分配的合理性以及学校资源利用的有效性进行了审查，世行从此开始关注教育的投资和回报问题，使得教育更加具有工具的性质。

（二） 出于知识银行的目的：发展知识经济、进行全球治理

20 世纪 90 年代以来，世行已经积累了大量的教育援助经验，随着全球一体化格局的形成，世行积极参与全球教育治理，并积极关注各级各类教育中存在的问题、不断完善其教育治理模式，不断探索成为"知识银行"的途径和方法，对全球教育的发展做出了独特且重要的贡献。

例如，1995 年的《教育领域中的有限投资与策略》，对 1980 年以来世行教育部门的工作报告进行了整体回顾，并对之后世行全球教育治理的方向进行了展望，对 20 世纪 90 年代末世行参与全球教育治理具有重要的指导意义。1999 年的《世行教育领域战略》*Word Bank Education Sector Strategy*，确定了世行对世界教育发展的优先领域：在"不断追求质量"的目标下，进行早期教育干预、重视基础教育、创新教育机制、改革教育系统。至此，世行开始有意识地探索其自身的教育理念体系。

2005 年的《教育领域战略更新》*The Education Sector Strategy Update*，确定为了应对内外环境的挑战，世行必须对教育部门采用新的策略以提供新的指导方向，突出了 3 个主题：从国家整体发展的视角出发整合教育、教育战略议程的拓宽和系统化、注重以结果为导向。2011 年的《全民学习：投资于人民的知识和技能以促进发展——世行 2020 教育战略》，认为全民教育（learning for all）新愿景是促进发展中国家经济发展的关键，并规划了世行在未来 10 年的教育关注点和实践走向。2017 年 9 月发布的《2018 世界教育报告——学习实现教育承诺》，首次用

于专门分析教育问题,认为全球面临着学习危机,分析了学习危机的具体维度,并提出了解决危机的政策举措。

综上所述,一方面,世行继续利用其金融机构的优势,扩大对发展中国家教育援助的范围,体现在提高入学率、增加女童接受教育的机会、帮助穷人接受教育等方面。另一方面,世行开始不断向知识银行转型。它意识到知识的获得与掌握,对世界和平、人权保障、经济增长等都提供了重要的支持力量,而且教育在继承、更新、传播知识等方面发挥着核心作用。因此,世行利用其高素质的人才和知识资源,对发展中国家的教育发展提供政策建议和理念指导等。

二、 世行教育政策的特点

在"经济银行"与"知识银行"的不断探索和定位中,世行的教育政策具有鲜明的特点。

(一) 突出教育的经济价值

一直以来,世行对教育的认识和所要达到的目的不在教育本身,而在教育之外的经济价值,认为"教育水平及培训质量的低下是经济发展的重要障碍"。1963年10月,基于充实人力资源以促进经济发展的理念,世行为首要的教育项目提供了资金支持,如普通中等教育项目、职业技术教育项目和其他各级培训项目等。然而,世行的重点投资领域主要集中在经济发展所需要的、熟练劳工职业需求的基本知识和技能上,对其他教育项目投资的审核评估极为苛刻,包括对人文、科学、艺术学科,甚至是所有小学、学术图书馆等教育基础设备的投资。此外,世行将教育看作是减少世界贫困的关键,"减少世界贫困,需要的是人所具有的基本知识和技能,而不是教育程度。因此,为掌握基本的知识和技能,可以提高初等教育入学率和毕业率,但该条件是必要充分的"[①]。基于此,1962—1980年间,世行的教育投资以人力需求为依归,集中在学习者的基本知识和技能方面,并根据教育的回报率评估相关的教育投资。

---

① World Bank. From Schooling Access to Learning Outcomes: An Unfinished Agenda. An Evaluation of World Bank Support to Primary Education[R]. Washington, DC: World Bank, 2006:34.

世行新的教育政策中,"教育推动经济发展"这一理念依然存在。例如,在看待"学习"这一教育问题上,世行认为学习的现实需求应高于学习的深度和广度。更具体地说,世行认为成长、发展和脱贫等,都取决于个体获得的知识和技能,而与接受教育的年限无关,文凭只能打开就业的大门,知识和技能才能帮助其掌握新的技术、获得发展机会。因此,世行依然没有放弃人力资本主义的教育价值取向,根据教育的回报来采取下一步的投资计划。同时,其更具体的教育投资衡量标准是学习年限与理论上的工资之间的关系。

(二)"工具"与"价值"不断融合

自 20 世纪 60 年代投资教育以来,世行一直视教育为推动经济发展的工具,将更多的投资集中在职业技术培训上。20 世纪 80 年代,世行的这种教育政策理念受到了维权人士、穷人和妇女等的批评。至此,世行开始逐渐将教育投资扩大到各级教育中,肯定了教育机会扩大的重要性,同时对学生学习成果提出了要求,即扩大教育机会必须要改善学习成果。另外,世行对一些援助国家在短期内增加学生入学率的策略提出了批评,如减免学费、使用合同教师、学生可以随年限自动进入下一年级等。世行认为,这些策略虽然增加了入学率和升学率,却很难获得持续发展,不能对学生知识和能力的提高做出保证,而一味地强调教育程度而不顾知识和技能的提升,只会浪费人力投资的时间。

21 世纪以来,世行依然没有放弃"教育回报""人力投资"等绝对根本的教育理念,但在一些发达国家和其他国际组织教育理念的影响下,世行逐渐放弃了基于收益率的初始教育政策价值取向,开始使用国际共同的教育参照框架,如具有价值理性的全民教育和千年发展目标,将促进人的发展、提高个体学习获得感等纳入教育理念框架,不断进行"工具"与"价值"的理性融合。

(三) 强调教育私有化理念

世行在经济改革上崇尚私有化的政策,认为所有的公共部门都效率低下,没有私有部门的工作效率和活动成果,因此,关于私有化的问题成了世行重要的政策理念。同时,这一政策理念也体现在了对外教育援助活动中。例如,出于对肯尼亚国家发展的帮助,世行要求肯尼亚所有的经济部门,包括教育领域的预算,都将私有化作为解决一切问题的法宝,包括提高效率和缓解财政压力。

此外,世行教育战略对公共办学部门的效率也存有疑虑,"在一些国家,父母越来越多地表现出对改善教育质量的诉求,并将孩子送入私立学校学习。他们认为私立学校具有比公立学校更高的标准。加纳的学校调查显示,私立小学从1988年的约5%增加到2003年的20%以上。在马里,私立学校入学人数在2003年增长到了25%"[①]。因此,世行建议教育应让"积极的社区和私营部门参与"。近年来,世行教育政策更加倾向于正规学校之外,认为批判性学习活动更多地发生在个体入学之前或毕业之后。例如,世行"全民学习:投资于人民的知识和技能以促进发展——世行2020教育战略"明确表示:学习不能等同于上学,所有人、所有地点都可以获得学习的机会,因此不能局限于传统的教育模式,要提供学校之外的学习机会。世行认为,虽然文凭可能会为个体提供更好的就业机会,但是学校之外的社会学习和工作经验才是增强个体竞争力的根本因素,更具体地说,是个体技能的学习和获得决定了他的生产力及适应新技术的能力。

三、 世行教育政策的保障机制

世行教育政策的出台、运作以及产生影响,得益于世行机构的有效运作、灵活充足的资金链、良好的合作伙伴关系及不可取代的国际影响力。

(一) 组织机构的有效运作

世行的五个机构相互配合、各司其职,共同承担着世行集团的使命。其中,国际复兴开发银行和国际开发协会对亚、非、拉等中等及贫困国家提供贷款和发展援助,致力于减少世界贫穷率;国际投资争端解决中心的功能主要是以调解、仲裁等方式解决投资者和发展中国家的争端;国际金融公司以其金融资源、全球经验和技术专长,帮助合作伙伴应对资金及政治等层面的挑战,是专注于发展中国家私营部门的全球发展机构;多边投资担保机构的功能主要是吸引、鼓励各国政府及商业团体在发展中国家进行投资,同时为投资者提供资金担保,避免非商业

---

① World Bank. Education Sector Strategy Update: Achieving Education for All, Broadening Our Perspective, Maximizing Our Effectiveness[R]. Washington, DC: World Bank, 2005:36.

风险造成的损失。

（二）　灵活、充足的资金链

国际复兴开发银行现有成员国 189 个,大部分资金来源于国际金融市场。自 1946 年以来,提供贷款 5000 多亿美元用以世界各地的扶贫项目,股东国家缴纳的资本约为 140 亿美元。自 1959 年以来,国际复兴开发银行始终保持着 3A 级信用等级,使其得以低成本借债并向中等收入国家提供借贷,确保项目实施的可持续性,同时辅以或调动私人资本。国际复兴开发银行的收入来源为股本收益及少量的贷款盈利,以此支付世行的运作经费,改善收支平衡,每年给国际开发协会拨款。

国际开发协会自 1960 年成立以来,一直履行着世行的减贫使命,主要面向那些没有能力从国际复兴开发银行贷款的贫困国家,为他们提供赠款或者无息贷款。国际开发协会的资金来源主要来自较富裕国家的捐助及国际复兴开发银行的拨款。

（三）　良好的合作伙伴关系

世行与中等收入国家及一些较贫困国家建立了持久、良好的合作伙伴关系,向这些国家及地方政府提供创新型的金融解决方案,包括贷款、担保和风险管理产品、知识及咨询服务等。此外,世行对各行业项目的各个阶段提供了技术支持和专业知识,为全球知识转让和技术援助提供了一个重要的途径。目前,世行拥有 189 个成员国、来自 170 多个国家的工作人员和 130 多个地点的办事处,在全球具有独特的伙伴关系。

（四）　不可取代的国际影响力

世行设有金融服务、教育、卫生、环境、法律等专业部门,积极参与全球治理,以"经济银行"和"知识银行"的运作优势,夯实了国际中不可取代的地位。此外,自成立以来,世行积累多年成功的发展经验,形成了大量的分析和研究报告,对世界教育发展,尤其是发展中国家的教育理念,产生了重要的影响。目前,世行在贫困、贸易、全球化和环境等领域设有最大的研究机构,以其知识咨询功能发挥着国际影响力。

四、 世行教育政策的影响

世行以人力资本理论为价值导向,倡导全球经济一体化下的教育发展与融合,对国家、其他国际组织、财政机构及相关援助机构来说是非常有价值的。另一方面,世行突出强调教育的经济功能而忽视教育的其他作用,对教育改革的有效性产生了消极的影响。

(一) 积极影响:推动了全球尤其是发展中国家的教育发展

20世纪90年代以来,世行教育政策理念推动了全球的教育发展,尤其是发展中国家的教育发展。例如,1999年世行战略文件的核心内容突出体现了发展中国家教育发展中面临的问题,如教育公平和质量问题、教育过程中学生健康的保障问题、教育政策革新和实践的联系问题等。世行对此采取了一系列战略举措,对发展中国家的教育发展具有重要的指导意义。在2005年的战略文件中,世行对教育领域的关注点集中到了教育质量上,这是因为,在全民教育背景下,世行与受援助国家积极对话,提升了各国,尤其是发展中国家教育"量"的进展,但在改善学生学业成绩方面的教育援助才刚刚开始。

2011年的《世行2020教育战略》确立了两大教育优先事项:①从国家层面建设教育系统,从全球层面建立一个高质量的知识数据库,以支持国家教育改革;②三大主要实施途径为政策建议与知识咨询、提供资金与技术支持、建立战略合作伙伴关系。世行建立了13项评价考核指标,其中包括8项具体的性能指标和5个效应指标。前者反映了世行的战略成果,后者用来衡量世行援助方和接受援助国家政策措施的综合效应。相比于之前的教育战略,《世行2020教育战略》具有目标明确、理念清晰、整体把握、评价细化4个方面的特征,对发展中国家的教育理念及教育实践发展具有指导价值。

(二) 消极影响:教育理念的片面性影响教育改革的有效性

世行的官方文件中多次提及自身的金融优势以及"教育紧密联系经济增长"的教育优势。世行成立之初就将"减少极端的贫困问题"列为其中心目标,这使得世行的金融优势在教育行动中发挥重要作用,比如为发展中国家的教育发展提供援助。然而，就教育的功能来说，教育是否只具有经济功能，以及教育是否应该成为促进经济发展的工具？

世行内部工作人员承认，人力资本理论支撑教育发展的理论本身就存着缺陷，因此构建的促进教育发展的模式也存在着不足之处，导致部分国家教育改革的有效性受到影响[①]。另外，世行教育政策具体指向的模糊性，同样使得世行在推动教育战略过程中的有效性受到严重影响[②]。近年来，世行逐渐形成了自己的教育理念体系，却依然继续保持着新自由主义的教育发展观。例如，人力资本理论指导教育发展的坚持，是世行对新自由主义教育的选择结果。具体体现在世行对教育质量的定义及看法上。目前，教育质量已经成为世行教育治理的新工具。在世行教育战略中，教育发展已经被重新模块化，成为产品、生产者和发展市场，最后教育只能为有能力的人提供服务。世行作为知识银行的角色将在知识数据平台上发挥"管理者"而非"分享者"的作用，并将在数据调查结果和制定评价标准上具有话语权[③]。

第二节　世界银行高等教育援助政策的演变

为了重建第二次世界大战中饱受破坏国家的经济，世行得以成立。1944 年在第二次世界大战取得胜利之际，45 个国家在美国新罕布什尔州（New Hampshire）的布雷顿森林（Bretton Woods）召开会议，由于当时欧洲复兴需要大量的资金支持，一般的贷款机构或银行无法满足资金的跨国流动，因而会议通过了《国际复兴开发银行协定》*Articles of Agreement of the International Bank for Reconstruction and Development*，决定共同成立国际复兴开发银行，主要关注"重建"和"开发"，为第二次世界大战后欧洲的重建融资，这便是世行的前身，也是目

---

① Akkari, J. The Education Police of International Organizations: Specific Differences and Convergences [J]. Prospects, 2015(45):141—157.

② George Psacharopoulos. World Bank policy on education: A personal account[J]. International Journal of Educational Development, 2006(26):329—338.

③ Rino Wiseman Adhikary. Relating development to quality of education: A study on the World Bank's neoliberal policy discourse in education[J]. Journal of Educational Policy, 2014(6):3—25.

前世行最重要的机构之一。

一、 20 世纪六七十年代：高等教育边缘化

（一） 政策背景

1947 年 5 月 9 日,世行批准了第一笔贷款,向法国提供 2.5 亿美元贷款,资助其重建。之后也为卢森堡、荷兰、丹麦等在第二次世界大战中遭到重创的国家提供贷款,极大地促进了欧洲国家的复兴与重建。正当国际复兴开发银行在为欧洲的重建发挥更大作用的时候,国际形势的变化使得它的功能开始边缘化。当时的英国首相丘吉尔在美国发表了著名的"铁幕演说",拉开了"冷战"的序幕;美国政府随后提出"马歇尔计划"(Marashall's Plan),承担起欧洲重建的工作,这就导致了国际复兴开发银行的作用开始边缘化。与此同时,殖民地国家纷纷宣布独立,这些数量庞大的发展中国家面临严重的贫困问题,而新上任的世行行长克劳伊(John McCloy)也不满美国对世行运作的干涉,因此决定开始将工作重心从复兴转为发展,从发达的欧洲转向欠发达的非洲、拉美和亚洲等地区。1948 年 3 月,国际复兴开发银行向智利提供 1600 万美元的发展援助贷款。这是该组织第一次向非欧洲的国家提供贷款,也是第一次以"非复兴"目的贷款。

世行的大部分官员认为世行是"从做中学",而不是跟随某些理论,但毫无疑问,世行的援助活动仍然受到当时政治经济理论的影响。推动世行进入教育领域的另一大动力便是受到人力资本理论的影响。人力资本可以追溯到英国古典政治经济学的奠基者亚当·斯密。在 1776 年出版的《国富论》中,他首次提出人的才能与其他任何种类的资本同样是重要的生产手段的观点[①]。20 世纪 60 年代,美国经济学家舒尔茨和贝克尔创立人力资本理论。经济学家从不同角度进行论述,促使人力资本理论盛极一时,世行的决策者也开始认同教育在经济发展中的重要作用,赞成培训更多的专业人才以满足经济发展的需要[②]。

在这一背景下,国际开发协会于 1960 年成立,旨在对那些无法向国际复兴开

---

① [美]加里·S.贝克尔.人力资本[M].北京:北京大学出版社,1987:12.
② 马健生.国际教育资助的发展趋势[J].比较教育研究,1997(2):41—46.

发银行借款和支付利息的国家提供无息贷款或赠款,发展欠发达国家的经济,提高居民生活标准,促进社会文明进步,进而帮助发展中国家。由此国际复兴开发银行与国际开发协会成为世行发展援助机构的主体。20 世纪 60 年代中期以后,教育被认为是推动经济发展的重要力量,因此国际开发协会开始积极地进行教育援助活动。

(二) 政策重点

1962 年,时任世行行长的乔治·伍兹(George D. Woods)在世行发布的第一份教育政策备忘录中指出:"世行应准备考虑投资一部分优先的教育贷款项目,目的是在数量和种类上满足经济发展所需要的训练有素的人力资源。为了实现这一目标,世行应集中在职业技术教育与培训及普通中等教育上,而其他类型的教育除非有特殊的需要再考虑。"[①]在罗伯特·麦克纳马拉(McNamara)担任世行行长期间(1969—1981 年),世行的思想产生重大改变。麦克纳马拉行长主张世行应致力于削减贫困,因此世行从基础设施投资转向了全面发展项目。重点是进行人力资本投资,加强对教育、人口和卫生的援助,并将农村作为发展重点;贷款方向也由工业转向农村部门,通过人力资源的开发和农村建设来摆脱贫困[②]。

世行发展理念的改变也致使其关注的教育领域发生改变。1971 年世行发布了第一份《教育部门工作报告》,开始将教育领域看作一个整体,而不是最初的关注某些教育领域,如职业技术教育。同时,世行指责发展中国家对高等教育投入过多,致使发展中国家面临教育财政危机,认为应该加强对初等教育和非正式教育的投入[③]。1974 年,世行发布的又一份《教育部门工作报告》再次表明,今后的贷款应优先考虑促进生产的教育项目,重点关注与国家发展计划相关的教育项目,着力培训急需的各类人才[④]。这明确表示世行教育政策是要满足成员国对人力资源的需求。

---

① Psacharopoulos, George. World Bank policy on education: a personal account[M]. International Journal of Educational Development, 2006:329—338.

② Jones, P.W. World Bank Financing of Education: Lending, Learning and Development[M]. London and New York: Routledge, 1992:89.

③ World Bank. Education: sector working paper[R]. Washington D.C.: World Bank, 1971:6—10.

④ Ibid., 1974:49.

(三) 政策实施

世行官员巴兰坦(Ballantine)在 1986 年曾说过:"教育是一个全新的发展部门……没有任何路径,我们只能在工作中积累经验。"[1]世行在 1963—1968 年期间在教育领域援助了 23 个国家,共计约 1.62 亿美元,但教育援助的比例并不高。在 1968 年,教育援助仅占国际开发协会总援助的 12.75%,占国际复兴开发银行的 1.25%。该年,世行的援助总额约为 9.53 亿美元,其中教育占 2.5%,约为 0.24 亿美元。同时,世行在早期教育援助时,根本不清楚如何组织教育项目,投资通常是之前国际复兴开发银行的援助方式。

这一阶段世行的教育援助多在欧洲、中东与北非地区,亚洲国家次之。与前一时期相比,20 世纪 70 年代援助的比例与金额大幅度增长,亚洲就从 4000 万美元增长到约 4.5 亿美元,其他地区也有明显的增长,如表 4-1 所示。

表 4-1　世行教育援助金额分配(1963—1979 年)　　　　　单位:百万美元

地　　区	1963—1969 年	1970—1974 年	1975—1979 年	援助百分比(%)
非　　洲	89	240	380	25.9
亚　　洲	40	221	455	26.2
拉丁美洲及加勒比海地区	55	120	228	14.7
欧洲、中东和北非	59	234	617	33.2

(资料来源:Jones, P.W. World Bank Financing of Education: Lending, Learning and Development[M]. London and New York: Routledge, 1992:60.)

1968 年,亚洲的借款国达到 12 个,项目数量也多达 33 个。从资金用途上来看,亚洲国家 1963—1968 年间的 25 个教育项目几乎全都用于中等学校、技术学校与师范院校的建设,仅有菲律宾和东巴基斯坦农业大学项目涉及高等教育。工业与农业的职业培训成为这一时期项目的重点,如智利和泰国的两个项目专门针对职业教育。就援助领域而言,教育领域与电力、交通还是相差甚远。在 1963—1976 年期间,世行关注的重点在中等教育与职业培训上,高等教育(中等后教育)

---

① Jones, P.W. World Bank Financing of Education: Lending, Learning and Development[M]. London and New York: Routledge, 1992:59.

援助仅占教育领域的 3.9%,如表 4-2 所示。

表 4-2　世行按教育领域分配方案投资(1963—1976 年)　　　单位:百万美元

教育领域	投资金额	援助百分比(%)
普通教育	**936.4**	**42.5**
初等教育	133.5	5.9
中等教育	460.5	20.3
非正式教育	29.6	1.3
高等教育	88.5	3.9
师资培育	251.3	11.1
职业教育与训练	**1150.1**	**50.8**
中等教育	511.1	22.6
高等教育	367.4	16.2
非正规教育	248.5	11.0
师资培育	23.1	1.0

(资料来源:Jones,P.W. World Bank Financing of Education:Lending, Learning and Development[M]. London and New York:Routledge, 1992:137.)

　　总而言之,这一时期世行开始从经济领域进入教育领域,由 20 世纪 60 年代关注职业技术教育和中等教育转为 20 世纪 70 年代关注初等教育和中等教育,世行发布的两份《教育部门工作报告》也极少涉及高等教育。可见,世行这一时期并不关心高等教育的发展,因而高等教育一直处于边缘化的位置。

二、 20 世纪 80 年代:形成高等教育政策框架

(一) 政策背景

　　20 世纪 70 年代末期,许多发展中国家经济持续恶化、不断衰退,债务数额不断攀升,财政赤字迅速增加,通货膨胀十分严重。世行作为援助机构,顶着巨大的压力考虑解决方式。其实世行自己也被卷入债务困境中,许多借款国一直未能到期还款,这就促使世行必须找寻新的借款方向①。

---

① Jones, P.W. World Bank Financing of Education:Lending, Learning and Development[M]. London and New York:Routledge, 1992:140—141.

在发展经济学的指导下,小部分地区与国家在国际援助和自身的努力下确实取得了不错的成绩,但大多数受援对象并未达到预想的效果,反而出现了经济停滞甚至倒退的情况,贫困人数相较于 20 世纪 70 年代更甚。批判"传统发展经济学"的声音此起彼伏,强调市场作用的新古典主义便在此时兴起。它认为错误的政策导致了经济不发达,而且第三世界政府的过度干预导致了资源的配置不恰当。这就要求政府缩小自身在直接提供市场所需技术人员方面所扮演的角色,集中全部精力去扩展完善普通教育。至于职业培训,应由发展中的私营部门完成,侧重点应放在在职培训上①。

在此背景下,世行提出了"华盛顿共识"。为了收回发放的贷款,援助国、援助机构、商业银行以及私人资本增加了贷款的附加条件。在快速实现"三化"(私有化、自由化与稳定化)改革的前提下,要求受援国接受结构调整,进而提高还款的概率,这是这一时期多边援助的显著特点。克劳森(Clausen)认为,项目贷款,特别是结构性调整贷款应作为解决发展中国家长期经济落后的方式②。

(二) 政策重点

在上述背景下,世行于 1980 年公布了第一份以"政策"命名的《教育政策报告》,标志着世行开始形成高等教育的政策框架。在现代经济中,各级教育都朝着更高、更昂贵的方向发展,因此努力提高教育水平和教育质量势必会使得教育成本不断上升,从而给发展中国家的公共财政带来不合理的负担,尤其是在中等教育和高等教育阶段③。当时,教育的成本效益分析兴起,指出大学毕业生失业并不单纯由于"课程不合适"或是"管理不善",而是因为"过度需求"。这就要求受益人个人承担更多的教育费用,意味着高等教育实行教育收费政策,减少政府对非教学成本的投入。此外,降低教育成本最好的方法就是提高效率,世行提出了高等教育中的非大学模式,通过建立或扩大新的大学课程来减少压力:"为了满足对

① World Bank. Financing Education in Developing Countries: An Exploration of Policy Optional[R]. Washington, D.C., 1986:2.

② Jones, P.W. World Bank Financing of Education: Lending, Learning and Development[M]. London and New York: Routledge, 1992:14.

③ World Bank. Education sector working paper[R]. Washington D.C.: World Bank, 1980:68.

合格技术人员的需要以及协调技术人员和研究人员之间的平衡,需要建立技术学院、社区学院和开放大学"①。这一建议目的是要加强市场和社会对高等教育问题与其体制的决策权。

1980年底,世行的经济学家萨卡·罗普洛斯在其教育报告《发展中国家的教育:一种成本效益分析》中指出,"重视技术和职业教育应反映在世行优先考虑的教育贷款中"②。他倾向于从成本效益的角度,而不是从资本投资的角度考虑教育政策和教育问题。他认为重视发展职业教育是一种趋势。与此同时,他提出从教育收益率的角度来比较不同教育阶段的收益,其中发现基础教育的收益率最高,因此基础教育应得到重视。但从成本考虑,应发展短期的非大学课程,满足国家大量所需的基本的技术工人,四年制的大学学位课程只需培养一小部分的精英。1986年世行的《援助发展中国家的教育:政策的选择》报告主张,对于教育投资,政府应重新将资源配置到对社会最有效益的阶段(初等教育)。

可见,20世纪80年代世行开始关注高等教育问题,最初是将教育作为人力资本投资的关键,随后引入成本效益分析,促使政府重新分配初等教育和高等教育财政经费。自1980年《教育政策报告》发布以后,世行形成了增加高等教育的私人成本、反对增加高等教育的公共投入、积极支持私立机构介入的高等教育框架。

(三) 政策实施

这一时期,世行从回报率分析得出,投资初等教育的收益会高于其他阶段,相应地减少了高等教育和职业教育的援助额,初等教育的援助额上升较快。另外,世行批准的促进高等教育私有化和成本分担项目所占比例从1980年的33%上升到了1990年的100%,支持中等和高等教育的项目从50%下降至11%。到1990年,世行70%的项目要求增加初等教育投入,67%的项目要求减少接受中等和高等教育学生的补贴,56%的项目要求增加了高等教育的学费,56%的项目支持政府扩建私立院校③。可见,这一时期,世行对高等教育的投资比例不断变小。

---

① World Bank. Education sector working paper[R]. Washington D.C.: World Bank, 1980:46.

② Psacharopoulos, G. Higher education in developing countries: a cost-benefit analysis[M]. Washington D.C.: World Bank, Staff Working Paper, 1980:11.

③ P.W. World Bank Financing of Education: Lending, Learning and Development[M]. London and New York: Routledge, 1992:177-178.

在这 10 年中,作为世行贷款的一个领域,教育仍然处于发展中国家经济重建考虑的边缘。高等教育作为一种个人投资,与教育作为一项人权、社会权利或是基本社会需要的观点相差甚远。换言之,20 世纪 80 年代高等教育并没有得到世行过多关注与投入。值得一提的是,我国与世行的关系也是在这一时期得到恢复的,中方于 1979 年表示想要加入布雷顿森林体系。1980 年 4 月,麦克纳马拉来华访问,与政府达成了谈判协议。当年 10 月,世行开始准备对中国的第一个贷款项目(大学发展 01 项目),次年 5 月正式提交董事会得到批准,仅仅历时一年左右。我国在短期内快速地恢复世行的席位,并获得世行的贷款,这完全是一个特例。这不仅有益于我国的自身发展,世行希望在新的国际条件下重新对自己进行定位,也为我国入行提供了恰当的时机,两方达到双赢的局面。

三、 20 世纪 90 年代:关注高等教育改革

(一) 政策背景

世行于 20 世纪 80 年代进行的结构性调整非但没有达到预期的效果,反而为大部分受援国带来了不可思议的经济危机和社会动荡,致使贫困成为债务国面临的最严重的发展问题。这也意味着"华盛顿共识"没有如宣称的那样效果显著。"后华盛顿共识"便在这样的背景下应运而生,以斯蒂格利茨为代表的经济学家开始反思传统理论,抛弃了部分完全私有化、自由化和市场化的新自由主义的观点,强调适当的经济管制与综合发展的重要性。

在此理论的指导下,世行于 1990 年制定了"综合发展框架"(CDF),将减贫作为该框架的基本要求,旨在促使各国应根据现有的资源,实施减少贫困和促进经济发展的有效战略;通过良好的社会环境、制度和政策保障来实现完善的宏观经济与财政管理;通过政府、社会团体、私营部门以及外部财政援助各方间的合作和协商,进而提高国家利用国际发展援助的能力①。

此外,知识经济的快速发展,许多国家在高等教育领域取得的成功经验充分

---

① 孙同全.战后国际发展援助的发展阶段及特点[J].北京工商大学学报(社会科学版),2008(4):121—126.

证明了高等教育在国家发展中扮演的重要角色。世行在《1998/1999 世界发展报告》中详细阐述了知识的作用："知识是发展的关键，我们所做的每一件事都依赖于知识，技术上最先进的经济体实际上是以知识为基础的。处于世界经济先锋的各国，知识和资源之间的天平已转向前者，知识已成为决定人们生活水平最重要的因素——超过土地、工具和劳动力。"①世行与教科文组织联合发表的《高等教育专门任务小组报告》指出："由于知识变得越来越重要，高等教育的重要性也显而易见。各国需要更多的年轻人接受高等教育——这个学位是很多高技能工作的基本条件，其知识质量在国家综合竞争力中占据举足轻重的位置。"②两份报告以理论的形式肯定了知识在国家发展中的重要作用。

（二）政策重点

虽然世行一直强调优先发展初等教育，但也会定期发布一些关于高等教育重要性的政策报告，尤其是在 20 世纪 90 年代中期达到新的高度。1994 年世行第一次以高等教育为专题发布了《高等教育：经验和教训》报告，并在一开始就声明这是"世行在初等教育、职业技术教育报告后，针对高等教育的第三次系列报告"③，而且"世行的工作人员通常会把这份文件作为这一时期世行高等教育政策的指导原则"④。

这份报告也突破了世行以往从成本效益角度分析高等教育效益的局限性，指出，"高等教育的投资还会产生回报率之外的外部效益，例如基础研究和技术开发与转让的长期回报，是一个国家减轻贫困，也是经济发展的重要先决条件之一"。此外，该政策文件还认为，"高等教育的社会收益率比初等、中等教育的收益率低，对初等教育的投资可以更直接地减轻贫困，初等和中等教育将继续是世行优先考虑的教育贷款对象"⑤。

---

① World Bank. World Development Report 1998/1999：Knowledge for Development[R]. Washington：Oxford University Press for the World Bank, 1999：2—4.

② World Bank. Task Force on Higher Education and Society Higher Education in Developing Countries：Peril and Promise[R]. Washington：World Bank(for the World Bank and UNESCO)，2000：9.

③ World Bank. Higher Education：the lesson of experience[R]. Washington D.C.：World Bank, 1994：vii.

④ Samoff, J., Carrol, B. From manpower planning to the knowledge era：world bank policies on higher education on Africa[J]. Forum on Higher Education,Research and Knowledge, 2003：12—13.

⑤ World Bank. Higher Education：the lesson of experience[R]. Washington D.C.：World Bank, 1994：84—85.

与此同时,这一时期世行行长由巴伯·本杰明·科纳布尔(Barber Benjamin Conable, 1986—1991 年)接任。他在 1990 年重申世行援助发展的最终目标是要"减少贫困",因此初等教育又被强调为教育贷款的重点,相应地,高等教育贷款的比例开始下降。可见,这一时期世行仍然强调优先对基础教育的公共投入,但同时要发展中等和高等教育,鼓励高等教育院校的多元化以及经费来源的多样化,引进绩效问责制等激励机制,强调高等教育机构的自主权和绩效以保障高等教育的质量、责任和公平为前提。

(三) 政策实施

从总体上看,1990—1998 年世行一共开展了 229 个教育贷款项目,其中有 35 个高等教育项目,贷款总计 44.94 亿美元,比 20 世纪 80 年代大约翻了 2.5 倍,如表 4-3 所示。

表 4-3　1990—1998 年世行各类教育贷款项目及贷款额

教育阶段	项目数量	贷款额(百万美元)	援助百分比(%)
学前教育	2	78.5	0.4
初等教育	88	7314.2	40.1
中等教育	35	2442.6	13.4
高等教育	35	4494.2	24.7
非正式教育	4	110	0.6
职业教育与培训	28	2020	11.1
其他	27	1761	9.7
总计	229	18220.4	100

(资料来源:根据世行网站统计而得。)

不过,高等教育在教育总贷款额中的比例有所下降。在地区分布上,世行开始加大对拉丁美洲和加勒比地区的高等教育贷款比重,亚洲地区仍然保持着优先的地位,非洲地区的高等教育比重也略有上升,如表 4-4 所示。在历年的贷款走势上,世行的高等教育资金在 1991 年和 1998 年出现了两个高峰,除了 1995 年陷入了明显的低谷之外,一直保持着较为稳定的水平。

表 4-4 1990—1998 年世行高等教育贷款的地区分布

地　区	项目数量	贷款额(百万美元)	比例(%)
非　洲	7	295.1	9.4
东亚与太平洋	12	1156.7	36.7
南　亚	2	84.1	2.7
中东与北非	3	220	7
欧洲与中亚	5	511.2	16.2
拉丁美洲与加勒比	6	881.7	28
总　计	35	3148.8	100

(资料来源:根据世行网站统计而得。)

这一时期世行在支持初等教育的同时,加大了对高等教育的关注,援助比例也有所提升,并开始形成了高等教育框架。同时,随着知识经济的到来,世行在发布的《1998/1999 世界发展报告》和《高等教育专门任务小组报告》中,提出知识在国家发展中的重要作用。

四、 21 世纪知识经济时代:优先发展高等教育

(一) 政策背景

进入 21 世纪以后,世行对于高等教育的关注度进一步上升。2000 年世行和教科文组织联合发布了《发展中国家的高等教育:危机和前景》报告,该报告多处引用了世行 1994 年发布的《高等教育:经验和教训》,明确指出:"如果发展中国家的高等教育不改变发展缓慢和落后的局面,将越来越难从全球知识经济中获益……如果不提升人力资本,国家势必落后并且知识和经济发展势必遭到排斥和孤立。"[①]可见,世行仍然延续了一直以来将高等教育作为一种投资的看法,另一方面在知识经济的背景下强调了人力资本的重要性。

2002 年世行发布了《构建知识社会:高等教育的新挑战》报告,再次强调了知

---

① World Bank. Higher education in developing countries peril and promise[R]. Washington D.C.: World Bank, 2000:18—19.

识经济中高等教育优先发展的地位。一方面,这是世行对于只重视初等教育、忽视高等教育的回应;另一方面,知识经济时代赋予高等教育举足轻重的地位。这意味着高等教育不再处于被忽视的边缘地位,也不再黯然失色于全球对初等教育投注的强烈目光,更不是被贬低为血本无归的昂贵投入和无关紧要的问题。

世行对高等教育的高度重视体现在 2005 年发布的《教育部门新战略》中。该报告在 1999 年教育战略的基础上,更加强调知识经济时代教育的重要意义,尤其是扩展了先前的优先战略,指出一方面保持对基础教育的关注,另一方面强调基础教育之后的教育阶段及终身学习的重要性。

（二） 政策重点

随着时代的发展,高等教育对经济发展的贡献使得其地位和作用日益重要。正因为如此,报告《发展中国家的高等教育:危机和前景》承认了 20 世纪 80 年代以来,由于世行和其他机构对教育收益率的狭隘使用,错误认为对初等教育的公共投资比高等教育要高,导致许多国家政府和国际援助机构将发展高等教育放在较为劣势的地位。所以,世行要求发展中国家将高等教育置于国家最优先发展的位置[①]。

在世行看来,随着基础教育的逐渐普及和中等教育入学率的上升,发展高等教育自然就成为首先考虑的任务。因此,世行在这几份报告中将高等教育提到了史无前例的地位,主张高等教育是全球公共产品,应该促进政策对话和知识共享。这表明,世行在面对全球化挑战时,认为发展中国家必须通过获取知识并利用知识来实现发展。因此,世行不遗余力地提倡高等教育国际化,包括高层次人才的全球流动、破除知识和知识工作者的各种贸易壁垒和流动障碍。

然而,这种话语的转变并不意味着世行把高等教育视为公正、平等、和谐发展社会中的一项基本人权和社会权利。相反的是,在知识经济和日益不平等的社会中,世行只是关注如何满足企业利用大学的研究能力来生产新知识的需要,以及如何适应不断增长的高等教育培训与再就业的需求[②]。

---

① World Bank. Higher education in developing countries peril and promise[R]. Washington D.C.: World Bank, 2000:20—26.

② 沈蕾娜.世界银行高等教育政策及其影响[M].北京:高等教育出版社,2008:40—43.

(三) 政策实施

进入 21 世纪后,世行不断加大教育贷款的资金额度,2003 年世行的教育贷款高达 23.49 亿美元,创下 1963 年以来的一次历史最高点,约占当年世行所有贷款的 13%;随后,在 2009 年又一次以 34.45 亿美元的教育贷款创造当时的最高峰。从资金总量上来看,初等教育仍然是世行贷款的重点,大约占所有教育贷款的三分之一,而同一时期高等教育贷款累计达 23.77 亿美元,仅次于初等教育;从历年走势来看,高等教育在 21 世纪初出现了明显的下降趋势,在 2003 年迅速上升后又跌入低谷,之后开始有所回升,尤其是 2008 年世行又一次加大了对高等教育贷款的力度,如表 4-5 所示,使其占所有教育贷款的 25.9%,达到了近 5 年来的一次高峰。

表 4-5 2000—2009 年世行高等教育和教育贷款额(亿美元)

贷款额	2001 年	2002 年	2003 年	2004 年	2005 年	2006 年	2007 年	2008 年	2009 年
高等教育	41	268	524	63	361	263	260	499	208.3
教　育	1095	1385	2349	1684	1951	1991	2022	1927	3445
高等教育所占比例	3.74%	19.3%	22.3%	3.74%	18.5%	13.2%	12.8%	25.9%	6.05%

(资料来源:根据世行网站统计而得。)

进入 21 世纪后,世行加大了对贫穷国家的关注,由国际开发银行为最低收入国家提供的高等教育贷款不断增加,累计达 11.7 亿美元,其中高等教育贷款额所占比重从 20 世纪 90 年代后期的 25%上升为 42%。从地区分布来看,世行不断加大对拉丁美洲和加勒比地区、非洲地区的高等教育贷款,拉丁美洲和加勒比地区高等教育贷款占 45%,居首要位置,非洲地区紧随其后,而对东亚和太平洋地区的高等教育贷款明显减少,如表 4-6 所示。

表 4-6 2000—2008 年世行高等教育贷款的地区分布

地区	拉丁美洲与加勒比地区	撒哈拉以南非洲	东亚与太平洋地区	南亚地区	中东与北非地区	欧洲与中亚地区
比重	45%	20%	10%	17%	6%	2%

(资料来源:根据世行网站统计而得。)

20 世纪 90 年代后期,由于世行重新将其职能定义为发展和减少贫困,并把教育视为减少贫困的关键,加上知识经济时代的到来,世行对高等教育的关注达到了史无前例的高度。与前一阶段的援助金额相比,可明显看出世行前后态度的改变。

五、 小结

在过去的几十年,世行从提供援助发展的多边机构发展成为全球援助的领头者,其职能、业务战略都在不断地变化与调整。随着教育事业的重要性越来越得到认可,政治学家、经济学家、教育学家都纷纷提出自己的看法。这些不同的教育观点进行的碰撞与对话在一定程度上影响了世行的教育政策,而复杂多变的国际政治经济形势和逐渐完善的教育援助也是影响世行高等教育政策的重要因素。本节梳理了世行成立以来在高等教育领域的政策演变,从政策背景、重点和实施三方面分析了世行不同时期对教育的态度。20 世纪六七十年代,世行侧重职业技术教育和中等教育,高等教育处于边缘化地位;20 世纪 80 年代,世行严厉批评发展中国家的高等教育,坚持优先发展初等教育;20 世纪 90 年代,世行开始反思高等教育的重要性,关注高等教育,但仍坚持初等教育发展优于高等教育;进入21 世纪之后,世行认识到了高等教育在知识经济中的重要性,对高等教育进入了全面支持阶段。

第三节　世界银行高等教育的援助模式

所谓国际发展援助模式,是指援助方在自己特有的政治、经济、战略、历史、文化等背景下所形成的对外援助的动机、内容、方式和行为模式,并且这一模式也深受国际环境和援助国的外交关系影响。影响援助方式和行为的根本因素是援助动机和理念,表现在对外援助的目标设定上。[1]世行在长期的高等教育援助活动中逐渐形成了自身的高等教育援助模式。目前全球有 4 种代表性的援助模式,即

---

① 张海冰.发展引导性援助——中国对非洲援助模式研究[M].上海:上海人民出版社,2012:68.

以美国为代表的战略性援助模式、以西欧国家为代表的综合治理性援助模式、以日本为代表的综合开发性援助模式和以北欧为代表的人道主义性援助模式。需要提及的是，世行曾是美国掌握国际多边援助的核心平台。

一、 援助机构

作为世行的原始机构，国际复兴开发银行最初用以帮助欧洲在第二次世界大战后重建，之后主要向发展中国家（包括中等收入国家和信用可靠的较低收入国家）提供财政资源、知识和技术服务以及战略咨询，尤其向世界 79 个最不发达国家（其中 39 个在非洲）提供长期免息贷款，包括政策咨询和技术援助，进而促进经济增长和持续发展。正如世行网页上的自我介绍，"重建仍然是我们工作的重要组成部分，而通过包容性和可持续的全球化减贫是工作的首要目标"[①]。

世行的组织机构和国际货币基金组织相差不大，由 189 个成员国组成，其成员国或股东作为理事会代表，也是世行的最终决策者。理事会下设的执行董事会是其决策机构，五大股东各任命一名执行董事，余下的 20 名执行董事代表由其他成员国选举，执行董事会选出 1 人担任行长和执行董事会主席，主要负责主持日常事务。行长可连任，每届任期五年，通常每周至少举行两次会议，以监督银行的业务，包括批准贷款和担保、新政策、行政预算、国家援助战略、借款和财务决策。银行的所有权力都归属于理事会，而管理层和高级工作人员负责全球援助活动的实施，及时提出具体解决方案。需提及的是，自世行成立以来，历届行长均来自美国。

世行高等教育援助的决策机构是董事会，执行机构是其下设的各业务局，收到各国提交的项目计划，再派出认定团对受援国进行社会和环境调查，进而决定是否对其提供援助。它会为所有部门的项目提供资金，并在项目的各个阶段提供技术支持和专业性知识。与商业贷款不同，世行援助不仅为借款国提供所需的融资，而且还是全球知识转让和技术援助的工具，尤其是在加强公共财政管理的同

---

① World Bank. About the World Bank[EB/OL]. http://www.worldbank.org/en/about. World Bank, 2016.

时,还改善投资环境,提供解决瓶颈服务以及其他政策和体制方面的帮助。

二、 援助策略

2006 年,世行发布了"国家伙伴关系框架"(Country Partnership Framework),取代了之前的"国家援助策略"(Country Assistance Strategy)。前者主要是对世行援助策略的步骤进行了详细的阐述,通过 4 个问题的环环相扣,旨在促进国家援助的驱动模式更具系统性和可选择性,切实实践世行以可持续方式结束极端贫困和实现共同繁荣的双重目标,如表 4-7 所示。同时,世行将国家伙伴关系框架与国家系统诊断(Systematic Country Diagnostic)结合使用,后者可彻底分析一个国家在实现双重目标上面临的最重要的挑战和机遇,进而为成员国提出建议和指导。

表 4-7 世行关于国家援助策略的步骤

步 骤	内 容
以可持续的方式减少贫困和实现共同繁荣的最大限制是什么?	国家系统诊断,基于世行与外部合作伙伴对数据和现有研究的分析,并考虑广泛的利益相关者,包括私营部门的意见,进而确定可持续减少贫困和实现共同繁荣的最关键的制约因素和机遇
世行可为成员国提供哪些帮助?	国家伙伴关系框架制定的目标会反映政府的优先事项,帮助成员国实现其主要发展目标,并提出了一个有选择性的世行干预措施方案。国家系统诊断会确定其中主要制约因素以及世行比较擅长的方面,根据国家的发展目标和更具体的措施和方案实施。当然,监测与评估也会在周期结束时进行
如何做?	绩效与学习评估是为国家伙伴关系框架周期的中期准备的,肯定前期的实施成果,指出存在的缺陷,进而根据最初制订的目标和干预方面中的不足进行中期改正。此外,从中吸取经验教训,帮助建立并丰富世行的知识库
从中学到了什么?	完成与学习评审确定援助项目的完成进度,在整个援助项目结束时进行回顾和总结,进而丰富世行的知识和实践基础,包括如何将国家的援助更具包容性和可持续性地纳入世行计划,这些内容也将成为制订下一次国家伙伴关系框架的重要来源

(资料来源:根据世行网站而得。)

自 20 世纪 80 年代以来,世行根据对各国发展目标和战略调查分析,认为高等教育在国家发展中占据举足轻重的地位。世行提出高校多元化,提高高等教育的质量和相关性,加强科技研发能力,制定更公平的机制以帮助弱势学生,建立可持续筹资制度,增加灵活性,加强管理能力,扩大信息和通信技术(ICT)能力,以减少数字鸿沟等建议,进而保证高等教育的质量,建设更高效的高等院校。

三、 援助标准

2012年,世行发布了《2020年教育战略:全民学习》*Education Strategy 2020*:*Learning for All*。同一时期开发的"导向更好教育结果的系统办法"(Systems Approach for Better Education Results,简称 SABER)是此教育战略的核心内容。该平台使用新的诊断工具,研究详细的政策信息,收集、分析和比较世界各地教育体制的数据和内容,突出强调最好的教育政策和院校,进而促进全民学习。换言之,SABER 是在一个教育体制内通过教育决策领域来组织收集和分析详细的数据,旨在促使各方成员都能在教育成果中受益,从学生、管理人员、教师和家长到决策者和商业人士都可详细客观地了解自己国家教育体制和政策,确保所有儿童和青少年的学习。

高等教育在全球竞争力、经济增长和减少贫困所需的知识创造和人力资源中发挥着重要的作用,因而 SABER 专门为高等教育制定了概念框架和标准的测量工具,评估各国政策以帮助其应对挑战。世行经过广泛研究并搜集了全球表现优秀且得到快速改善的高等教育体制,决定高等教育体制的评估包括以下标准:高等教育未来、高等教育管理框架、高等教育体制及院校的治理、高等教育融资、高等教育质量与公平、毕业率以及高等教育与经济发展的相关性①。同时,世行收集、综合并传播各国高等教育的信息,比较各国在需求、政策和实践上的差异,从而为决策者提供处理类似挑战的措施,主要通过以下 3 种方式:记录并分析发达国家与发展中国家在高等教育体制和政策上的差异;通过关键的利益相关者、研究法律和行政框架的工作人员填写问卷来收集信息;形成独立报告提供分析和

---

① World Bank. SABER-Tertiary Education[R]. Washington D.C.: World Bank, 2016:1—2.

政策选择,帮助各个国家进行高等教育改革并有效地管理其体制[①]。

经过该体制的评估发现,亚洲中低收入国家的高等教育存在着五大脱节:高校与雇主技能需求之间的差异、高校与公司(研究者和使用者)在技术领域之间缺乏沟通、教学与科研(高校和研究机构)之间的脱节、高校与培训提供者之间存在脱节、高等教育阶段与之前教育阶段存在脱节。最后两个代表技能提供者之间的脱节,其中高等教育的质量脱节得最为严重[②]。其中,世行认为技术进步和全球服务经济正在改变工作岗位和技能,中等收入国家的惊人崛起强化了许多国家通过培养更高技能的劳动者来提高其竞争力的愿望,而这势必要扩大高等教育的入学机会,特别是人们对技术与职业教育培训的强烈需求,期望为学生提供劳动力市场所需的相关知识和技能。这也成为世行高等教育援助的重点关注方面。

四、 援助流程

世行的援助流程是按照一定的程序进行贷款和收款的管理过程。世行援助活动是根据其贷款政策与标准,同受援国双方商讨确定援助项目,项目按照认定、准备、评估、签约、执行、评价 6 个阶段进行专业、规范和系统化管理。总而言之,世行的援助有一套完整的项目运行模式与周期,高等教育援助也是如此,如表4-8 所示。

表 4-8   世行的高等教育援助贷款流程

贷款流程	基本内容与要求	世行的作用
项目认定	由受援国收集项目所涉及的社会经济数据(国民收入)、社会生产状况、社会行业背景及技术数据等,从技术和经济上综合分析与研究项目,在认真比较筛选的基础上,编制详细的项目文件递交给世行。通过初步的研究,世行会确定既符合世行贷款政策与标准,又是贷款国优先发展的项目	世行业务局收到各国提交的项目计划,派出认定团根据其社会目标、环境目标和教育目标进行项目认定,评定其偿债信誉是否达到世行的要求,之后考虑国家、地区和部门的相关政策,分析受援国的高等教育及其现状,评价该国的高等教育政策

---

①   World Bank. SABER-Tertiary Education Governance[R]. Washington D.C.: World Bank, 2012:6—7.

②   World Bank. Putting Higher Education to Work: Skills and Research for Growth in East Asia[R]. Washington D.C.: World Bank, 2012:67—97.

（续表）

贷款流程	基本内容与要求	世行的作用
项目准备	受援国根据详细深入的研究与分析,将项目的初步设想阐述为具体完整的目标,从技术、社会、组织机构、财务和经济5方面综合分析形成最终准备报告。基本上包括4个步骤,鉴别投资机会、项目的初步选择、具体细化分析、最后确定并形成可行性研究报告。这一阶段持续1—2年,一般由受援国负责完成,世行辅助	在这一阶段,世行组织项目准备团会明确介绍世行援助项目的要求和标准,帮助受援国融资并寻求技术支持,提供建议与指导并拟定补救措施,进而加强受援国实施开发项目的总体能力
项目评估	其中包括预评估,旨在搜集并分析更为详细的资料,为正式评估报告做充足的准备。评估既要全面深入地审核调查项目的准备工作,又要为之后的实施与评价奠定基础。世行需与受援国政府及项目单位讨论并确定项目的细节,包括预算、实施时间、融资规模、采购标准等一系列问题。这一阶段持续2—4周①	世行进行项目评估,最终形成项目评估报告"黄皮书"(3—4个月),但不属于法律文件。这一阶段是准备工作的顶点,更是项目运行周期中世行第一次全面直接参与的阶段,决定着项目执行的成败。受援国进行的可行性研究等准备工作则决定着评估工作的顺利与否
谈判签约	世行和受援国双方根据项目评估报告和受援国内手续完成情况确定谈判时间,与会代表会对常规性贷款条件、一般性法律条文与技术内容进行谈判。谈判结束时,不仅要形成明确的谈判双方各自法律义务的定稿,还需将评估报告确定下来,再签署一份关于谈判的大致经过以及未载入贷款协议有关事项的纪要,而达成的协议将作为法律文件共同履行	项目谈判是世行与受援国为保障项目成功、就所采取的必要措施达成协议②。世行官员提交谈判协议与评估报告,若执行董事会批准了这项贷款,贷款协议便得到签署,标志着项目进入实施与监督阶段
执行监督	这一阶段占据项目整个流程中较长的时间,受援国有执行实施的责任,世行主要是作为监督和检查方存在。受援国执行的内容包括项目的招标采购、资金的分配安排、技术支持和培训人员等。监督则是要保障项目实现预期目标、及时发现执行中的问题、组织机构正常运作、积累相关经验、遇到困境及时取消项目、准备编写《项目竣工报告》	虽然项目实施是受援国应负的责任,但世行需要在此阶段起支持和监督的作用,目的是保证项目顺利实施、资金得到合理利用,这也是世行在项目实施过程中的权利和责任

---

① 董大方.我国利用世界银行贷款模式研究[D].吉林大学,2007:44—55.

② 同上,pp.57—60.

贷款流程	基本内容与要求	世行的作用
总结评价	当项目实施结束、工程全部竣工后,世行关注的是项目是否实现之前商定的目标、项目实施的效果是否达到要求。项目主管人员会根据实地考察情况编写《项目竣工报告》,详细叙述项目实施与运行各方面的相关情况,之后由世行独立的业务评价局对此进行评价审核,并全面评价项目取得的成果。受援国也需在结束后反思其中的得失与经验教训	项目竣工报告采取较多的分析方法,概述项目从开始到结束一系列环节的表现,进而衡量项目成果。这是反映项目实施与完成情况的重要文件。世行业务评价局负责评价报告的质量,最终的评价完成就宣告项目周期最后一阶段结束

（资料来源:H.Orlans. Nonprofit Organization:A Government Management Tool[M]. San Francisco:Praeger Publishers,1980:5—35。）

世行的高等教育援助项目流程包括以上 6 个阶段,各阶段是环环相扣、缺一不可的,前后阶段的内容紧密相连,上一阶段工作的效果直接影响下一阶段。进入 21 世纪后,世行对高等教育的关注进入了全面支持阶段,因而对高等教育项目的援助也逐渐增加,但贷款仍大体是依照该援助流程进行的。

五、 小结

世行的组织机构属于“三级结构”,主要由理事会、执行董事会和业务局(办事机构)三部分组成,也称为其决策机构和执行机构。援助模式是世行成立几十年以来,在实践中逐渐形成的具有专业性、规范化和系统性的管理程序,是值得学习借鉴的优秀模式。本节总结了世行援助策略的步骤,分析了世行援助的标准,尤其是世行研发了 SABER 系统,收集、综合并传播高等教育的信息,比较各国在需求、政策和实践上的差异,按照此概念框架和基准工具评估其政策的适当性,促使决策者了解各国是如何处理类似政策的挑战,进而帮助完善国家的高等教育体制,同时也为下一步的高等教育援助奠定基础。世行是按照项目认定、准备、评估、谈判签约、执行监督、总结评价的流程进行项目援助的。该模式确实为受援国引进了前沿、系统和规范的管理理念,但可能会与受援国的实际情况有所偏差,因而最后的援助效果会有所不同。

第四节 世界银行高等教育援助的案例研究

印度是世行最大的教育借款国,印度尼西亚是世行最大的高等教育借款国,本节选取这两个国家的两个项目为代表进行个案研究,详细阐述世行高等教育援助活动完整的项目运行与监管模式。

一、 世行对印度尼西亚的高等教育援助

印度尼西亚是世行高等教育的第一大借款国,截至 2017 年,世行在印度尼西亚共开展了 508 个项目,承诺金额达到约 539.49 亿美元,其中与高等教育相关的项目达到 27 个,援助金额高达 24.47 亿美元。印度尼西亚与世行第一次高等教育合作可追溯到 1978 年。之后双方的交流愈发紧密,几乎每年都有新项目启动,尤其是 1996 年,世行在印度尼西亚启动了 4 个高等教育援助项目,双方的合作达到顶峰。进入 21 世纪,双方的合作脚步放缓,此时印度尼西亚的高等教育已得到发展,世行也真正发挥了自身的作用。

"科技研究与创新项目"(Research and Innovation in Science and Technology,简称 RISET)是世行 2013 年在印度尼西亚启动的高等教育援助项目,也是印度尼西亚唯一还处于开展阶段的高等教育项目。本部分以科技研究与创新项目为例,从项目背景、目标、实施与评价四方面来分析世行对印度尼西亚高等教育的援助。

(一) 项目背景

1. 国家背景

尽管 2008 年金融危机以来全球经济衰退,但印度尼西亚经济持续显著增长,在 2010 年国民经济增长了 5.5%、2011 年增长了 6%。在其现有的经济和政治稳定的基础上,印度尼西亚有机会创造可持续与包容性增长的良性循环。但就出口复杂度和知识经济而言,印度尼西亚未能紧跟其他新兴经济体,在 2010 年,高科技出口仅占制造业出口的 11%,而东亚的平均水平为 31%,中国为 30%,马来西亚或菲律宾为 52%[①]。为提高国家收入水平,印度尼西亚需要转变进出口来

---

① World Bank. Project Information Document Concept Stage[R]. Washington D.C.: World Bank, 2010:1.

源,提高自身的竞争力,从商品和自然资源等低成本的产品转向高附加值产品。转变首先需要为国家提升整体创新能力,包括人力资源、基础设施,最重要的是制订有利于国家创新体系的政策框架。

印度尼西亚在竞争力与知识经济指数和国家创新体制方面的排名都靠后。根据全球竞争力指数,印度尼西亚在被评估的 134 个国家中排 54 名,落后于马来西亚(24 名)、中国(29 名)、泰国(36 名)和印度(49 名)①。根据知识经济指数,印度尼西亚在 146 个国家中位列 103 名,也落后于邻国。国家竞争力包括 12 个支柱,其中之一是国家的创新体制,印度尼西亚在此方面排 40 名,低于马来西亚(24 名)、印度(28 名)和中国(29 名)。据世行调查分析,印度尼西亚面临的主要限制因素包括国家创新能力低下、研发机构与产业间脱节、未能充分利用将专利作为发明者版权保护的手段以及在同一时间宣传进而促使技术商业化。

印度尼西亚前任总统苏西洛·班邦·尤多约诺(Susilo Bambang Yudhoyono)强调创新对于国家长期发展的重要性,这成为他总统第二个任期里的优先发展事项②。为了支持这一设想,印度尼西亚政府中期发展战略的第二章"科学技术"中强调提高科学与技术的质量和利用率。政府通过采取的 3 个战略支柱"完善机构、资源(技术)和网络(技术传播)",提高国家的竞争力。这也是迈向知识经济的重要一步。印度尼西亚国家创新委员会开始和各位行动者共同努力、定期会面,制订具体的政策实施计划,减少跨部门的麻烦。

2. 部门和制度背景

印度尼西亚在研究与发展领域资源投入不足。印度尼西亚整体公共预算分配给研究和发展是非常少的,只占国内生产总值(GDP)的 0.05%。这个水平要比其他国家低得多,如中国(1.42%)、马来西亚(0.6%)、泰国(0.26%)以及越南(0.19%)。印度尼西亚的研究者很少,100 万人中仅有 199 人,和新兴经济体巴西

---

① World Economic Forum. The Global Competitiveness Report(2009—2010)[R]. World Economic Forum, 2010:5—7.

② World Bank. Project Information Document Concept Stage[R]. Washington D.C.: World Bank, 2010: 1—2.

(461人)、中国(926人)相差较多①。低水平的研究投入与科学基础造成研究的质量无法满足当地经济的发展,甚至与地区产业和社区的需求不相关。

印度尼西亚在科研成果上表现也欠佳,主要归因于该国对科研的低投入,同时,也还因为其研究与发展成效低于其他国家。评估与衡量"研究与发展"成效的最大指标是具体的科研成果(科学发表论文数量)总量。但无论从印度尼西亚科研工作者数量,还是从其科研工作者规模来衡量,该国都比其他中等收入国家排名落后。另外,印度尼西亚在其他常用来衡量研究与发展成效指标的表现上也不尽如人意,如在版税与授权和由美国专利及商标局(United States Patent and Trademark)认可的商标注册费方面,印度尼西亚与巴西、印度和中国都相差较大②。

印度尼西亚研究与发展的低投入直接导致了人力资源和基础设施的缺乏。印度尼西亚高质量的研究人员紧缺,特别是青年科研人员。印度尼西亚研究院人员的整体学历水平不高。根据世行调查,印度尼西亚非政府研究院(Non-ministerial State Institutes)人员拥有博士学位的人数(S3级等级)不足5%,仅有15%的人员拥有硕士学位(S2等级),大部分人员都是大学毕业生(S1等级),甚至有一些人员的学历更低。在研究设施方面,一些设备过时或需要升级,实验室与研究设备通过各机构的预算进行维修,设备的升级费用包含在操作预算中。

(二) 项目目标

在知识经济时代,要提升印度尼西亚的竞争力,必须在科学与技术领域为研究与发展创造有利的环境,加强印度尼西亚人力资源与科技研究院的绩效奖励,重点支持那些正在政府科学与技术领域发挥重要作用的公共机构,或是在研究创新上领先的研究院③。此外,印度尼西亚政府需加强研究机构的奖励机制,推动研究与创新活动进入国家优先发展领域。

---

① World Bank. Project Information Document Appraisal Stage[R]. Washington D.C.: World Bank, 2011:1—2.

② Ibid., 2011:2—3.

③ World Bank. Project Integrated Safeguards Datasheet Appraisal Stage[R]. Washington D.C.: World Bank, 2013:1.

第一个目标旨在改善国家创新政策框架,提高创新政策框架与公共研究院的绩效。该部分主要包括三项子内容:一是加强公共研究中心的能力以满足印度尼西亚的需要。一个强大国家的创新体制需要连贯的政策框架,世行不断努力说服印度尼西亚调整创新政策,从而提高研究院的创新能力,如新成立国家创新委员会(National Innovation Commission)。二是改善公共研究中心的机构条件,世行可在创新政策的技术援助方面提供帮助,如公共机构的整体治理与角色、技术转让、融资、知识产权与专利、标准和质量以及人力资源的开发。三是改进公共研究中心的框架条件,如帮助制定国家创新委员会的新议程、重设研究院的任务、建立国家级研究信息系统,具体形式包括研究与审查、利益相关者的研讨会、参加国际会议等。

第二个目标旨在通过改进管理、质量以加强公共研究,改善印度尼西亚科研经费的监督管理体制。世行通过帮助提高研究的质量,确保它与印度尼西亚国家研究议程的优先事项有很大的相关性。现行的方案由印度尼西亚政府与非政府研究院共同管理,具备加强自身管理和提高整体研究成果的能力。世行可以邀请国际上的研究机构提出评估意见,将国际同行与印度尼西亚研究者组成国际研究联盟团队,从而改善印度尼西亚的评审能力。世行可资助国际技术援助的开支,通过研讨会、交流项目的培训,以及在研究经费的管理、设计、实施、监测与评价等方面与合作机构加强交流沟通。

第三个目标旨在改善公共机构在科学与技术领域的表现,即发展人力资源的科技能力。根据印度尼西亚中期计划、国家科技目标中的开发与研究议程,世行将提供咨询建议援助,加强 7 个非政府研究院的能力,实现人力资源发展的科学与技术目标。每个非政府研究院将制订"研究院发展规划",着手分析机构的中期发展目标以及阻碍机构发展的知识与经验因素,之后再由世行决定。

(三) 项目实施

在项目实施阶段,世行主要通过提出政策建议、设立监管部门、规定严格的条例等手段来保障目标的完成。印度尼西亚政府采取措施保障了"增加科技创新的政策"得到实施。之后,总统与州长在国家经济增长与改进计划的高级会议中,将人力资源和技术创新确定为加速经济增长的关键因素。同时,世行提出改善"国家创新体系"(National Innovation System)的建议,经双方商讨决定从以下几部分努力：一是建立国家创新委员会（National Innovation Commission），促使政府、企业和学术界的协同合作；二是由国家创新委员会领导制定国家创新政策蓝图（National Innovation Policy Blueprint），并与所有相关的政府和非政府研究院商讨；三是制订战略规划和长期研究议程，以提高印度尼西亚的竞争力；四是建立振兴国家战略的产业群，落实 7 个优先领域的实施战略和主要研究计划，如食物安全、卫生和医药技术、能源、运输技术与管理、信息与通信技术、国防与安全技术、先进的材料；五是开发科学技术园区；六是增加政府对创新发展的预算；七是对研究与发展活动的税收实施优惠政策等。

在世行的要求下，印度尼西亚政府还成立了 3 个委员会：指导委员会（Steering Committee）用以监督指导整个项目的实施；技术委员会（Technical Committee）为指导委员会和项目管理办公室（Project Management Office）在实施中出现的问题提供技术支持和建议；项目管理办公室负责整个项目实施的协调工作，以及在该项目下开展的活动。部门人员主要是由印度尼西亚科技创新研究院等顶尖的研究机构的领导和成员组成。

除了提出建议、成立部门外，世行还制定了严格的管理制度。项目的经费也必须按照计划的份额分配到各领域，如高等教育占经费的 74％，如表 4-9 所示。项目管理办公室秘书负责项目的预算规划和受托方，在必要的领域也可雇用额外合同技术人员，如采购、财务管理、监测和评价、进展报告等方面，这些合同的工作人员必须和项目管理办公室的秘书紧密合作，也需向办公室主任汇报。总而言之，项目根据印度尼西亚总体政策框架的需求有序进行，每一个环节都有清晰的规定与安排。

表 4-9 印度尼西亚科技创新与研究项目经费的具体分配

经费部分	经费所占比例
高等教育	74％
职业培训	11％
教育公共管理	10％
一般教育部门	5％

（资料来源：根据世行网站统计而得。）

(四) 项目评价

世行对该项目的中期评价主要是从已取得的成果、未达到的目标和项目的可持续性三方面进行的。截至 2015 年中期评价,该项目已经在改善印度尼西亚的研究和发展的政策环境、改进公共研究发展机构的性能、发展所需的科学技术创新的人力资源上达到了阶段性发展目标。注重科技园发展的印度尼西亚国家创新体系(Indonesia's National Innovation System)已在 2015 年创建完成①。此外,在创建科技创新的人力资源方面,该项目支持了 134 名学生到国外攻读硕士与博士(4 名学者于 2014 年和 2015 年拿到硕士学位)学位,在 2016 年援助政策进行了调整,进而确保在规定的时间内到达预计的数量。

项目实施的前两年出现了一些问题:2015 年的财政未达成目标,大多数计划都在 2015 年的最后一个季度才开始实施,这就导致了低产出。经调查发现,这是由于 2015 上半年项目实施缓慢,印度尼西亚政府采取了措施,改变了项目管理的团队以及部门所需资金漫长而复杂的到位过程。不过,世行认为自己已成功地开展了科技创新项目,包括形成了公共研究机构改革、海外培训研究院,以及竞争力研究与科技创新系统强化三方面重要的经验。世行认为出现问题是很正常的,但监督需要更加严格。

该项目的可持续性通过印度尼西亚国内教育与培训计划的发展与扩张来实现,目前已被确定为印度尼西亚教育部高等教育战略的工作重点之一。随着教育部门拥有越来越多的公共资源(印度尼西亚宪法规定占公共预算的 20%),人力资源的可持续性应该能通过更好地分配公共预算来实现,而用于提高基础教育的公共开支,目前也占据了教育部门公共开支的最大份额。

二、 世行对印度的高等教育援助

尽管高等教育贷款在世行总贷款中占据的比例不高,但就资金总量而言,印度是世行高等教育贷款的第四大借款国。印度接受世行的第一笔高等教育贷款

---

① World Bank. Project Implementation Status and Results Report[R]. Washington D.C.: World Bank, 2015:1—2.

可追溯到 1972 年,之后很长一段时间里,双方在该领域的合作一直处于停滞状态,主要原因是世行提出的附带条件促使印度对其避而远之。直至 20 世纪 90 年代初,印度开始广泛地接受世行的高等教育贷款(结构调整贷款)。这一时期世行真正发挥了作用,不只是提供了贷款,还影响着印度高等教育的趋势与改革。

"技术教育质量改进项目"(Technical Education Quality Improvement Project)是世行最近一次对印度高等教育的援助项目,与之前世行在印度尼西亚开展的项目不同,此项目是承接世行之前在印度启动的技术教育项目。本部分以技术教育质量改进项目为例,分析世行对印度高等教育的援助,目前包括 3 个子项目,项目1(2002 年 11 月 14 日—2009 年 3 月 31 日)、项目 2(2010 年 6 月 24 日—2016 年10 月 31 日)以及项目 3(2016 年 6 月 24 日—2020 年 9 月 30 日)。

(一) 项目背景

1. 国家背景

印度是个中低收入国家。从 2005 年至 2012 年,约有 1.37 万印度人口脱离了贫困;2002 年到 2012 年间 5 岁以下儿童的死亡率从 84‰减少至 55‰,小学净入学率从 81%提高到 93%,中学的总入学率从 48%增长至 71%,而高等教育规模则从 10%增长至 25%。印度在 2001—2011 年经济高速发展,人均国内生产总值以每年 7.9%的速度增长,人均国内生产总值为 1499 美元(2013 年)和 1632 美元(2014 年),国内生产总值的增长速度在 2015 年和 2016 年分别达到 7.3%和7.5%,这是每年全球增长(3.1%和 3.6%)的两倍之多[①]。截至 2016 年,印度成为增长最快的新兴市场经济体之一。除了财政投入,这次的经济增长是由工程技术行业推动的,如信息和通信技术、建筑和制造业。总而言之,在政府的"印度制造"战略且专注于国内增值的背景下,印度的经济复苏主要来自工程技术行业的推动。

高质量和高附加值的制造业和服务业依赖于世界一流的技术队伍。世行在2010 年和 2015 年调查中发现,在工程技术行业,印度劳动力市场相对缺乏技能型人才。这是非常严重的问题,将会限制印度的经济增长。若没有增长,埋藏深

---

① World Bank. Project Information Stage[R]. Washington D.C.: World Bank, 2015:1—2.

处的不平等便不能得到解决。近四分之一的人仍处于贫困和脆弱中,17%的儿童仍营养不良。而且在未来 15 年内,印度将拥有世界上最多的和最年轻的劳动力。如果他们缺乏经济发展所需要的技能,会影响其就业。此外,新就业的劳动力技能分布非常不均匀,种族、性别、收入群体和各地区间的差异显著。

为了应对技术工程教育的低质量,解决 2000 年初技术工程教育平均水平很低的状况,提高印度经济增长和生产力及竞争力的能力,进而成为超级知识大国,印度政府为此发布了一些政策文件,其中包括第 9 个 5 年计划(1997—2002 年)和 2001 年的《印度成为超级知识大国:战略转移》*India as Knowledge Superpower : Strategy for Transformation* 工作组报告。

2. 部门和制度背景

目前印度大约有 3500 所工程、技术研究院,近 91% 的院校是私立的,2013—2014 年在校学生的总数超过 175 万,2014—2015 年总入学人数达到 385 万。虽然整体的入学率是令人满意的,但教育的质量和公平难以保证。工程院校的低质量很大程度上归因于教师不合格,院校缺乏自主、低效的质量保障机制、无效的大学联盟机制,以及薄弱的信息披露制度和问责制。工程院校的公平问题与以下因素相关:不良信誉的教育开发市场、弱势群体欠缺准备工作。

工程教育质量是印度关注的第一个重点。印度少数的工程机构可以培养高质量的人才到世界领先的公司和研究院工作,但大多数的机构都存在高辍学率和低就业率。工程毕业生就业能力相对缺乏已在一些报告中得到广泛阐述,其中包括世行(2010 年)和麦肯锡(2011 年)发布的报告。世行和印度工商业联合会在 2014 年调查全国近 900 家企业后发现,工程专业毕业生的整体满意水平仍然低下。

工程教育缺乏公平是印度第二个重点关注的领域。从地区来看,工科院校都集中在相对繁荣的地区,如安德拉邦、泰米尔纳德邦和马哈拉施特拉邦,这都不是低收入地区。政府强调要为改善这些地区工程教育的质量提供更好的机会。此外,女性和低种姓学生在工科院校中的人数不足。城市高种姓男学生中近 40% 都进入了工科院校,而农村女性仅有 15%。工程教育是昂贵的,学生在政府技术院校每年的花费约为每月 20000 卢比(相当于 1700 美元),私立院校更是两倍多。因此,低收入家庭的学生会受到影响。

(二) 世行参与的合理性

"印度技术教育质量改进项目"是承接之前世行在印度开展的技术教育项目,尤其是"技术教育项目 3"与"技术教育质量改进项目 1"之间关系紧密。前者是技术教育项目的最后阶段,目的在于支持印度 7 个困难地区联合发展职业教育。后者是技术教育质量改进项目的第一部分,目的是改善印度的技术教育体制,涵盖了印度 13 个最大的地区。这两个项目在区域上没有任何重叠。

"技术教育项目 3"的开发目标是:"从工业和经济上援助印度欠发达、地理偏远的东北地区,提高能力,改善技术教育的质量和效率,满足各地区具体的经济发展需要。项目也增加了培训社会弱势群体(女性、农村青年)的技术教育。""技术教育质量改进项目"的开发目标是:"改革技术工程教育体制,以培养高质量的技术专业人才,进而提高印度经济的生产力和竞争力。""技术教育项目 3"重视理工院校,在项目进行时,引进了在印度属于低级资格证书的大学生文凭,但"技术教育改进项目 1"主要侧重于提供学位的大学和学院,也包括少部分的理工学院,理工学院占所有支持学校的 12.5%。

这两个项目都制定了有挑战的目标,但却出于不同的原因。"技术教育项目 3"是为印度偏远地区培养技术人才,以满足国家和地区的经济需求。这样一来,就直接关注之前国际教育援助未曾涉及的地区。而"技术教育质量改进项目"是要改善印度技术工程教育体制,改革极具挑战性。从事后的效益来看,两个项目的某些方面确实不同。"技术教育项目 3"加强了与劳动力市场的相关性,而"技术教育质量改进项目"得到了私立院校的更多参与。

尽管两个项目程度不同,但都强调分散性决策、成本回收、机构联合、劳动力市场相关计划和尖端设备、师资培训和学生就业。这两个项目具有很大的相关性,世行因"技术教育项目"对印度的基本国情和技术教育有一定了解,之后的"技术教育质量改进项目"便得以顺利实施。

(三) 项目目标

"技术教育质量改进项目"符合印度的第 12 个 5 年计划(2012—2017 年),强调增加高技能型工人的数量,从而拉动经济,帮助印度迎头赶上。这一系列项目旨在改善技术教育体系,改善参与该项目的工程教育院校的质量与公平,尤其是政府资助的院校和技术大学工程教育的质量和公平,确保全国各地工程教育体系的均衡发展,进而加强整个工程教育体制的行业治理、问责制和绩效[①]。这主要从参与院校的制度发展、结对计划提高参与院校的能力,以及通过联盟技术学校扩大影响力三方面实现。

该项目通过院校发展赠款向目标地区的合格参与院校提供支持,从而开发和实施院校发展计划来达到以下目标:提高学生的学习和就业能力,提高教师的生产力、教学动机和科研成果。政府资助的学院和非联盟技术大学总计90所学校,一旦他们的需求申请通过便可获得资金。院校发展计划会详细说明每一所院校的需要,包括建议的活动、时间安排和成功措施。

每个院校发展计划都可以同"技术教育质量改进项目"中表现优秀院校进行结对,涉及知识转移、交流经验、资源优化利用的分享,进而建立长期战略合作伙伴关系。结对活动确定了两院校间的互助,可在四个层次互动,包括董事局、学院管理/领导、工作人员(教学和非教学)和学生。结对成功的院校会获得2000万卢比(约30万美元)的初始资金,以便他们有效地参与到结对活动中,促使院校的长久发展。根据表现,合格者将获得高达7000万卢比(约110万美元)的资助。

世行还对目标地区合格的联盟技术学校提供支持,帮助制订适合改革的行动计划,特别是学术课程、学习评估与考试、学生的就业安置、数据管理和行政管理,从而提高教学、学习和研究成果。每所联盟技术学校将获得20000万卢比(约300万美元)。目标地区将通过联盟技术学校改善所有隶属学院的表现,包括政府、政府资助和私营的院校,进而证明体制是否合理,从而促进工程教育体制的改善。

(四) 项目实施

"技术教育质量改进项目三"是建立在该系列项目一和项目二良好运作的

---

① World Bank. Project Integrated Safeguards Datasheet Appraisal Stage[R]. Washington D.C.: World Bank, 2015:2.

基础上,并做出了适当的改进。该项目由印度的人力资源发展部(Ministry of Human Resource Development)总负责。在世行的要求下,还将设立国家指导委员会(National Steering Committee),由国家项目主任(National Project Director)领导国家项目指挥部(National Project Directorate)管理援助,也会委派代表向国家项目实施组(National Project Implementation Unit)汇报每天的执行情况。这将保证实施的活动与项目实施计划相一致,由人力资源发展部与世行商定所有的活动。

项目实施计划包括项目有效实施的所有操作和技术的详细安排与步骤。国家项目实施组将指挥地区级的实施单位,每一个重点地区称为地区项目组(State Project Teams)。地区项目组是具备专业能力和专门的国家级院校,目标是加强参与院校的项目实施能力,完善目标地区的工程教育体制。地区项目组将与州指导委员会(State Steering Committee)和目标地区的技术教育部密切合作,必要时寻求指导,定期向技术教育部汇报州的情况。每一个地区项目组都要对人力资源发展部或国家项目实施组负责。在其他地区,地区项目组将实施首要目标,确保结对活动的活动、产出和成效得到满足,所有相关的配套活动也已按照项目实施计划开展。此外,人力资源发展部为每个地区设立谅解备忘录,每个院校都可访问查阅①。

(五) 项目评价

在 2000 年初准备这两个系列项目时,印度出现了经济自由化改革的苗头。印度中学后的技术工程教育是当时世界发展最快的,这表明项目的环境是相对较好的。"技术教育质量改进项目"是全印度关注的焦点,具体成果包括:帮助 17 所地方工程学院升格为国家技术研究院(National Institutes of Technology);帮助院校获得自主权且得到认可进而提高质量;建立州长委员会(Boards of Governors)帮助院校获得自主权和问责制;构建绩效文化,院校可根据绩效接受追加资金;提高学生跨学科的升学率;学生的实习活动双倍增加;改善了 2009—2010 年至

---

① World Bank. Project Information Document Appraisal Stage[R]. Washington D.C.: World Bank, 2015:5.

2014—2015 年科研成果,"技术教育质量改进项目二"的院校在工程领域权威杂志发表论文的数量翻倍,从 7032 篇增加到 13929 篇[①]。

整个项目注重制度建设,且充分考虑可持续发展性。从宏观上来看,"技术教育项目"和"技术教育改进项目"是承接的关系,前者是从工业和经济上援助印度欠发达、位置偏远的东北地区,提高能力改善技术教育的质量和效率,满足各地区具体的经济发展需要,直接关注之前国际教育援助未曾涉及的地区。后者是改革技术工程教育体制,培养高质量的技术专业人才,进而提高印度经济的生产力和竞争力。单从项目本身而言,项目结束后,联盟技术学校的附属学校功能上都有了显著的改变,同时,世行有意地改变了参与项目地区所有工程院校体制的运行方式,这样的改革也会影响到其他院校。

这个项目的整体风险适中,源于吸取了之前阶段的经验,降低了大多数风险。该项目面临的风险主要是新的目标地区(东北)执行能力较差和地区级的制度问题。项目组随之采取以下的缓解措施:建立中央政府和州政府间以及州政府与院校间的承诺;制订和实施可持续发展的教师招聘计划;表现不佳的院校与优秀院校进行"结对";定期培训中央和州级的执行人员。关于信托风险,项目组承诺从中央政府到州政府直接转账到院校,从而加快资金流动的速度,增加透明度[②]。

三、 小结

印度尼西亚和印度属于亚洲两个大国,相应地,世行对其发放的贷款和援助也多于别国,在为其提供贷款的同时,也带来了完善的理念与体制。本节简要地梳理了世行与印度尼西亚、印度的合作发展历程,选取其中有代表性的项目展开,从背景、目标、实施与评价四方面详细分析,从而使读者全方位地了解项目进行的整个过程,具体地感受了第三节所叙述的贷款模式。世行在一次次的实践中不仅解决了受援国面临的困境,也改变了世行在教育领域的态度与观点。

---

① World Bank. Technical Education Quality Improvement Project Table of contents[R]. Washington D.C.: World Bank, 2016:10.

② Ibid., 2016:11.

第五节　世界银行高等教育援助活动背后的动机

本节吸收了国内外学者对世行高等教育援助的态度与观点，总结分析了世行高等教育援助活动背后的动机，从世行贷款附带的条件、援助要求扩张私立大学以及世行政策受捐助者意愿的影响三方面进行阐述。

一、世行援助项目附带的条件

尽管世行一直强调贷款和政治无关，但正如担任世行顾问的经济学家约翰·麦克赛尔(John Mikesell)所言："作为开发援助机构，世行的重要职能之一就是影响借款国家的政治和战略。"[1]20世纪七八十年代，世行决策者受到经济和教育理论等方面的影响，认为投资高等教育不如投资小学和中学教育领域受益。这个政策似乎没有考虑到个人从大学教育中获益，而导致更多的人怀疑世行的动机。之后，世行一直在宣传新自由主义框架中的高等教育概念，这些概念不仅出现在政策报告中，也暗藏于世行的项目建议和实施中。世行的贷款和援助项目也是在其政策报告的基础上计划的，因此，可以说世行新自由主义改革议程是项目成功的先决条件。通过项目建议和设计的渠道，世行的高等教育理念与政策很有可能在发展中国家的改革中采用。可见，世行善于通过政策报告和项目贷款来实现自身的战略目标。

事实上，世行许多类型的项目存在贷款条件。当高曼(Goldman)问及世行官员关于贷款条件时，世行官员强调说这只是在20世纪80年代发生的，世行现在不再谈论条件，而是称条件为"先前行动"[2]。"先前行动"是指政府在贷款之前需要采取的采购行动。世行官员对此进行了阐述："每个国家的情况不同，但条件都基本是一样的：我们给了你一笔钱，作为回报你必须咬一口苦瓜，做一些之前已经在做的事情。有时这会给国家带来很大的灾难，就像国家印钞会导致收支平衡失

---

① 何曼青,马仁真.世界银行集团[M].北京:社会科学文献出版社,2004:75.

② Goldman, Michael. Imperial Nature：The World Bank and Struggles for Social Justice in the Age of Globalization[J]. Yale University Press, 2005:3.

去控制一样。世行没有警察单位，没有执行机制，因此需要条件来制约。你必须清楚这一点。"①可见，无论世行将此称为什么，有"条件"的做法一直都是以某种形式存在，作为世行实现某些目标的手段。尽管"条件"一词已成为流行语，但一些世行官员认为它不存在或是它在之前结构贷款调整的环境中不存在，其他官员则声称虽然条件仍然存在，但其实已被重新命名为"先前行动"的条款。

欧洲债务与发展网络（European Network on Debt and Development）于 2006 年经调查发现，致力于克服债务危机和减少贫困的世行，目前每次发放的贷款平均有 67 个条件②。亚洲各国几乎都遇到过这样的问题，马来西亚由于拒绝接受世行的政策建议而无法获得急需摆脱经济危机的资金援助。1997 年韩国发生金融危机，世行对其进行紧急援助，但条件是政府需进行改革和放开国内金融市场，进而达到通过其信贷政策左右韩国经济发展政策的目的。韩国舆论将此视作"国耻"和"经济主权的丧失"，认为金泳三政府把韩国经济托管给外国势力。接受世行援助条件的泰国也表示，世行附加的要求将让人们眼睁睁地看着国家经济继续恶化。非洲国家也是如此，乌干达于 2005 年获得了世行高额的减贫贷款，其实是附带了 194 个贷款条件，包括 87 个社会和环境条件、72 个公共部门改革条件、35 个金融和经济改革条件。世行对乌干达贷款的目标包括通过预算合理化减少公共支出占生产总值的百分比；通过开放且具协调积极性的贸易政策提高私营部门的竞争力，进而支持私营部门的发展。这两个目标其实都是贷款的条件。协议还指出原定的贷款金额为 1.5 亿美元，但由于某些目标的业绩不理想，减少至 1.35 亿美元。

世行每年向有需要的国家提供 240 亿美元贷款，而且还要制订全球发展议程，但是世行的有所作为与无所作为都会引发讨论，它自身就必须伴随着成功与失败的责任。学者们在质疑世行对于高等教育、发展与减少贫困作用的同时，其实并没有办法评估其附带的条件对当今发展中国家大学地位的影响。几十年来，世行政策清晰地表明高等教育不太重要，但却是参与知识经济的必要条件。即使

---

① Goldman, Michael. Imperial Nature: The World Bank and Struggles for Social Justice in the Age of Globalization[J]. Yale University Press, 2005:5.

② Eurodad. World Bank and IMF Conditionality: A Development Injustice[J] Eurodad, 2006:2.

是目前世行已经为一些国家的高等教育、科研、技术和人力资源建设发展提供贷款,但由于之前的结构调整政策,贷款的影响还未显现①。可以肯定的是,世行高等教育的政策及项目条件都是为了实现其全球战略目标。

二、 世行要求受援国扩张私立大学

20 世纪 90 年代,世行经考虑后决定进行结构调整贷款,大大减少发展中国家对公共部门服务的投入,特别强调要减少高等教育的资金。世行的私有化议程加上当时发展中国家对高等教育的新兴趣,导致私立大学的发展速度与规模不断扩大,将大学转化为更多投资回报的场所,从而破坏了教育传播知识的目标。更重要的是,一些发达国家可从该进程中获益。当高等教育被私有化时,美国创造了 1.387 万亿美元的市场。到 2000 年,世界前五大教育出口国(澳大利亚、加拿大、美国、新西兰和英国)已经出口了约 170 亿美元的教育服务②。这些国家教育出口随之带来了企业利益,通过高校服务业达到经济和销售的最大化。

私营部门替代或破坏公共部门,或是政府管理的行业被私有化时,确实可能对国家造成伤害。例如,过度依赖私立教育,同时削弱公共教育,限制了人力资源的建设、研究和开发。推动解散公立大学,新自由主义政策实际上剥夺了公立大学的权利,反而有利于生产力较低和不负责任的私立大学。这种做法表明私有化的观念是好的,所有的公共产品都是坏的,同时挑战了公立大学服务于民主协商公共利益的初衷。此外,私有化要求公立大学通过专利的商业化和新服务创造财富,而大学教师只能选择支持,不然会被认为是该项改革议程的威胁因素。世行要求关闭低效的大学,解雇不符合学生与经济需求的教师。但是,扩张私立大学的经济理由是合法的,过分强调私有化对国家而言可能是不利的。

海尼曼(Heyneman)教授在 2003 年表示,前世行行长提出世行在援助时通常

---

① Christopher Steven Collins. Higher Education and Knowledge for Nation-State Development: The Role of the World Bank and U.S. Universities in Poverty Reduction in the Developing World[D]. University of Califonia, 2009:90.

② Robertson, S., Novelli, M. Dale, R., Tikly, L., Dachi, H., & Alphonce, N.. Globalisation, Education, and Development[M]. London. DflD, 2007:142.

会提到的三条建议基本就是贷款条件,包括:将公共支出从职业和高等教育转向基础教育;增加上大学的私人成本;制定贷款条件,个人必须面对高等教育学费大幅度增长的经济负担①。海尼曼教授指出,世行官员在谈到高等教育私有化时表示,世行在高等教育中提出的建议会带有自身的意识形态,因而私有化的重要性已成为世行和政府交流必谈的主题。私人资本可以去做政府想做的事情,从而增大影响力②。看来,世行官员并不承认私有化作为发展存在的危害,反而认为这最终会为发展中国家带来巨大的好处。

不过,也有一些学者支持高等教育私有化。美国华盛顿州立大学经济学教授乔治·阿耶提(George Ayittey)支持非洲大学的私有化,他发表了"非洲知识分子的十诫",其中之一是"私有化大学",认为应该尽量减少政府干预,以便提高大学的收入和自主权③。纽约州立大学的全球文化研究院(Institute of Global Cultural Studies)的阿尔贝特·施韦泽(Albert Schweitzer)院长反对非洲政府对学术自由的镇压,认为大学是传递"国家标准和价值"的主要场所,国家尽管取得了政治独立,但仍保持着文化和经济依赖,并不是"商业化"本身扭曲了文化和教育变革的某些方向。

三、 世行援助受捐助方影响

世行的支持者包括捐助方和借款国,捐助方包括国家和基金会,其意愿会影响世行的理念和做法,进而导致贷款过程的发展。不同于一些国际组织,世行成员国的话语权取决于政府对世行的投资金额。值得一提的是,美国曾作为世行的单一股东,在世行一直以来的政策决定中都起着主导作用。正如世行官员表示:"我认为国际组织的观察者,尤其是世行和国际基金组织的观察者,最大的错误在于夸大、高估了世行的影响力。我们受命与政府合作,并规定了我们的具体工作。这是一种非常复杂的关系,但在许多情况下,我们不能按自己的想法认定方案的

---

① Heyneman. The History and Problems in the Making of Education Policy at the World Bank 1960—2000[J]. International Journal Economics, 2003:37—50.

② Ibid., 2003:78.

③ Ayittey, G.B.N. Africa in chaos.[D] New York. St:Martin's Press, 1999:363—364.

好或坏。"[1]因此,世行也不能完全实施自己的进程。为了筹集向发展中国家提供贷款的资金,世行会收到来自较富裕成员国的捐款,这通常被称为"捐助者承诺"。与地方、国家和国际政治一样,世行的特定项目也会存在着基于这种贡献的压力,各种组织(机构、私人基金会等)可能也会提出某些限制或期望的要求。

世行优先考虑了资助中小学,却忽略了资助科学系统的必要性。科学系统包括公共研究实验室和高等教育机构,这被认为是国家参与知识经济的重要组成部分。对于发展中国家而言,加强与科技相关的学术领域研究对国家民族发展具有重大作用,但世行的政策与实践对此有所忽视。此外,世行将发展中国家归属于世界经济工业部门,也是不恰当的。总而言之,世行对于项目实践与理论方面的考虑,以及发展中国家在全球知识经济中的作用,都得到了学者们的关注与批评。但世行的政策与态度不仅受到当时经济政治理论的影响,也受到捐助者的影响。

1997年世行年会首次提到腐败问题,当时的世行行长詹姆斯·沃尔芬森(James David Wolfensohn)明确表示贪污拖慢了经济发展,不反贪就不给钱。时任中国财政部部长刘仲藜表示,主权国在反腐败行动的主导地位必须尊重,国际组织只能在主权国的要求下提供协助,反腐败行动应严格限制在章程规定的业务范围之内。针对发展中国家发出的声音,世行表示反贪污要由受援国政府和人民采取行动。但到了21世纪初,美国和其他主要捐助者强调打击发展中国家的腐败,借势给世行压力,而且美国寻求旨在限制政府腐败的贷款条件。同样,2006年9月,英国政府认为腐败是以牺牲对穷人的援助为代价的,以约9400万美元作为抗议条件[2]。很显然,这些捐助者的意愿和要求也会影响世行的决策和行动。

此外,1996年,世行在行长沃尔芬森的领导下接受了经合组织"知识经济"的想法,之后被称为"知识银行"(Knowledge Bank),强调知识是技术创造、采纳和沟

---

① Goldman, Michael. Imperial Nature: The World Bank and Struggles for Social Justice in the Age of Globalization[J]. Yale University Press, 2005:5.

② Christopher Steven Collins. Higher Education and Knowledge for Nation-State Development: The Role of the World Bank and U.S. Universities in Poverty Reduction in the Developing World[D]. University of Califonia, 2009:85.

通的关键因素,特别是发展中国家需要投资基础教育、中等和高等教育。换句话说,作为一个组织,它除了以贷款和信贷形式提供资金外,还提供研究和分析,希望能为受援国带来丰富的经验。根据世行 2008 年发出的声明,分享知识促使世行能够更快地响应客户需求,提供优质产品,鼓励创新,并不断向客户提供新服务。世行的一位教育专家说:"这听起来像是陈词滥调,但确实因世行的存在,各国交流的国际经验以及其他国家如何做事情的经验促使各国发展加速,世行工作进展得更顺利。一些国家积极搜索其他国家和地区的经验,并尝试转移这些经验。虽然各国采用它的程度和是否正确运用不尽相同,但知识和最佳实践经验的转移依旧是世行影响发展的重要部分。"[①]世行希望通过技术和知识吸引受援国提出需求,进而提供更好的服务,在实现自身战略目标的基础上,弥补捐助方意愿带来的影响。

四、 小结

世行的高等教育援助在经历了数十年发展后,援助方式从单一发展到多样化,援助成效注重项目和政策的持续性。本节是以学者的争论和世行的回应为主,主要针对世行贷款的附加条件影响受援国的政策与发展、世行要求扩张受援国的私立院校、世行容易受捐助方意愿的影响三方面来展开。在高等教育的援助中,受援国除了考虑世行对高等教育的承诺和随后的做法外,借鉴之前受到世行政策影响国家的经验教训显得更为重要。

第六节　世界银行高等教育援助对我国援外的启示

随着经济的快速发展,我国自 1999 年便不再是国际开发银行的"软贷款"受助者,且于 2007 年首次宣布向该组织捐赠,2010 年成为世行的第三大股东,仅次于美国和日本。2013 年,习近平主席在雅加达同印度尼西亚总统苏西洛举行会

---

① Goldman, Michael. Imperial Nature: The World Bank and Struggles for Social Justice in the Age of Globalization[J]. Yale University Press, 2005:9.

谈,倡议筹建亚洲基础设施投资银行(Asian Infrastructure Investment Bank),向包括东盟国家在内的本地区发展中国家基础设施建设提供资金支持,从而促进本地区互联、互通建设和经济一体化进程。

可见,随着我国综合国力不断增强,国际地位大幅度提高,世界对我国的期望也大大提高,如何更有效地援外成为我国面临的重大历史性挑战之一。本节总结了世行与印度尼西亚、印度等其他国家在高等教育援助中的经验教训,以我国与世行合作为主,阐述援助双方建立积极引导—自主选择的关系、重视高等教育政策主张的一致性、完善项目运行与监管的机制以及合作的持续性在高等教育援助中的重要性。

一、　援受双方建立积极引导—自主选择的关系

援助方并不是一定要通过贷款的直接影响或是附加条件来实现自身的战略目标,世行确实存在这样的行为,但对待我国却是例外。世行一方面通过技术援助等方式影响国内的知识精英,进而使之认同世行的理念,完成国内和国际的学术接轨;另一方面通过贷款项目的合作沟通、政策咨询、研究活动等形式,接触政府的部门官员,理性说服他们接受甚至主动引入世行的观点或政策建议,从而达到国内与国际制度接轨的目的。援助方要了解受援国的国情政策,从而使提出的改革建议达到高度相关,以便双方达成既不是依赖,也不是冲突与抵抗,而是积极引导——自主选择的关系。

正如上述所言,世行对我国采取的就是说服和示范工作,1979 年我国频频表示想加入世行。在当时世行行长麦克纳马拉的推动与支持下,中国于 1980 年恢复了在世行的合法席位。自 1981 年世行第一次向我国提供了高等教育贷款后,目前它已在我国开展了 465 个贷款项目,其中 20 个与高等教育有或多或少的联系。当世行最初与我国联系时,它面对的是不熟悉的文化和国家。而双方的合作却出乎意料地顺利,这与彼此的沟通到位分不开,更是双方积极配合、相互让步的结果。正如联合国教科文组织国际教育规划研究所前所长马克·贝磊(Mark Bray)教授所言,中国与世行保持着非比寻常的平等合作关系。这种和谐、富有成效的合作伙伴关系不仅可以归功于中国对世行独特务实的做法,更可视为世行对

中国开放态度的标志①。可见,从捐助方的角度来看,需考虑每个受援国的具体历史、社会政治经济背景;从受援国一方来说,需制定一套不盲目追随任何模式的具体发展战略。蒂莫西·盖特纳(Timothy Geithner)教授认为,没有人相信会存在一个普遍的模式可以或应该强加给世界,"华盛顿共识"或"后华盛顿共识"都不可以②。因此,合作方式要视各国的具体情况而定,但这一定是建立在积极引导——自主选择的基础上。

二、 援受双方注重高等教育政策主张的一致性

20世纪80年代中期,受新自由主义的影响,世行将"华盛顿共识"作为指导发展中国家经济政策的"标准",再通过贷款项目和政策报告在发展中国家倡导同样的高等教育改革建议,而没有将更多的社会、文化和历史背景考虑在内,这在当时被批评为"一刀切"的方法。虽然它极力提倡削弱发展中国家政府在高等教育中扮演的角色,但这与对待我国的方式还是有很大的不同。正如马克·贝磊教授指出的:"世行与中国是不同类型的合作伙伴。世行对待非洲小国家完全是以权威压倒,并非很平等的伙伴关系。"③世行对待我国的与众不同,主要还是得益于双方在交流中求同存异,在高等教育政策与观点上达成了一致。

相较于其他发展中国家,我国在世行的运作中多采取积极的态度,因此也在贷款项目中获得了一定的控制权。世行与我国的合作开始于1981年的高等教育项目,这在当时是令人意外的,因为世行在20世纪80年代一直奉行的是中小学教育贷款优先的理念。不过世行顾问经过与中方沟通,仔细分析中国现状,明确了什么是我国所需的,双方进而达成共识。对我国而言,建立高等教育体制很关键,与我国现代化理念相符合,因此当时的项目非常成功。之后世行也在1985年发布的《中国:教育的问题和展望》中指出:"中国与其他发展中国家不同,没有出

① MA Jinyuan. Rethinking the World Bank Agenda for Chinese Higher Education Reform[J]. Frontiers of Education in China, 2014(9):97.

② Ibid., 2014(9):99.

③ MA Jinyuan. The World Bank and Chinese higher education: The impact of the World Bank's programs, concepts, and strategies on Chinese higher education transformation[D]. University of Toronto, 2007:24.

现公共费用的严重超支,政府能够控制主要教育项目的成本,能够引进并改善教育体制。"①这其实是正面肯定了我国政府在其教育体制融资中扮演的角色。值得一提的是,莫桑比克是世界上最贫穷的国家之一,但它与世行存在富有成效的合作,就是因为它开发了自身对未来高等教育的愿景。可见,援助双方要在沟通的基础上达到政策观点相一致,合作才得以继续下去。

三、 援受双方注重项目运行与监管机制的完善性

世行与受援国大多数都是按照"政策—项目—改革"的模式,高等教育项目的援助流程则是基于一定的原则和条件进行专业、规范和系统化管理,设定认定、准备、评估、签约、执行、评价6个阶段。换言之,世行的高等教育援助有一套完整的项目运作模式和周期。值得肯定的是,世行在援助前进行的调查研究以及高等教育体制的测量工具,对于增进彼此的了解非常有效。世行要求借款国收集项目所涉及的社会经济数据、社会行业背景及技术数据等,从技术和经济上综合分析项目,之后世行通过这初步的调查确定借款国国民经济中需要优先考虑、符合世行贷款政策且双方都感兴趣的项目。在高等教育领域,世行SABER专门为高等教育制定了概念框架和标准的测量工具,评估各国高等教育政策中的挑战,实行信息共享,及时帮助各国解决问题。

世行对于项目的实施与监督也有一套流程,实施包括项目的招标采购、支付贷款资金与提供配套资金、技术援助和培训计划,而监督则是要保障项目实现预期目标、及时发现执行中的问题、组织机构正常运作、积累相关经验,甚至遇到困境及时取消项目。世行会设立指导委员会、技术委员会和项目管理办公室等机构,且制定了严格的管理条例,旨在既保证项目的正常运行,又可监督进度,及时处理潜在问题。上文所阐述的印度尼西亚和印度开展的项目显然证明了该做法确实有效。总而言之,模型的力量是巨大的,我国与世行在高等教育改革领域的合作经验是宝贵的财富,现在我国已经大规模地增加对非洲和东南亚国家的高等

---

① World Bank. China: Issues and Prospects in Education[R]. Washington D.C.: World Bank, 1985: 12—20.

教育援助。从宏观上说,我国应该明确地将自己定位为全球治理的参与者,而不是规则的追随者。微观上而言,高等教育援助需要明确的概念和理论观点,再制定相对完善的运行与监管机制,项目才得以顺利开展。

四、 援受双方重视合作的持久性

基于新自由主义的观点,高等教育的信贷市场、分散和私有化在"华盛顿共识"时代得到世行的提倡,导致了"一刀切"的现象。在之后的"后华盛顿共识"时代,世行回应了这些批评,表示已经通过改善新自由主义议程调整了它的经济和社会改革计划,这同样反映在高等教育领域。世行极具影响力的《高等教育的经验》*Higher Education：The Lessons of Experience* 报告发布于 1994 年,倡导加快高等教育改革,以促进发展中国家经济的发展。从"华盛顿共识时代""后华盛顿共识时代"到新自由主义议程,世行高等教育观点发生转变是在与各国合作的过程中不断总结经验教训的基础上,综合各国情况而来的。如此一来,双方才可以长久合作,一成不变只会带来合作的枯竭。

我国政府主动鼓励世行用长远的眼光看待我国不同发展区域的改革,分享相关的国际经验和见解,世行随后也为我国提出中肯的建议。世行的投资总是因附加条件的要求和对受援国情况的无知而受到批评,我国与世行的合作却取得了异乎寻常的成功,并不意味着我国从没在条件要求和自身紧迫要求间进行斗争。毕竟,我国已经通过恪守世行所体现的价值观和标准表现出了合作态度,因此,做到了更有效地、战略性地发挥诸如世行等强有力国际组织的作用,而不是直接攻击它们。正如卡罗尔(Carol)等人明确表示,世行是一个技术机构,更喜欢坚持议程的客户。它在通过高等教育改革议程推进"共识"时,需要充分考虑其客户国社会、经济和政治的状况,而它的努力可能被视为促进全世界高等教育体制的"普遍趋势"[1]。不管这个趋势是推动力还是阻力,都将在发展中国家高等教育政策中发挥着越来越重要的作用。因此,在援助过程中,世行除了不断完善自身的理论

---

[1]　MA Jinyuan. Rethinking the World Bank Agenda for Chinese Higher Education Reform[J]. Frontiers of Education in China, 2014(9):94.

框架外,更要用全面且长远的眼光看待受援国高等教育的发展,注重双方的交流沟通,切实将对方的需求放在首位,不被眼前的利益所困扰,合作才能长久。

第七节 结 语

世行的援助机制在经历几十年的发展后,确实相对完善,援助的决策与执行机构以及各自的权限与责任都有清晰的规定,从组织上保障了援助的可靠性,而且其根据国家发展政策制定的援助策略适应了不同国家的教育经济需求。

不可避免地,世行高等教育援助活动也受到一些争议,它所提建议背后的动机值得思考。其中最重要的是为了自身的发展战略目标,通过协议和贷款附加条件影响了受援国的高等教育政策,其中不乏受到捐助者意愿的影响,而且世行一直要求扩建私立院校,破坏了教育传播知识的目标。一些国家的教育出口给企业带来了利益,通过高校服务业达到经济和销售的最大化。

随着我国综合国力不断增强,国际地位大幅度提高,世界对我国的期望也大大提高,如何更高效地援外成为我国面临的重大历史性挑战之一,从我国与世行、世行与别国的合作经验中总结出援受双方建立积极引导——自主选择的关系、重视高等教育政策主张的一致性、完善项目运行与监管的机制以及合作持久性在高等教育援助活动中的重要性等经验。当然,世行的高等教育援助活动中还有许多有价值与可借鉴的地方,我国需要世行,世行同样离不开我国,在双方未来更亲密的合作中值得进一步探究世行高等教育援助的内在奥秘。

第五章
高等教育一体化:欧盟教育政策的重要价值取向

欧洲联盟(European Union,以下简称欧盟)由欧洲共同体发展而来,于1993年11月1日正式诞生。目前,欧盟拥有法国、德国、意大利等27个会员国。

欧洲一体化进程从20世纪50年代末开始,主要表现在经济领域,在20世纪70年代也表现于教育领域,但仅仅只是依附于经济和政治领域。这一时期,欧洲共同体对教育领域的影响主要从职业教育与培训领域开始。直到1976年第二次教育部长理事会通过的"教育行动计划方案",普通教育性质的高等教育开始被纳入欧盟教育政策的框架之中。这是欧盟第一次对高等教育的经济价值进行肯定。随后,为了充分发挥高等教育对欧洲一体化的促进作用,欧盟发布了一系列的政策以及计划,如产生于1987年的"伊拉斯谟计划",旨在促进"欧洲高等教育区"(European Higher Education Area)的建立,以及加强高等教育和高级职业教育对知识和科技的创新做出的贡献。该计划虽然距今已有30多年的历史,但是目前仍在实施的欧洲教育和培训领域最早也是做得最成功的跨国教育合作计划。1999年6月,欧洲29国主管高等教育的部长在意大利博洛尼亚大学举行会议,通过了《博洛尼亚宣言》,吹响了欧洲高等教育改革的号角。自此,欧洲高等教育一体化的政策实践正式启动,而政策的进程被命名为"博洛尼亚进程",其核心和目标就是建设"欧洲高等教育区"。

21 世纪以来,欧盟高等教育领域一体化进程逐渐加强。为了进一步扩大国际合作,拓展欧洲国家在教育、培训和青年事业领域的交流,欧盟在 2014 年 1 月推出了"伊拉斯谟＋计划"(2014—2020 年)。"伊拉斯谟＋"计划与"伊拉斯谟计划"相比,更强调人员流动、跨国合作和高等教育组织机构间的合作联盟,重点支持高等教育领域的知识革新、专业培训、青年成长和体育运动。因此,欧盟期望该计划能更有效地强调高等教育的真实需求,重视欧洲社会资本的发展,并使其位居世界前列。这是欧盟对高等教育领域未来发展深入思考的成果。

第一节　欧盟高等教育一体化战略演变

随着 1957 年《罗马条约》的正式签署,欧洲一体化程度逐渐加深,欧盟政策也逐渐从经济领域扩展到政治、文化和教育领域。可以说,欧盟的教育政策是随着欧洲一体化进程而发展的。欧盟高等教育一体化发展战略可分为 4 个发展时期:萌芽时期(1948—1968 年)、奠基时期(1969—1984 年)、渐进时期(1985—1999 年)以及战略核心时期(2000 年至今)。

一、萌芽时期（1948—1968 年）

（一）《罗马条约》与欧洲一体化的开端

第二次世界大战结束后,欧洲为了防止联邦德国恢复经济而再次对西欧各国产生威胁,对煤钢等战略物资生产和使用进行了共同管理。欧洲联合最早始于法国、西德、意大利、比利时、荷兰及卢森堡六国建立欧洲煤钢共同体(European Coal and Steel Community)。1957 年,欧洲煤钢共同体正式签署了《罗马条约》,随即成立了欧洲经济共同体(European Economic Community)和欧洲原子能共同体(European Atomic Energy Committee)。这三大共同体的成立是一体化的新进程。1965 年,三个共同体合并为欧洲共同体。它是受经济利益的驱动而建立起来的,其目标是促进欧洲区域内经济的增长。欧洲共同体的成立使得一体化进入了新阶段。

(二) 教育在《欧洲经济共同体条约》中的缺失

1957—1969 年是欧洲共同体建设的初期,教育是鲜少被谈论的话题。尽管《欧洲经济共同体条约》第 128 条中提到职业教育,想通过制定"普通职业培训政策"来解决煤炭和钢铁行业工人职业再培训和资格认证再提高的需要。可见,早期涉及的职业教育是关于工人就业而非年轻人的职业培训,最初的目的也是追求经济的增长①。20 世纪 60 年代,欧洲共同体逐步探寻教育领域的合作。由于《欧洲经济共同体条约》第 123 条提出促进就业以及工人的职业和地域流动,1960 年 5 月 11 日第一个欧洲社会基金(European Social Fund)成立了,发展至今已成为欧盟就业的首要财政支持②。1961 年 7 月 18 日,欧洲经济共同体召开峰会,第一次正式涉及教育领域,指出各国合作应扩展到教育、文化和科研领域。此外,峰会上还起草了有关大学合作与交流的公约,以及在佛罗伦萨建立一所欧洲大学的计划。但最后由于各国没有做出实质性的举动而失败③。1963 年 4 月,欧洲共同体理事会虽然出台了"普通职业培训政策",但是并未对职业教育培训做出明确的界定,这为以后更广泛的职业培训甚至把高等教育包括其中提供了空间。1963 年 12 月,职业培训咨询委员会(The Advisory Committee Vocational Training)正式成立。1964 年 5 月,欧洲经济共同体理事会在共同体内部建立了第一个促进青年工人交流的行动计划。

(三) 小结

在早期,《罗马条约》的起草者认为在欧洲建设一个紧密的经济联合体是非常有必要的,却没有考虑通过教育领域的合作来实现此目标。尽管《欧洲经济共同体条约》中某些内容涉及职业教育,但是当时的职业教育仅仅指的是针对工人就业以及资格认证的一种培训,不同于现在的职业教育,并且当时职业教育的目的仅仅是促进经济的发展。在 1957—1969 年期间,在欧洲经济共同体内,教育合

---

① European Commission. The History of European Cooperation in Education and Training[M]. Luxembourg: Office for Official Publications of the European Communities, 2006:56.

② Ibid., 2006:58—59.

③ Ibid., 2006:55.

作是一个极少被提及的话题。即使在 1963 年,欧洲经济共同体内出现了一些教育合作的风向,但是由于各个成员国内无法做出实质性的举动而夭折。因此,在这一时期,对于欧洲经济共同体来说,各国之间的教育合作根本就没有被列进共同体框架之中。

二、 奠基时期 (1969—1984 年)

(一) 欧洲共同体对教育的关注

20 世纪 60 年代后期至 70 年代早期,人口开始激增,教育也经历了重大的扩张,政治家们愈来愈关注日益增长的人口对教育的急剧需求。1971 年,欧洲共同体第一次召开有关教育议题的会议。在会议期间,6 个成员国(法国、德国、意大利、比利时、卢森堡、荷兰)第一次提出"行动计划"(Action Program),以此方式来促进成员国之间的教育合作①。1972 年欧洲共同体在巴黎召开峰会,会议上强调了欧洲经济一体化的人文维度,决定设立社会行动计划②。1973 年发表了重要的"詹尼报告"(Janne Report),即"关于欧共体的教育政策"的研究报告。报告第一次明确指出应该在普通教育和职业教育之间建立新的联系③。1974 年 3 月,欧洲共同体成立了教育委员会。委员会规定:"欧盟各成员国教育部长应该定期召开会议,成立教育部长理事会。"1976 年部长理事会通过了"教育行动计划方案"(Education Action Programme),设立了"联合学习计划",通过院校之间的合作来促进学生的交流。但是,该计划的一些项目直到 20 世纪 80 年代才开始实施。可以看出,自 20 世纪 70 年代以来,欧洲共同体在教育领域上逐步采取一系列举措来促进成员国之间的教育合作。

(二) "教育行动计划"的提出

20 世纪 70 年代,欧洲共同体开始逐渐涉及教育领域。1971 年教育部长会议第一次提出了"行动计划",直至 1976 年 2 月正式通过。1974 年 6 月,欧洲共同体扩展为九国之后召开了教育部长会议,该会议上一致认为合作的重点领域应集中

---

① 窦宪金,卢海弘,马凯.欧盟教育政策[M].北京:高等教育出版社,2011:10.

② European Commission. The History of European Cooperation in Education and Training [M]. Luxembourg:Office for Official Publications of the European Communities, 2006:61—62.

为:①为本国以及移民子女提供较好的教育设施;②促进成员国之间的教育联系;③收集最新的教育统计数据和文献资料;④承认学历和文凭的学术认可;⑤鼓励教师、学生和研究人员在欧洲区域内自由流动;⑥为所有人提供平等的受教育的机会。

1976 年 2 月 9 日,欧洲共同体通过了"教育行动计划"。该决议指出,欧洲共同体首个"教育行动计划"中有关高等教育政策主要集中在 3 个方面:促进高等教育机构间的合作;积极鼓励学生、教师以及研究人员的流动;提高学术文凭的认证。"教育行动计划"具体的实施计划为"联合学习计划"(Join Study Programme),1976—1977 学年,该计划确定了 32 个合作项目,到 1983—1984 学年合作项目达到 200 个。

(三) 教育委员会的成立

1974 年 3 月,欧洲共同体委员会的决议以及同年 6 月欧洲共同体理事会的决议都要求建立一个有关教育的机构,于是在 1976 年 2 月 9 日欧洲共同体理事会上,建立首个教育行动决议的框架之下,正式成立了一个新的机构——教育委员会(Education Committee)。1976 年 2 月 9 日的决议提出:①应该设立一个由欧洲共同体委员会和各成员国代表组成的教育委员会。其主席应该由欧洲共同体理事会轮流主席国担任。②委员会应该有协调和监督项目实施的责任,应该根据欧洲共同体单一理事会和单一委员会条约第四条的规定,就有关项目的执行情况向欧共体理事会以及教育部长会议做出汇报。委员会应该按照相同的程序准备理事会和教育部长会议的会议记录,包括关于教育领域未来发展的方向。③欧洲共同体委员会与教育委员会要保持紧密联系,在欧洲共同体层面上可以采取适当的措施①。

教育委员会由欧洲共同体委员会和各成员国代表(一般是各国教育部的高级官员)组成。在 1974 年 3 月的通报中,欧洲共同体委员会就提出建立由自身领导的并负责教育行动计划的机构,但是最终是在欧洲共同体理事会框架内建立一个由各成员国领导的委员会。每位成员国委员会主席任期为 6 个月。欧洲共同

---

① European Commission. The History of European Cooperation in Education and Training[M]. Luxembourg: Office for Official Publications of the European Communities, 2006:89.

体理事会秘书处协助委员会的工作,常驻代表委员会在每次欧洲共同体理事会会议之前发挥着重要的政治作用,而教育委员会则在常驻代表委员会之前进行工作。这对各成员国教育合作是十分必要的。可以看出,教育委员会是成员国与欧洲共同体委员会之间进行协作和讨论的重要论坛①。尽管教育委员会刚开始成立时,在运行体制上与欧洲共同体理事会的其他任何机构都没有较大的区别,但是教育委员会的建立却使得各国持续的教育合作成为可能,也标志着"教育欧洲"时期的开始。

(四) 小结

从 20 世纪 50 年代欧洲共同体成立之初到 20 世纪 70 年代欧洲经济共同体采取了教育行动计划,高等教育一体化才有了发展。首个教育行动计划的提出,使得欧洲共同体关注的教育领域涉及各个方面,其中最重要的就是"联合学习计划"的实施,使得各成员国教育合作项目增多,成为这一时期教育合作的高潮。虽然"教育行动计划"是遵照经济标准而非教育标准来制定的,但是其最后实施的效果却在教育领域发挥了很大的作用。此外,教育委员会的成立,使得欧洲共同体和各成员国之间教育合作的加强,其中合作的领域渐渐地涉及高等教育,也使得各国间教育的合作有了固定的交流和协作平台。正如尼夫(Neef)所说:"对于任何一个历史学家来说,如果回溯到欧洲高等教育体系的发展,20 世纪 70 年代应该是一个里程碑"②。

三、 渐进时期 (1985—1999 年)

(一) 教育与培训计划的发展

20 世纪 80 年代初期,欧洲共同体委员会逐渐把教育与培训领域的发展置于重要的位置,开始探讨在此领域展开深入的合作。为了促进教育与培训领域的发展,欧洲共同体设立了专门的机构来促进其发展。1981 年欧洲共同体教育部门和职业培训与青年事务合并为特殊的机构"就业与社会事务总司"(Directorate-

---

① European Commission. The History of European Cooperation in Education and Training [M]. Luxembourg:Office for Official Publications of the European Communities, 2006:88—89.

② 阚阅.多样与统一——欧洲高等教育一体化研究[M].杭州:浙江大学出版社,2016:41.

General for Employment and Social Affairs)。1989 年 3 月,雅克·德沃尔(Jacques Delors)成立了"人力资源工作组"(Task Force for Human Resources)。该工作组是独立于社会事务与就业的新的委员会。其目的是支持共同体涉入这些领域,从而促进共同体项目计划的发展。当 1993 年 11 月《马斯特里赫特条约》正式生效后,人力资源工作组在 1995 年 1 月成为"教育、培训与青年总司"[Directorate-General(XXII) for Education, Training and Youth]。该总司与欧盟委员会有着一样的期望,就是要有效地发挥欧洲公民在欧洲一体化中的作用。1999 年欧盟委员会重组,该总司名称被更改为"教育与文化总署"(Directorate-General for Education and Culture)①。

此外,欧洲共同体委员会在这一时期还实施了一系列行动计划,主要集中于高等教育和流动性这两方面。合作主要集中三大领域:跨国网络、流动和交换计划、跨国合作项目。欧洲共同体这一时期的教育行动计划有着双重的目的:其一就是为欧洲内部市场的发展提供必要的人力资源;其二是通过跨国教育合作与交流建设一个以人为本的欧洲共同体,如"可米特"(Comett)、"伊拉斯谟"(Erasmus)、"佩特拉"(Petra)、"林瓜"(Lingua)和"弗斯"(Force)等一系列教育与培训领域的专门行动计划,其中影响较为深远的是"可米特计划"和"伊拉斯谟计划"。

1."可米特计划"

"可米特计划"是欧洲共同体在教育与培训领域推出的第一项计划。1984 年 1 月,法国总统在欧洲共同体委员会上提出了"科技与社会变革"。委员会一直认为应加强大学与企业间的合作,把企业所需的技能与高等教育进行融合。1986 年 2 月 14 日,欧洲共同体开始实施"可米特计划",其目的是加强先进技术的培训,发展高素质的人力资源,能够在欧洲市场上获得高水平的竞争力。"可米特"第二阶段在 1990 年开始实施,历经 4 年。第二阶段相对于第一阶段所涉及的领域扩大到创新以及技术开发领域。"可米特计划"第二阶段开始实施,表示它在校

---

① European Commission. The History of European Cooperation in Education and Training[M]. Luxembourg: Office for Official Publications of the European Communities, 2006: 107.

企合作方面迈出了很重要的一步。

2."伊拉斯谟计划"(第一阶段)

1987 年 6 月 15 日,欧洲共同体教育部长理事会正式通过了"伊拉斯谟计划"。"伊拉斯谟计划"主要分为四个主要时期:第一时期为 1987—1994 年;第二时期为 1995—2006 年;第三时期为 2007—2013 年;第四时期为 2014—2020 年。这一时期的发展主要是 1987—1994 年之间,其主要目标是促进学生在欧洲共同体内的流动并促进高等院校之间的合作。主要内容涉及校际合作计划、学生跨国流动、高等教育人员跨国流动、联合编制课程和教程、欧洲课程学分互认、资助欧洲协会以及访问与研究。

(二)《马斯特里赫特条约》的签署与欧盟的诞生

1992 年在荷兰马斯特里赫特签署的《马斯特里赫特条约》是欧洲一体化在教育与培训领域具有里程碑意义的条约。它的签署使得欧洲一体化打开了崭新的局面,同时给教育与培训领域也带来了新的发展契机。《马斯特里赫特条约》首次把第 126 条"教育与青年"写入了第三章社会政策之中。126 条"教育与青年"中共同体行动计划旨在:①通过教学以及语言的传播来发展教育的欧洲维度;②通过促进学术资格的认可来鼓励学生与教师的流动;③促进教育机构之间的合作;④鼓励成员国之间教育领域的交流和分享;⑤鼓励青年交流和远程教育的发展[①]。

1993 年,欧洲共同体正式更名为欧洲联盟。欧盟委员会于 1993 年实施了《教育的欧洲维度》绿皮书。该绿皮书强调重视教育与培训领域的教育质量问题,以及要使各成员国的青年能够很好地融入社会生活之中。还有《增长、竞争力与就业》白皮书是为了促进教育与培训人员的流动以及资格证书的认定。在此情境之下形成了一种新的"欧盟一体化理念",即在实现各国合作与交流的同时充分尊重各国的文化,只有这样,合作才会持续进行。

(三) 小结

20 世纪 80 年代,高等教育一体化在经济一体化不断深入发展的背景之下飞

---

① European Commission. The History of European Cooperation in Education and Training [M]. Luxembourg: Office for Official Publications of the European Communities, 2006:150.

速发展。这一时期高等教育跨国合作的主要目的是,促进高校间人员的交流与流动,逐渐在国家教育问题以及未来的发展中形成了欧洲维度。这一时期也是欧洲高等教育一体化发展进程最迅速的时期,欧洲共同体不失时机地推出了一系列教育与培训领域的专门行动计划,这在历史上是前所未有的,是欧洲共同体开始在跨国层面上在高等教育领域开始合作的开端。到 20 世纪 90 年代以后,欧盟的高等教育政策和活动开始不断地扩展和延伸。1991 年欧盟开始将注意力转向更广泛的社会文化事务上来,从而成为推动欧洲高等教育一体化向前发展的新力量。此外,这一时期的最重要的一件事是,中东欧国家与西欧国家开始重新恢复高等教育合作,这标志泛欧高等教育合作的局面开始出现①。

四、 战略核心时期（2000 年至今）

（一）“里斯本战略”和“欧洲 2020 战略”

2000 年 3 月,欧洲理事会在里斯本召开会议,会议上通过了经济、社会与环境新战略,即“里斯本战略”。里斯本峰会提出了欧盟未来 10 年发展的战略目标,即“在实现经济可持续增长的基础上成为全球最具竞争力和活力,以及以知识为基础的经济体,同时实现更多、更好的就业以及更强的社会凝聚力”②。“里斯本战略”涉及经济、就业、科研、教育、社会福利以及社会稳定等多个领域,共制定了 28 个主目标和 120 个子目标,其中最重要的就是扩大就业机会和增加科研投入。与此同时,“里斯本战略”也强调了在知识社会中教育与培训的重要作用,欧盟教育与培训体系不仅需要适应知识社会的要求,也需要提高就业的水平与质量,针对年轻人以及失业的成年人等特定群体的不同生活阶段,提供相应的教育与培训的机会。该战略体现了欧盟致力于推动面向知识经济的下一代创新,并希望通过创新来赶超美国。但是,由于实施过程中的具体困难,欧盟在 2005 年时重新定义了“里斯本战略”的目标,把经济增长和就业确定为优先目标。随后,由于经济危机的影响,“里斯本战略”所提出的目标并没有得到很好的实现,不得不通过下一

---

① 阚阅.多样与统一——欧洲高等教育一体化研究[M].杭州:浙江大学出版社,2016:49.

② European Council. Presidency Conclusions Lisbon European Council[EB/OL].(2000-03-23). http://europa.eu/rapid/press-release_PRES-00-900_en.htm.

个 10 年规划,即"欧洲 2020 战略"(European 2020)来实现。

"欧洲 2020 战略"是欧盟 2011 年 6 月提出的一项 10 年经济社会发展规划。该战略旨在将欧洲发展成为一个高精尖的、可持续的、包容的经济体,提高欧洲的就业水平、生产力以及社会凝聚力。"欧洲 2020 战略"制订了 21 世纪欧洲社会市场经济的愿景,即精尖增长,基于知识和创新的经济增长;可持续增长,促进资源更加高效、环保和更具竞争力的经济增长;包容性增长,促进就业,增强社会的凝聚力。在此愿景之下,直至 2020 年应该达到的目标:①全欧 75％的 20—64 岁的人口应该实现就业;②欧盟 GDP 的 3％应该被投入到研发领域;③早期辍学率应该降低到 10％,至少 40％的年轻人应该获得高等教育学位;④减少贫困群体的人数[①]。

为了实现以上目标,欧盟在该战略之下推出了 7 个旗舰项目,分别为"创新联盟""青年行动计划""欧洲的数字议程""资源高校的欧洲""全球化时代的产业政策""一项新的技术和就业议程""欧洲反贫困平台"等。"欧洲 2020 战略"把教育与培训作为本次发展的核心,其中涉及重视职业教育、促进就业和降低青少年的辍学率,以此来提高欧洲人力资源的质量和欧洲整体劳动力的就业水平。

(二) 欧洲"教育与培训 2010 年目标"

2000 年 3 月,欧洲理事会在里斯本峰会上通过的《里斯本欧洲理事会主席结论》(*Presidency Conclusions Lisbon European Council*)中涉及一些有关教育与培训的发展目标与举措。在此,欧洲理事会也提到了建立"欧洲研究与创新区"(European Area Of Research and Innovation)。根据"里斯本战略"的要求,欧盟提出了"教育与培训 2010 目标":①提高教育与培训体系的质量与效益;②倡导所有人进入教育与培训系统;③把教育与培训系统引向全世界[②]。

由上可知,2010 年欧盟层面主要实现三大战略目标,即质量与效益、入学以

---

① European Commission. European 2020 A European strategy for smart, sustainable and inclusive growth[EB/OL]. [2016-07-08]. http://ec.europa.eu/eu2020/pdf/COMPLET％20EN％20BARROSO％20％20％20007％20-％20Europe％202020％20-％20EN％20version.pdf.

② European Commission. Education and Training in Europe Diverse Systems, Shared Goals for 2010 [M]. Luxembourg: Official Publications of the European Communities, 2002:8.

及开放性。在后续的实施计划中,"里斯本战略"确定了"教育与培训区",其中包括"欧洲高等教育区"和"欧洲终身学习区"这两大部分。

1."博洛尼亚进程"

在高等教育领域,为了践行"教育与培训 2010 年目标",欧盟主要侧重于支持"博洛尼亚进程"和"伊拉斯谟计划"的发展。在这 10 年之间,"博洛尼亚进程"分别在 2001 年通过了《布拉格公报》,主要集中于教师与学生的流动、增强欧洲高等教育的吸引力;在 2003 年通过了《柏林公报》,主要涉及入学公平,加强了高校、国家和欧洲层面的质量保证,以及将高等教育与研究结合起来;2005 年的《卑尔根公报》提到基于可持续发展的国际合作;2007 年《伦敦公报》提出要提高博洛尼亚进程的全球维度;2009 年《鲁汶公报》在回顾过去 10 年"欧洲高等教育区"的发展历程后,指出虽然"博洛尼亚进程"在欧洲学生与教师流动、国际交流以及高等教育质量等方面取得了突出的成就,但是"欧洲高等教育区"的设想并未完全实现。

2."伊拉斯谟计划"(第二、第三阶段)

这一时期"伊拉斯谟计划"发展到第二阶段(1995—2006 年)。1995 年"伊拉斯谟计划"被整合到"苏格拉底计划"之中,成为"苏格拉底计划"的核心。"苏格拉底计划"更强调教育中的"欧洲维度",强调教师与学生的流动,鼓励教师将"欧洲维度"融入教学之中。因此,在此背景之下,"伊拉斯谟计划"的主要目标就是促进大学中"欧洲维度"的发展,以及鼓励教师和学生的人员流动。"伊拉斯谟计划"发展到第三阶段(2007—2013 年),与"夸美纽斯计划""格朗特维格计划""达·芬奇计划"一起发展为"终身学习计划"的一部分。这一时期随着"终身学习计划"的发展,主要是在欧洲区域实现"终身学习区"。在此背景之下,"伊拉斯谟计划"的主要任务是促进"欧洲高等教育区"的发展,具体目标为促进教师与学生的流动,提高流动的数量;促进高校之间的多边合作,并提高合作的质量。

(三)"欧洲教育与培训 2020 年目标"

根据"欧洲 2020 战略",欧盟推出新的"教育与培训 2020 目标",这是欧盟在教育与培训领域的合作框架。该计划提出了欧盟教育与培训的四大战略目标:①使终身学习和流动成为现实;②提高教育和培训的质量和效益;③促进公平和社会凝聚力;④提高创新力和创新,培养创新精神。此外,该计划还提出了七大可量化的目标:①至少95%的学生(从4岁到义务教育年龄)应该参加早期儿童教育;②15岁学生在阅读、数学和科学科目中低成就者的比例应低于15%;③18—24岁学生在教育与培训领域的辍学率应低于10%;④30—34岁拥有高等教育学历的人至少达到40%;⑤至少15%的成年人参加终身学习;⑥至少20%的高等教育毕业生和6%的18—34岁的拥有初级职业资格的成人花时间去国外培训和学习;⑦毕业生的就业率至少达到82%。①

1."博洛尼亚进程2020"

这一时期在高等教育领域主要表现为"博洛尼亚进程2020"以及"伊拉斯谟＋计划"。2009年4月28—29日的鲁汶会议上通过了《博洛尼亚进程2020——欧洲高等教育区的下一个十年》(*The Bologna Process* 2020—*The European Higher Education Area in the new decade*,即《鲁汶公报》)。公报上提出了高等教育未来10年的发展重点,主要集中于教育公平、终身学习、就业率、以学生为中心的学习和教学、教育、研究和创新、国际化、流动性等。公报还提出到2020年,"欧洲高等教育区"内至少20%的大学毕业生具有国外学校与培训的经历,还要扩大高等教育的入学率,尤其是弱势群体的入学率②。

2."伊拉斯谟＋计划"

新推出的"伊拉斯谟＋计划"则是以"欧洲2020战略"和"欧洲教育与培训2020战略合作框架"的目标作为总体目标而实施的。该计划包括高等教育领域的"伊拉斯谟计划"和高等教育国际合作领域"伊拉斯谟蒙德斯联合硕士学位计划"(Erasmus Mundus Joint Master Degrees)。这一计划致力于在高等教育领域进行更大范围的国际合作与交流,具体目标为:①加强教育与培训领域与工作领域的合作,提升与劳动力市场相适应的能力与技能;②提高

---

① European Commission. Strategic framework—Education & Training 2020[EB/OL].[2016-07-08]. http://ec.europa.eu/education/policy/strategic-framework/index_en.htm.

② European Commission. The Bologna Process 2020—The European Higher Education Area in the new decade [EB/OL].(2009-04-28). http://www.ond.vlaanderen.be/hogeronderwijs/bologna/conference/documents/leuven_louvain-la-neuve_communiqu%C3%A9_april_2009.pdf.

教育与培训领域质量水平、创新水平与国际化水平;③促进"欧洲终身学习区"的建设①。

(四) 小结

21 世纪以来,欧盟在"里斯本战略"和"欧洲 2020 战略"的推动下,在高等教育领域的发展取得了显著的成绩,高等教育一体化进程也在这一时期得到了深化。在两大战略的驱动之下,欧盟分别制定了"教育与培训 2010 目标"和"教育与培训 2020 目标"。这两大目标的制定使得欧盟高等教育在学生流动、教育质量以及入学率上取得了很大的进步,教育的欧洲维度也随之不断加深。与"教育与培训 2010 目标"相比,"教育和培训 2020 目标"提高了相同领域工作目标的达成度,尤其对高等教育发展目标做了相应的调整,使之更加细化和深入。

第二节　欧盟高等教育一体化发展战略

欧盟一体化进程包括经济、政治和社会的一体化,而欧盟高等教育一体化作为社会一体化进程中的一部分,其发展有力地促进了欧盟一体化的进程。本节通过分析欧盟发布的政策文件和相关学者的研究,发现欧盟高等教育一体化的发展主要集中在三大战略领域:质量战略、国际战略以及公平战略,因此本节主要从这三大战略来详细论述欧盟高等教育一体化发展的具体过程。

一、 质量战略

(一) 历史沿革

自 20 世纪 90 年代起,欧洲高等教育质量保障体系逐渐发展。1991 年 11月,作为轮值主席国的丹麦便在欧洲共同体教育部长理事会上提出开展一系列高

---

① European Commission.Erasmus＋: The EU programme for Education, Training, Youth and Sport 2014—2020 [EB/OL]. [2016-09-01]. https://ec. europa. eu/programmes/erasmus-plus/sites/erasmusplus/files/erasmus-plus-in-detail_en.pdf.

等教育质量评估的设想。此后,欧洲共同体理事会对此提议加以肯定,并指出欧洲共同体各成员国以及高等教育机构等都应关注高等教育质量提高的问题[①]。1998 年 9 月,欧盟理事会正式发表了《关于加强欧洲高等教育质量保证合作的建议》*Council Recommendation on European Cooperation in Quality Assurance in Higher Education*,对欧洲高等教育质量保障合作的目标、采取的举措和创建的质量保障体系等都提出了具体的建议[②]。在此推动之下,2000 年欧盟成立了“欧洲高等教育质量保障合作网络”(European Network for Quality Assurance in Higher Education, ENQA),用来促进高等教育质量保障政策的出台。该网络在 2004 年正式改名为“欧洲高等教育质量保障协会”(European Association for Quality Assurance in Higher Education)。继质量保障协会成立的另一重大举措是在 2005 年卑尔根大会上签署了《欧洲高等教育区质量保障标准与指南》,大会上发表的《卑尔根公报》进一步明确了高等教育质量保障的欧洲标准。2007 年欧洲高等教育伦敦部长峰会上通过了建立欧洲质量保证机构注册局(European Register for Quality Assurance Agency)的决定。该注册局成立的目的是保证《欧洲高等教育区质量保障标准与指南》能够实施。

(二) 运作机制

1. 质量保证机构

(1) 目标、宗旨与入会资格。欧洲高等教育质量保障协会是一个代表欧洲高等教育区成员国质量保证的组织。该协会的宗旨是促进欧洲高等教育质量保证的合作。

该协会的具体目标体现在三个方面:一是推动高等教育机构以及相关质量保证组织和机构之间在质量保证领域分享成功的实践经验和方法,并为高等教育机构提供政策保证平台;二是如果欧盟教育部长、欧洲高等教育区相关机构的工作人员或利益相关者提出一些建设性意见,该协会经考察可以执行;三是

---

① 阚阅.多样与统一——欧洲高等教育一体化研究[M].杭州:浙江大学出版社,2016:234.

② The Council of the European Union. Council Recommendation of 24 September 1998 on European Cooperation in Quality Assurance in Higher Education[J]. Official Journal of the European Communities, 1998 (07):56.

该协会可以与其他相关的欧盟组织或机构展开对话,以促进高等教育领域在质量保证方面的跨国合作①。欧洲高等教育质量保证协会在组织架构上主要由全体大会、执行委员会和秘书处三部分组成。全体大会是决策机构,由该协会成员机构的代表和欧洲各国教育部的代表组成;执行委员会是该协会的执行机构;秘书处主要是处理该协会的日常事务。质量保证协会从刚成立至今不断发展壮大,已经拥有 23 个国家的 40 个成员和 28 个国家的 49 个联系机构②。想要申请加入欧洲高等教育质量保证协会的国家或组织应是博洛尼亚签约国的质量保证机构、相关高等教育方面的公共机构以及高等院校的协会。但是协会会员又分完全会员和候选会员两种类型,申请入会的机构需要经过审核与批准之后才有资格成为完全会员。

(2)"2016—2020 战略计划"。"2016—2020 战略计划"是质量保证协会第二次在质量保证领域提出的战略计划。该战略主要为协会的成员和隶属部门提出发展的方向,通过每年的年度计划来实施质量保证方面的发展目标以及发展规划。质量保证协会致力于保证会员国的工作符合《欧洲高等教育区质量保障标准与指南》(以下简称《标准与指南》),同时也致力于促进高等教育领域质量文化的发展。在接下来的 4 年,质量保证协会监测、评估和报道这一战略的成果,并在欧盟范围内支持会员国的发展,以及为他们的发展提供服务和网络机会。"2016—2020 战略计划"的愿景是使欧洲高等教育区的学生获得高质量的教育并能够获得国际质量保证机构的认可。该战略计划的使命在于,质量保证协会作为最大的质量保证机构,致力于符合欧洲高等教育区质量保障标准,通过组织国际质量保证机构,并在全欧给予这些机构支持和一定的服务来驱动质量保证的发展。质量保证协会推动着高等教育领域质量的提高和质量文化的发展。"2016—2020 战略计划"具有较高的透明度、独立性、合作性以及完整性,具体见表 5-1。

---

① ENQA. ENQA Mission Statement[EB/OL]. [2016-09-08]. http://www.enqa.eu/index.php/about-enqa/enqa-mission-statement/.

② ENQA. ENQA Agencies [EB/OL]. [2016-09-08]. http://www.enqa.eu/index.php/reviews/enqa-agency-reviews/.

表 5-1　2016—2020 战略计划目标

1. 代表性		
目　　标	活　　动	成功的方法
质量保证协会(ENQA)代表着整个欧洲区域质量保证机构的多样性	①与欧洲高等教育区的其他质量保证机构进行长期的对话;②支持其他质量保证机构努力成为 ENQA 的会员;③主动支持会员参与工作组以及 ENQA 的行动之中	在欧洲高等教育区,ENQA 有一批会员国(至 2015 年,ENQA 就有来自 26 个国家的成员);ENQA 成员申请人数增加(至 2015 年,ENQA 有 43 个正式成员);欧洲高等教育区质量保证机构的多样性反映在 ENQA 的管理机制以及活动方面
ENQA 支持持续的独立发展和欧洲区域内值得信赖的质量保证机构按照公认的标准来发展	①满足成员机构的需求,并帮助这些质量保证机构克服困难;②通过分析项目、工作组以及审查报告来支持会员在质量保证领域分享一些好的案例和经验	ENQA 成员机构的评审和修订要遵循《标准与指南》的相关规定
ENQA 在决策过程中提供建议以及代表着利益相关者的利益	①促进《标准与指南》的修订,发布政策报告;②通过 ENQA 网络平台继续进行与利益相关者的活动	会员国更倾向 ENQA 在决策过程中的意见
2. 服务		
目　　标	活　　动	成功的方法
ENQA 在欧洲是卓有成效的质量保证网络机构	①进行一次会员对 ENQA 活动满意度的调查;②促使会员参与到 ENQA 的具体活动中来;③组织一些审查专家的研讨会	
ENQA 审查符合欧洲标准的合作伙伴	①实施已修订的 ENQA 机构的审查;②分析和反馈 ENQA 的审查结果,并确保其反馈进入审查过程	大多数欧洲质量保证机构选择 ENQA 作为复审协调员,为质量和可靠性进行评价;分析和反馈 ENQA 的审查报告;来自质量保证机构的反馈,表明后续的协调审查带来了真正的附加价值
在国际质量保证中,ENQA 是重要的参考点	①参加主要国际和地区网络的年度会议;②加强与相关组织及利益相关者的合作	ENQA 在与质量保证部门的合作中提供了有用的框架;在欧洲质量保证的国际合作伙伴中,ENQA 是主要的信息来源

3. 质量提高		
目　　标	活　　动	成功的方法
ENQA 致力于质量保证的创新	①成立质量保证机构数字化学习的工作小组;②作为合作伙伴来参加网络项目学习	ENQA 秘书处开设了研究基地,以此来支持外部研究人员

（资料来源:ENQA.ENQA Strategic Plan[EB/OL].[2016-09-08]. http://www.enqa.eu/wp-content/uploads/2016/01/ENQA-2016-work-plan.pdf.）

由此可见,"2016—2020 战略计划"的目标主要涉及 3 个方面:代表性、服务和质量提高,每一方面都指出了具体的目标、活动以及成功的方法。2016—2020 年,欧洲质量保证协会致力于促进成员国高等教育质量的发展,通过不断提高协会的发展目标,来吸引着更多的质量保证机构加入其中。由表 5-1 可发现,在欧洲高等教育区内,不仅高等教育机构注重质量的保证,而且作为统领各机构发展的质量保证协会也注重自身质量的提高。在质量保证领域,欧洲质量保证协会一直致力于探究提高高等院校质量的方法和途径。

2. 质量保证规则

2003 年 9 月 19 日,欧洲高等教育区柏林部长会议通过的《柏林公报》指出,由欧洲高等教育质量保证协会、欧洲大学协会、欧洲高等教育机构协会和欧洲学生联盟合作制定《标准与指南》,于 2005 年正式使用。欧盟号召制定《标准与指南》的目的是为高等教育机构在制定自己的质量保障体系时提供相关的指导和参考意见,以及为欧盟各国高等教育机构的质量保证提供一个共同的参照体系[①]。《标准与指南》主要包括高等教育机构内部质量保障、高等教育外部质量保障、外部质量保障机构三大方面,详细内容见表 5-2 至表 5-4。

---

① ENQA. Standards and Guidelines for Quality Assurance in the European Higher Education Area(3rd edition)[M]. Helsinki: ENQA, 2009:14—15.

表 5-2 欧洲标准与指南——高等教育机构内部质量保障

项　目	标　准	指南（细化标准）
质量保障的政策与程序	①高等教育机构应该为专业和学位授予的质量和标准制定相关的政策和程序；②高校还应该致力于发展质量文化，认识到质量保障的重要性；③高校应该开发策略，以不断提高其质量；④在制定质量保障政策时，高校应该充分发挥学生以及利益相关者的作用	在制定政策时需要阐明以下几点：①在高等教育机构中教学与研究的关系；②高等教育机构对质量和标准的策略；③质量保障体系的组织；④部门、学校、教师、其他组织单位和个人对质量保障的职责；⑤学生参与质量保障；⑥政策被实施、监控和修改的方法
对专业和学位授予的批准、监督和定期评估	高等教育机构应对本校专业和学历授予的批准、监督和定期评估建立健全的机制	对专业和学位的质量保障应包括：①制定和公布目的明确的学习结果；②对课程项目的设计和内容要谨慎；③需要明确不同类型的学习方式（全职、兼职、远程学习和网上学习）以及高等教育形式（学院的、职业的和专业的）；④适当可用的学习资源；⑤正式的项目审批程序；⑥监控学生的成就以及进步；⑦定期评审项目（包括外部小组成员）；⑧来自雇主、劳动力市场代表和其他利益相关者的定期反馈；⑨学生参与质量保障活动
学生评价	高等教育机构应该持续地运用已经公布的标准、规则和程序对学生进行评价	学生评价过程应包括：①应有目的地监测预期学习成果和其他专业目标的成绩；②找到适合的评价方式，无论是诊断性评价还是形成性评价抑或结果性评价；③对公布的标准有一个清晰的界定；④重视评估在学生进步中的作用，不要依赖于某一特定考官对学生所做出的评价；⑤充分考虑所有考试制度的后果；⑥对学生的缺席、疾病以及事由要有一个明确的规定；⑦按照规定的程序对高校进行评估，确保程序的准确性。此外，学生应对运行评估策略有清晰、明了的认识
教师的质量保障	①高等教育机构应多形式地确保教师在教学上是合格的，并能够胜任自己的教学；②在高校进行外部评估时，教师也能对此提供一些建设性的意见	高等教育机构应该确保对教师的招聘以及任命程序，对新任教师应制定一个最低水平能力要求；给予教师发展和扩展教学能力的机会；对教师实施一定的奖惩制

项 目	标 准	指南（细化标准）
学习资源和学生支持	高等教育机构应该为学生的学习提供充分的学习资源和为每一项专业都改善配备的资源	除了教师之外，学生利用多样性的资源进行学习，比如图书馆、电脑、顾问等，学习资源和其他机制的设计应该充分考虑学生的需求；高校应该定期对这些资源的有效性进行监督、检查和改善
信息系统	高等教育机构应有对信息收集、分析和应用的能力，以及对学生相关专业和学习进行有效的管理	信息系统至少应该涵盖：学生发展和成功率、毕业生的就业率、学生对他们专业的满意度、教师的有效性、学生简介、可利用的学习资源以及成本；高校的关键性指标
信息公开	高等教育机构应定期公布各专业和学位授予的相关信息，要确保信息的及时、精准	公布的信息包括毕业学生的就业去向、当前学生的简介，并且这些信息应是准确、公正和客观的

（资料来源：ENQA. Standard and Guidelines for Quality Assurance in European Higher Education Area(3rd edition)[M]. Helsinki：ENQA.，2009：16—19.）

表5-3 欧洲标准与指南——高等教育外部质量保障

项 目	标 准	指 南
外部质量保障程序的实施	外部质量保障程序应考虑"欧洲高等学校内部质量保障标准"中所列出的有关内部质量保障程序的有效性	高等教育机构要能够证明自身内部质量保障过程的有效性，以及是否这些流程合理保障了质量和标准
外部质量保障程序的发展	确定外部质量保障过程的宗旨和目标的主体应该是所有相关责任人（包括高等教育机构），并且还要在外部质量保障过程中加以公布说明	应该采用一个初步的影响评估去确保程序被适当地采用；应该开发和设计外部质量保障的方法
决策的标准	任何外部质量保障活动的正式决策的结果应该以正确公布的标准为基础，并且该标准一直贯穿于外部评估的活动之中	决策应该以发布的标准为依据，结论应该基于记录的证据
适于目的的流程	所有的外部质量保障过程的设计应该确保适合于预定的宗旨和目的	坚持专家进行外部质量保障活动，有适当的技能和能力来执行任务；为专家提供适当的演示文稿和培训；学生参与；确保审查的程序为结论提供充足的支持；自我评价的使用；质量保障的基本原则是制度改善和政策加强

（续表）

项　　目	标　　准	指　　南
评估报告	评估报告应该公开,内容应该清楚明了,能够为预设的读者所理解;报告中包含的任何决定、建议应该让读者易于找到	报告应包括描述、分析、证据、结论以及建议,这些都应有一个初步的解释,使得读者理解审查的目的;报告还应发布在易于访问的媒介上
后续程序	外部评估应该包括后续行动的程序,这样才能确保所提出的建议得到采纳,所提出的行动方案得到落实	外部质量保障不应以报告的公布而结束,应该包括一个结构化的后续程序,以确保适当的处理
定期审查	高校和专业的质量保障应该周期性地进行,周期的长度和审查的程序应提前明确并公布	质量保障是一个动态的过程,应用于外部审核的程序应该被外部质量保障机构界定,其对高校的要求不应高于实际应实现的要求
系统分析	外部质量保障机构应及时发表报告,阐明审查以及评估过程中所得出的一般结论	所有的外部质量保障机构要在整个高等教育系统中搜集大量的信息进行分析,这些信息可以为政策的开发和应用提供非常有用的参考

（资料来源:ENQA. Standard and Guidelines for Quality Assurance in European Higher Education Area(3rd edition)[M]. Helsinki：ENQA，2009：20—23.)

表 5-4　欧洲标准与指南——外部质量保障机构

项　　目	标　　准	指　　南
高等教育机构的外部质量保障程序	高等教育机构外部质量可信度的基础是外部质量保障标准和外部质量保障机构	外部质量保障标准应该与外部质量保障机构一起成为高等教育机构外部质量保障的基础
合法地位	质量保障机构应获得欧洲高等教育区内某些权力机关的正式认可	
活　　动	质量保障机构在院校和专业方面应该定期地举办活动	这些可能包括评估、审查、审计、认证以及其他类似的活动
资　　源	质量保障机构应有充足的人力和物力资源以保证工作能够高效地进行	

项　目	标　准	指　南
使命陈述	质量保障机构在公开声明中应有明确的、清楚的和公开的目的	这些陈述应该对外部质量保障机构的目的和目标进行描述，包括在高等教育机构中与利益相关者之间的劳动分工。该陈述应该明确外部质量保障过程是该机构中最主要的活动，并用系统的方法来实现目标
独立性	质量保障机构应独立于高校、政府和其他利益相关体	该机构的操作程序应该独立于高等教育机构和政府。该机构的程序和方法的定义和操作、外部专家的提名和任命、质量保障过程的测定结果应该独立于政府、高校和利益相关者。当利益相关者（尤其是学生）在咨询质量保障的流程时，质量保障的最终结果依旧为外部质量保障机构所保留
外部质量保障机构采用的标准和程序	标准和程序包括自我评估、外部评估、报告、验证行动方案的后续程序	外部质量保障机构应该时刻关注自身所宣传的原则，确保需求和流程能够按专业进行运作，结论和决定也能以一定的方式达到一致
绩效问责程序	外部质量保障机构应有一个问责程序	质量保障机构发布的政策应在网站上进行公布。强制的外部审查至少每5年一次

（资料来源：ENQA. Standard and Guidelines for Quality Assurance in European Higher Education Area(3rd edition)[M]. Helsinki：ENQA，2009：24—26.）

由以上表格可看出，高等教育机构内部质量保障、高等教育外部质量保障和外部质量保障机构这三大体系是相辅相成、互为依托的。表 5-2 中的高等教育机构内部质量保障是在高等院校内部，一般是高校自身为了提高本校的质量而进行的一系列质量保障，主要涉及对高校内部程序和教师教学的质量保障，其中尤为注重学生的主体地位。除高等院校的内部质量评估以外，还有外部质量评估。表 5-3 和表 5-4 中高等教育外部质量保障和外部质量保障机构两者是紧密结合的。表 5-4 外部质量保障机构的运行应该符合表 5-3 中高等教育外部质量保障的一些要求，两者结合起来作为高等教育质量保障的外部保障。在欧洲高等教育区不论是高等教育机构还是高等院校，其质量保障必须要符合《标准与指南》。

3. 质量保证形式

高等教育质量保证中最广泛使用的形式有评估、认证、审核和基准,其中最为普遍的是评估和认证。评估分为学科评估、学习项目评估、院校评估和专项评估4种,学科评估集中于评估高校所要求教授的学科;学习项目评估主要是对为了获得某一正式学位在学习项目之内而进行的教育教学活动的评估;院校评估主要是对院校内的各种活动的质量进行评估;专项评估主要是对教育领域中的一些专项的主题活动进行的评估。作为一种传统的质量保证形式认证,专项评估是对高等教育课程、项目以及学校是否达到最低或最高标准而做出的认可。其做出的结果是基于质量标准而给出的客观评定,并且是做出是或否的裁判。

相比之下,使用范围较窄的两种质量保证形式为审核和基准。审核是高等教育机构自身为持续监督和改善某一学科的教学、整个学校机构或是某一项目的质量而展开的评估形式,正如高等教育质量保证协会在《2001年欧洲机构评估报告》(*Institutional Evaluations in Europe of 2001*)中所提出的:“质量审计的关键问题是如何使高等教育机构知道自身所设定的标准与目标是否被满足。”[①]基准是通过比较和对照不同学科、学习项目、高等教育机构以及活动,从而从中选择出最佳的实践案例加以推广。在欧洲的质量保证形式之中,基准并不是一种常见的质量保证形式,最常见的基准类型是项目基准。

下面针对以上所述的质量保证形式列举一些欧盟成员国质量保证机构所采取的质量保证形式,如表5-5所示。

表5-5　欧盟部分成员国质量保证形式

国别	质量保证机构	对象	定期进行的质量保证活动	不定期进行的质量保证活动
英国	高等教育质量保障署	大学	学科评估、学习项目评估、院校审计	学科基准
波兰	国家认证委员会	大学或非大学	学习项目评估、学习项目认证	学习项目审计、院校审计

---

① The Danish Evaluation Institute. Quality Procedures in European Higher Education: An ENQA Survey[M]. Helsinki: European Network for Quality Assurance in Higher Education, 2003:19—20.

（续表）

国　别	质量保证机构	对　象	定期进行的质量保证活动	不定期进行的质量保证活动
挪　威	挪威联盟理事会	大学或非大学	学习项目认证	学习项目评估、院校评估、院校审计
丹　麦	丹麦教育评估院	大学或非大学	学习项目评估、学习项目认证	院校评估、专项评估
芬　兰	芬兰高等教育评估委员会	大学或非大学	学习项目评估、院校评估、专项评估以及院校审计	学习项目认证、院校认证、学科基准、学习项目基准、院校基准、专项基准
法　国	国家评估委员会	大学或非大学	院校评估	
德　国	德国认证委员会	大学或非大学	学习项目认证、院校认证	
意大利	国家大学评估委员会	大　学	学习项目评估、院校评估、院校认证、院校审计	专项评估、学科基准、学习项目基准
荷　兰	高等教育巡视署	大学或非大学	学习项目评估、专项评估、学科基准、院校基准、专项基准、学习项目基准	院校评估、院校审计
瑞　典	国际高等教育署	大　学	学科评估、学习项目评估、学科认证、学习项目认证、院校审计	专项评估、专项基准
葡萄牙	国家教师教育认证机构	大学或非大学	学习项目认证	
西班牙	加泰罗尼亚姊妹大学质量署	大　学	学习项目评估、专项评估	专项基准、专项评估

（资料来源：The Danish Evaluation Institute. Quality Procedures in European Higher Education：An ENQA Survey[M]. Helsink：European Network for Quality Assurance in Higher Education，2003：38—40.）

　　由表 5-5 分析出，这 4 种质量保证形式中最常见的形式就是评估，其中以学习项目的评估形式使用率最广，有 53％的使用率，主要流行于北欧、荷兰以及一些英语国家；其次就是院校评估，有 22％的使用率；最后是学科评估，有 14％的使用率。还有一种较为流行的形式就是认证,主要在德国、挪威和荷兰等一些国家的高等教育中采用。审计主要流行于爱尔兰以及英国的一些高等院校之中。基准最常见的类型就是项目基准,大约有14%的高校和机构使用这一形式。

(三) 案例分析

芬兰作为欧洲区域内最早在高等教育领域实施系统化评估的国家之一,早在 1995 年就成立了高等教育评估委员会(Finnish Higher Education Evaluation Council)。该委员会对高等院校进行外部评估,独立于高校行政机构和高校组织。因此,芬兰高等教育评估委员会是高等教育外部质量保证的实施机构,主要由来自高校的 5 名专家、技术学院的 3 名专家、工商贸易界 2 名代表以及学生代表 2 名组成小组对全国各高校进行审核[①]。高等教育评估委员会对各高校进行的审核为每 6 年一次。芬兰 2005 年开始了一次全国高校审核,直至 2011 年底,各高校完成了第一次审核或已经开始第二次审核。芬兰对已经审核通过的高校会颁发一定的质量认证,有效期为 6 年;没有审核通过则需再次接受审核,直至通过。此外,芬兰高等教育体系的内部质量保证由高校内部负责评估自身的教育教学质量活动。2013 年,芬兰教育与文化部发布了《2013—2015 芬兰高等教育评估计划》。该计划指出,芬兰教育与文化部把芬兰教育评估委员会、芬兰高等教育评估委员会、国家教育委员会合并成为教育评估中心,于 2014 年开始运转,如图 5-1 所示。

图 5-1　芬兰高等教育质量保证与评估活动的实施机构

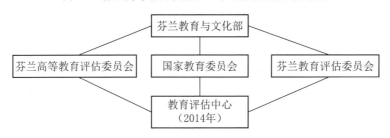

(资料来源:Ministry of Education and Culture, Finland. Education Evaluation Plan for 2012—2015[R]. Finland:2013.)

---

① 薛岩松.芬兰高等教育质量保障体系及对我国的借鉴意义[J].中国高等教育评估,2016(1):69.

由此可见,芬兰已经形成了较为完善的质量保证体系,其内外结合的质量保证体系与欧洲高等教育质量保证体系相适应,内外部质量保证标准也与《欧洲高等教育区质量保障标准与指南》相适应,并结合国情做了适当的调整。较完善的质量保证体系使得芬兰高等教育一直走在世界前列。

二、 国际战略

(一) 动力源泉

进入 21 世纪以来,全球社会化、知识社会化以及大学教育的普及,对世界高等教育的发展提出了挑战,因此必须找到适应当今高等教育发展的新途径。此外,信息以及经济的全球化不可避免地对教育制度和教育目标产生了深远的影响。在这个日益相互依赖的世界之中,通信网络正在迅速扩张,逐渐打破了文化的隔绝。就一个人的生存而言,拥有国际经验并能够流利地使用全球通用语言(英语)是完全必要的。在一些发达国家学习进修并获得专业知识、研究技能,与个人的职业规划休戚相关。人员输出国和东道主政治和经济状况的改善,有助于促进学生和高校教师的教育流动。这种强大的吸引力也是推动教育国际化的因素之一。许多留学生考虑,前往其他国家能够获得更好的学习机会,而自己国家的教育机会和教育资源并不能满足学生的期望,因此,这些学生就有可能去国外留学。此外,高等教育国际化之后,各国人员的流动可以给高等教育的发展带来契机,比如参与流动的高等教育机构之间可以拓展知识基础、丰富课程内容以及扩大研究领域,外国学生和教师的流动也可以拓展本国教师和学生的文化视野,还可以加强他们的国际理解能力,可以感受多元文化的魅力。

目前,欧洲为了应对高等教育新形势的发展,欧盟委员会"伊拉斯谟+计划"总目标是在 2014—2020 年要加强教育国际化,细化到高等教育领域的主要目标是:提高学生的技能和运用能力,致力于欧盟经济的竞争力;提高教与学的质量;实施高等教育现代化战略;"伊拉斯谟计划"中强化国际维度;支持"博洛尼亚进程"和与战略伙伴国家的政策对话。"教育与培训 2020 战略"中也指出要强化国际维度,尤其是在高等教育和青年计划方面。在国际化进程中,各国更倾向把重点放在学生与教师的流动、课程开发、语言技能的开发以及本土学生的国际化方面。

（二）国际合作

1. 学生与教师流动项目

欧盟高等教育国际化战略的重要组成部分之一就是促进教师和学生的跨国流动。高等院校之间教师和学生的流动不仅可以促进知识与文化的广泛传播，而且还有利于欧洲青年对"欧洲公民"身份的认同以及国际视野的拓展。欧洲各国教师与学生的交流开始于 20 世纪中后期，但只是停留在个人自发阶段。直到"伊拉斯谟计划"实施以来，学生与教师之间的流动才不断扩大。1987 年学生流动仅为 3244 人，但是到 2013 年增加至 26 万多人。2012 年，参与"伊拉斯谟"跨国计划的学生人数已累计 300 多万人[①]。相比于学生之间的跨国流动，教师的流动幅度较小，但是也一直呈上升趋势。1990—1991 年教师流动仅有 1400 人，1997—1998 年增至 7800 人，2000—2001 年急剧增加到 1.44 多万人，2012—2013 年增加到 5.26 万人。截至 2013 年，参与"伊拉斯谟计划"的教师流动的人数累计 35 万人[②]。"伊拉斯谟＋计划"中关于高等教育领域的人员流动可分为学生流动与教师流动。在学生流动方面，是致力于促使 200 多万名大学生去国外交流和学习；在教师流动，尤其是教师、讲师、学校领导和青年工作者的跨国交流方面，致力于 8 万多名教师、教育员工和青年工作者去国外教学和培训。"伊拉斯谟＋计划"关于学生与教师流动的目标与主要活动详见表 5-6。

表 5-6 "伊拉斯谟＋计划"学生与教师流动目标与主要活动

	学生流动	教师流动
目 标	为大学生提供更多、更好的机会，增强大学生的技能和能力，吸引国外最优秀的人才	发展高等院校教师的语言以及信息通信技术能力，提供去国外专业发展的机会

---

① European Commission. Erasmus Facts：Figures ＆ Trends：The European Union Support for Student and Staff Exchange and University Cooperation in 2012/2013[M]. Luxembourg：Publication Office of the European Union, 2012：10—15.

② 阚阅.多样与统一——欧洲高等教育一体化研究[M].杭州:浙江大学出版社,2016:150.

	学生流动	教师流动
主要活动	学生流动包括：①海外培训、与欧盟合作国家的交流；②学位流动，一些欧盟高等院校提供优质的硕士联合课程，可以吸引来自合作伙伴国家的优秀学生；③学生贷款，为了促进联合硕士学位在欧洲内部的流动	专业发展（参与结构化课程、国外培训活动、工作观摩、前往国外合作伙伴院校考察、教学分配等）

（资料来源：European Commission. Erasmus＋ Programme Guide[EB/OL].[2016-11-10]. https://ec. europa. eu/programmes/erasmus-plus/sites/erasmusplus/files/files/resources/erasmus-plus-programme-guide_en.pdf）

　　语言是人员跨国流动的最大障碍，"伊拉斯谟＋计划"为了促进人员的跨国流动，提出了"在线语言支持"（Online Linguistic Support）举措。"在线语言支持"的目的是帮助"伊拉斯谟＋计划"的参与者们改善和提高他们的语言能力。语言技能的缺乏依然是欧洲教育与培训流动的最大障碍。"在线语言支持"是"伊拉斯谟＋计划"的特定项目，以促进语言的学习和语言的多样性。"伊拉斯谟＋计划"的志愿者们在出国学习之前可以参加"在线语言支持"语言评估，检测他们的语言是否能用于学习、工作以及从事志愿者活动。对申请去国外学习的大学生来说，在交流之前进行语言能力的检测是必备条件，以确保自身是否满足推荐学校的各项标准。但是，语言评估的结果并不会阻碍申请者去参与"伊拉斯谟＋计划"。"在线语言支持"可以为参与者们提供一些在线语言学习课程以帮助他们在国外学习期间提高语言能力，包括一些辅导会议、慕课或者论坛等，这些语言课程一天24小时，一周7天都可以在线学习。

　　此外，"在线语言支持"针对初学者、中级和高级学习者都设定了不同等级的课程，不同等级的学习者可以针对性地选择不同的学习计划。论坛式的学习课程中，参与者可以在论坛上进行合作式的学习以及与一些学习者交流想法、经历和发现。"在线语言支持"的慕课针对任何人开放，学习者不仅可以提高自己的语言能力和还可以学习不同的技能，在学习过程中遇到问题还可以寻求老师的帮助。辅导会议就是1—6名学生组成一个学习小组，教师可以根据学生特定的需求进行针对性的教学。"在线语言支持"的在线语言学习可以使得申请出国学习的学生能够更好、更快地融入当地的学习生活中。

2. 学分互换项目

欧盟学分转换与积累制度(European Credit Transfer and Accumulation System, ECTS)是一项使学生能在不同国家进行交流与学习的学分制度。该制度基于课程的学习成果和课业的负荷量,可以使学生从一所大学流动到另一所大学。2005 年,欧盟委员会推出了《欧洲学分转换体系使用指南》(ECTS Users' Guide),并于 2009 年对此版本进行了修改。最新修改的版本于 2015 年 5 月的欧洲教育部长会议上通过并实施。一般情况下,欧盟成员国各高校学生完成了全日制一学年的正式学习,并获得了一定的学习结果后可以获得 60 个 ECTS 学分。学生学习任务量为每学年 1500—1800 学时,平均每学分要求为 25—30 个学时的学习。表 5-7 列举了欧盟主要成员国每学年及学分所代表的学时数以及实现途径。

表 5-7　欧盟主要成员国每学年及学分代表的学时数

国　家	每学年学时数(小时)	每学分学时数(小时)	实施途径
奥地利	1500	25	法律
比利时	1500—1800	25—30	法令
捷　克	1500—1800	25—30	实践、ECTS 的建议
丹　麦	1650	27—28	教育部公函
芬　兰	1600	27	国家委员会法律
法　国	1650	25—30	大学校长会议建议
德　国	1800	30	各州教育部长会议
希　腊	1500—1800	25—30	部长法令
意大利	1500	25	部长法令
荷　兰	1680	28	法律
葡萄牙	1500—1680	25—28	法令
西班牙	1500—1800	25—30	皇室法令
瑞　典	1600	26—27	高等教育条例

(资料来源:European Commission. ECTS Users' Guide[M]. Luxembourg:Office for Official Publications of European Communities,2009:59—60.)

随着人员的流动,学生能够在不同的国家或高校学习。学生在流动学习的过程中,其学分的平等转换变得尤为重要,这影响到学生日后的就业、提升以及资助等多方面的利益。因此,欧盟在 ECTS 中,专门制定出了评分规则(ECTS grading scale)来解决这一问题。评分规则分为 5 个等级段,即 A 等为最优秀 10%、B 等为优秀 25%、C 等为良 30%、D 等为合格 25%、最差的 10% 为 E 等。这五大等级是不同高校之间进行分数转换的参照工具。该规则在具体实施时,欧洲学分转换体系制定出了"ECTS 评分表"(ECTS Grading Table),2009 年修订的评分表使得评分体系变得更简单易操作,一直使用至今,详见表 5-8。

表 5-8 欧洲学分转换体系分数转换对照表

国家/院校分数 (国家/教育系统 A)	分数比例(%)	国家/院校分数 (国家/教育系统 B)	分数比例(%)
30 以上	5.6	1	20
30	15.7	2	35
29	0.5	3	25
28	12.3	4	20
27	11.8		
26	9.0		
25	8.2		
24	11.3		
23	2.7		
22	6.0		
21	2.3		
20	5.7		
19	1.9		
18	6.9		
合计	100		100

(资料来源:European Commission. ECTS Users' Guide[M]. Luxembourg:Office for Official Publications of European Communities,2009:43.)

由表 5-8 可看出,教育系统 A 中的 30 分或以上可以转换成教育系统 B 中的 1 分,教育系统 B 中的 2 分可以转换成教育系统 A 中的 26—29 分,以此类推,教育系统 B 中的 3 分可以转换成 A 表中的 23—25 分,B 表中的 4 分可以转换成 A 表中的 18—22 分。

3. 联合硕士学位计划

"伊拉斯谟世界联合硕士学位计划"(Erasmus Mundus Joint Master Degrees, EMJMD)是一项面向硕士层面的国际学习计划。"世界联合硕士学位计划"由来自"伊拉斯谟＋计划"的至少 3 个国家的高等教育机构组成的国际联盟组成。此外,还有一个或多个合作的伙伴国家组成的高等教育联合体。联合硕士学位计划的目的是在高等教育机构中促进卓越、质量改进、创新以及国际化;提高欧洲高等教育区的质量和吸引力,通过给来自全世界最优秀的硕士生提高奖学金来支持欧盟高等教育领域的对外行动计划;提高硕士毕业生的能力和技能水平,尤其是通过与之相关的联合硕士劳动力市场来提高就业率[①]。

EMJMD 使得不同国家之间能够进行学术和课程的交流。该计划一般持续 12—24 个月,作为联合学位计划中的一员要求至少在联盟国家中学习两个项目。来自世界各地的学生都可以申请世界联合硕士学位项目,在合作伙伴国家进行学习和研究。但是申请该项目的学生也必须满足三项要求:一是该学生必须拥有高等教育的学历或者有同等学力的学习,并获得根据国家立法和实践所授予的学位;二是如果该学生已经获得了 EMJMD 奖学金,将不再有获得其他额外奖学金的资格;三是在硕士阶段的学生最多可以申请 3 种不同的项目。申请成功的学生在学完半学期或一年之后可以获得由高等教育联盟授予的双学位或联合学位。依据课程的持续时间,EMJMD 可获得欧洲学分转换和累计体系中的 60 学分、90 学分和 120 学分。成功完成"伊拉斯谟世界联合硕士学位项目"的学生可以获得一个联合学位(一份学位证书至少代表两个高等教育机构的认可,并得到这些国家的认可)和多学位(至少获得两个高等教育机构颁发的两份学位证书),学生必

---

① European Commission. Erasmus ＋ Program Guide for 2016 [EB/OL]. [2016-11-15]. http://ec. europa. eu/programmes/erasmus-plus/sites/erasmusplus/files/files/resources/erasmus-plus-programme-guide_en.pdf.

须获得 EMJMD 所要求的全部 ECTS 学分,分为 60、90 和 120 三种类型。但是,此类学生的流动学习不能被远程教育所取代。

来自世界各地的学生都有申请伊拉斯谟联合硕士学位奖学金的资格。但是合作国家在审核这些学生时必须把地理因素考虑进去,比如有 3 名候选者来自同一国家并且是同一国籍可以申请奖学金,而具有双重国籍身份的学生在提交奖学金申请时必须明确指定的国籍。联合硕士学位的联盟国家也鼓励自费生的申请,大约有 25% 的名额。学生奖学金申请者将必须完成 EMJMD 项目,而且奖学金持有者不能把之前课程的学分转移到现在 EMJMD 项目的课程学分中去。此外,学生申请联合硕士学位项目奖学金涉及旅途费用,以及在整个硕士课程中的学费和生活费用,但根据课程持续的时间以及国籍的不同申请到的奖学金将会有差异。该奖学金包括学生参与花费,即学费、全额保险、学生参与课程的其他花费、学生旅途和安置费用,以及在整个联合硕士期间的生活津贴,如表 5-9 所示。

表 5-9 联合学位计划的资金支持

目 的	奖学金持有者
参与费用	可每年申请到来自合作国家 9000 欧元的支持, 可每年申请到来自项目国家 4500 欧元的支持
安置费用	可每年申请到来自项目国家 1000 欧元的旅途费用, 距离院校在 4000 千米之内每年可申请到 2000 欧元的资助,超过 4000 千米可申请到 3000 欧元的资助
生活津贴	EMJMD 学习项目每月生活津贴为 1000 欧元(最多两年),此类生活津贴并不包含学习、研究以及论文准备方面的资助

(资料来源:European Commission. Erasmus Mundus Joint Master Degrees[EB/OL].[2016-11-15]. http://ec. europa. eu/programmes/erasmus-plus/opportunities-for-individuals/students/erasmus-mundus-joint-master-degrees_en.)

(三) 案例分析

2013 年,欧盟委员会制定的高等教育国际化战略(European Higher Education in The World Strategy)旨在促进欧盟成员国和非欧盟成员国之间高等教育领域的合作与交流,主要包括:通过促进与全球其他国家高等教育之间的学习、合作及比较,来增强欧盟高等教育的质量;通过吸引国际留学生来促进欧盟高等教育的创新;拓展欧盟高等教育中学生的视野,提高就业能力,进而培养世界公民;增强欧盟在世界领域的地位[1]。欧盟高等教育国际化战略的目标主要通过"伊拉斯谟+计划"和"展望2020项目"来实现。欧盟高等教育国际化战略有一些针对欧盟与其他国家之间高等教育的合作项目,比如"欧盟与澳大利亚、日本、新西兰和韩国项目"(EU-ICI ECP Programme)是欧盟与澳大利亚、日本、新西兰和韩国四国之间的高等教育合作。ICI ECP项目主要是为项目参与国间的国际课程开发项目提供资金,可以有短期的项目,如"联合行动项目"(Joint Mobility Projects);也有长期的项目,如联合学位项目(Joint Degree Projects)中的联合学位和双学位。欧盟学生和参与合作的国家之间一般会花费一个学期或一年的时间进行交换学习,同时对这些学生或教师的跨国流动会有一定的资金援助。

此外,欧盟与美国高等教育之间也有类似的合作,"富布莱特-舒曼项目"(Fulbright-Schuman Program)是美国和欧盟进行高等教育交流的重要项目之一,由美国国务院和欧盟委员会教育和文化总司联合资助。项目基金主要用于美欧各国学生的学习、研究和讲座咨询[2]。为了促进"富布莱特-舒曼项目"的发展,该项目中的创新资助(Innovation Grants)致力于促进更好地理解欧美两地的关系,融入两地的文化。欧盟和美国高等教育领域的学生都有权利按要求申请"富布莱特-舒曼项目"的资助,以在这两地进行交流学习。

由此可见,欧盟的国际化发展战略不仅致力于欧盟成员国之间的合作与交流,也逐渐扩展到欧盟区域与国际领域。国际战略促进了欧盟成员国之间的合作与交流,使得联系更加紧密,同时也促进了欧盟高等教育走向世界,高等教育的发展紧跟国际步伐。

---

① European Commission. European higher education in the worldstrategy [EB/OL]. [2016-11-15]. http://ec.europa.eu/education/policy/international-cooperation/world-education_en.

② European Commission. EU-US Cooperation on Higher Education[EB/OL].[2016-11-15]. http://ec.europa.eu/education/policy/international-cooperation/united-states_en.

三、 公平战略

(一) 时代背景

20 世纪中后期,随着经济的发展,高等教育进入大规模扩张阶段,但是高等教育的扩张政策并没有充分满足处于社会不利地位的群体接受高等教育的愿望,即使在高等教育较为发达的欧洲地区,也会出现此种情况。英国政府一直致力于本国高等教育从精英教育向普及化、大众化发展。现今,高等教育的公平问题成为欧洲各国普遍关注的焦点。然而,欧洲实现高等教育的公平却还是任重道远。首先,欧洲各国有着不同的宗教和文化价值观,这就需要考虑如何平衡不同文化之间的公平。其次,教师很难确保自己能够公平地对待每一位学生,甚至是表现较差的学生,这在欧洲劳动力的长远竞争中是很值得关注的话题。最后,由于有些家庭经济水平较为低下,因此处于此类家庭的学生很可能迫于压力而不进入高等教育阶段。

面对此种形势,2007 年 5 月 18 日,欧盟在伦敦召开了新一轮的欧洲教育部长高峰会议,发布了有重要影响力的《伦敦公报》。公报以"迈向欧洲高等教育区:响应全球化世界的挑战"(Towards the European Higher Education Area:Responding to Challenges in a Global World)为主旨,着重探讨高等教育的入学公平问题[1]。同时,欧盟的"伊拉斯谟+计划"指出要通过增加弱势群体进入高等教育的机会来促进高等教育内的公平与包容。这些弱势群体主要包括:①身体或心理有残疾的人群;②学习困难的人群,即早期辍学者以及在校表现差的学生;③经济障碍,包括处于较低生活水平和经济收入的人群、依靠社会福利生活的人群、无家可归者以及长期失业群体等;④文化差异,包括移民、难民的后裔或者难民家庭、其他国家或民族的群体、语言以及文化难以适应的群体等;⑤社会障碍,包括性别、年龄、种族、宗教等方面的歧视;⑥地理障碍,即处于偏远地区,交通不便的群体。而在青年领域,欧盟出台了"包容与多样性战略"(Inclusion and Diversity Strategy)作为共同框架,支持青年更多地参与高等教育[2]。

---

① 姜勇,汪寒鹭.入学公平与欧洲高等教育改革[J].高教探索,2010(2):56.

② European Commission. Erasmus + Program Guide for 2016 [EB/OL]. [2016-11-15]. http://ec. europa. eu/programmes/erasmus-plus/sites/erasmusplus/files/files/resources/erasmus-plus-programme-guide_en.pdf. 11.

(二) 实施举措

1. 资金投入计划

"欧洲 2020 战略"指出,到 2020 年,欧洲区域至少应有 40％的年轻人(30—34岁)完成大专及同等学力的高等教育。这预示着提高高等教育入学率的必要性。高等教育的成本直接影响着学生高等教育的参与率和完成率,因此,对高等教育的资金投入是促进高等教育入学率的重要举措。自 2012 年"博洛尼亚进程"实施以来,整个欧洲高等教育区高等教育支出费用的总体情况大致平稳。为了使得欧洲高等教育区学生人口的多样化以及学生背景的差异性不成为影响他们进入以及完成高等教育的阻碍因素,从公共资金中为学生提供资金支持是一项非常重要的举措。目前,对学生高等教育的支持形式有公共资助、公开补贴贷款、对父母的税收优惠以及给予家庭津贴等形式。通过调查得知,在这些不同形式的支持中,补助金或资助金通常是最直接有效地公开支持学生的形式。不同于贷款提供的资金,补助金或资助金是无须偿还的。在丹麦、冰岛、挪威以及英国(苏格兰)大约有 30％的学生会申请贷款[①]。

在高等教育的第一阶段(学士阶段),大多数国家的部分学生需要支付高等教育费用。在欧洲高等教育区的国家中,除了冰岛以外,至少有一部分学生可以获得奖学金或资助金,比如丹麦、芬兰、卢森堡、荷兰以及英国。仅仅只有两个国家的大学生获得奖学金比例超过了 80％,分别是芬兰的 90％和卢森堡的100％[②]。鉴于高等教育资金投入的有限性,欧洲高等教育区区分出不同的支付高等教育费用的群体。首先,区分标准主要取决于学生的身份(全日制学生、非全日制学生和远距离学习者),一般非全日制学生会比全日制学生支付更高的教育费用,比如丹麦的全日制学生可以免除高等教育费用;其次,就是对于高等教育三个阶段的区分,在高等教育的第二阶段(硕士阶段)学生所获得的资助费用少于第一阶段,并且第二阶段的学生支付的费用往往也高于第一阶段。由此可见,欧洲

---

① European Commission. The European Higher Education Area in 2015: Bologna Process Implementation Report[EB/OL]. [2016-11-20]. http://eacea. ec. europa. eu/Education/eurydice/documents/thematic_reports/182EN.pdf 139.

② Ibid., 138.

高等教育区更倾向把第一阶段(学士)作为高等教育的公共教育支出,而对于第二阶段(硕士)则提供较少公共资源。

2. 入学公平原则

高等教育公平是要保证高等教育领域的学生享有公平的入学机会直至顺利地完成学业。欧盟在"博洛尼亚进程"中就指出,男女拥有平等的进入高等教育的机会是"博洛尼亚进程"社会维度关注的焦点之一。由欧洲高等教育区统计的 2008—2009 年欧盟国家女性就读高等教育率显示,欧盟所有国家中,除了塞浦路斯、土耳其等一些国家之外,在 2008—2009 年女性高等教育入学率都在 50% 以上。3 年之后,仅有塞浦路斯出现急剧增长的趋势。在 2011—2012 年,塞浦路斯女性高等教育的入学率增加了 22.04%。其他一些国家也有增长的趋势,但是增长幅度较小,如土耳其增长了 4.78%、立陶宛增长了 1.88%。然而,在爱尔兰,2008—2009 年女性高等教育入学比例过高,但到 2011—2012 年却出现了名额不足的情况,比例下降了 4%。这可能受爱尔兰在 2008—2013 年发布的《高等教育入学公平计划》(*Irish National Plan for Equity of Access to Higher Education*)的影响,促进了爱尔兰人的终身学习,吸引了更多的男性进入高等教育[①]。此外,男女性在高等教育领域选择的专业也有差异,男性都集中在计算机、工程、运输和安全服务以及建筑领域等,而这些领域仅仅只有不到 3% 的女性。相比而言,女性多集中于医疗、教育以及社会服务领域。

高等教育入学公平除了表现在性别不平等方面,另一方面就是移民和移民子女是否有与当地居民同等的进入高等教育的机会。在很大程度上,高等教育的完成率与中等教育的完成率密切相关。据欧盟统计局调查发现,在欧洲高等教育区的国家之中,移民子女比当地子女更有可能从教育与培训领域辍学。如在希腊,移民子女从教育与培训领域辍学的比例为 35.7%,这几乎

---

① European Commission. The European Higher Education Area in 2015: Bologna Process Implementation Report[EB/OL]. [2016-11-20]. http://eacea.ec.europa.eu/Education/eurydice/documents/thematic_reports/182EN.pdf107.

是当地居民子女辍学率的 5 倍①。

鉴于女性以及移民在高等教育入学方面存在不公平的现象,欧盟委员会提出要在欧洲高等教育区内扩大高等教育的入学率,主要集中在:整体提高这些弱势群体高等教育的参与率;针对弱势群体,实施具体的措施以实现入学机会均等。在北欧国家,如丹麦、芬兰和挪威,全面提高高等教育入学率以及改变管理高等教育的方式,使得更多的学习者可以参与高等教育;土耳其提出免费提供高等教育;丹麦和挪威为大学生提供助学金和贷款;德国、马耳他和英国逐渐增加大学的数量;比利时、法国、德国、希腊及意大利提高资金资助和完善各种学生设施,如住房、社会心理咨询、医疗支持以及照顾孩子的设施等②。此外,一些国家还为非母语学生以及农村地区的学生进入大学提供支持和援助。高等教育机构自身也开设了许多短期的学习项目等来提高弱势群体学生进入高等教育的学习机会。

3. 终身学习政策

终身学习政策可以拓宽高等教育学习者的学习机会。终身学习不仅意味着学习可以贯穿一个人的一生,也意味着学习者可以通过多种途径来获得资格和学历,如业余学习"博洛尼亚进程"中提到:"终身学习在满足不断变化的劳动力市场方面扮演着日益重要的作用,高等教育机构在转移知识和加强区域发展方面发挥了核心作用,包括能力的持续发展和强化知识联盟。此外,为终身学习者创建灵活的学习方式是很必要的"③。为了促进终身学习的发展以及让更多的人获得高等教育文凭,终身学习在高等教育领域正在逐渐开放,如高等院校正拓宽弱势群体学生的学习机会,以及逐步为已经就业的成年人提供更多的接受继续教育和专业培训的机会。为弱势群体学生提供一些接受高等教育的机会更是终身学习政策倾向的重点。面对以上发展趋势,奥地利、丹麦、捷克、芬兰、意大利等一些欧盟

① European Commission. The European Higher Education Area in 2015: Bologna Process Implementation Report[EB/OL]. [2016-11-22]. http://eacea.ec.europa.eu/Education/eurydice/documents/thematic_reports/182EN.pdf 114.

② Ibid., 117—118.

③ Ibid., 123.

成员国纷纷制定了有关终身学习的战略,要求高等教育面向大众开放,尤其是面向经济地位较低的群体,为他们提供更多的接受高等教育的机会,还通过国家提供经济资助的形式来促进非传统学生接受高等教育的机会[①]。大多数国家出台了政策文件来促进高等教育的灵活性,比如,"爱尔兰高等教育国家战略"(National Strategy for Higher Education)就指出,未来高等教育的形式应该灵活多变,高等教育机构应该满足不同学生群体的需求。

为了鼓励更多的群体进入大学接受高等教育,一些欧盟成员国制定出了不同的政策。例如,"先前学习认证"是以学习者以前经过正规或非正规学习取得的资格为基础,给以继续深造的机会,主要针对的是没有按正常形式上大学的学生,为没有达到传统学术要求的学生提供进入大学学习的机会。在"先前学习认证"这一领域具有比较完善制度的是法国。其主体一般是高等教育机构,学生可以通过"先前学习认证"拿到高等教育文凭。除此之外,还有一个重要的形式就是高等教育课程的灵活性。远程学习和网上学习成为最为普遍的灵活学习方式,学习者可以在任何时间和地点学习高等教育课程。这些课程尤其适用于成人学生。

(三) 案例分析

欧盟成员国中各国经济发展存在着差异,带来各国在教育上发展的不均衡。欧盟急需通过教育来促进各成员国之间价值观的交流,培养其宽容和非歧视的意识。不论是经济发展较好的法国、德国,还是经济发展较为落后的塞浦路斯、立陶宛等国家,都很注重促进高等教育的公平。对于促进高等教育公平这一问题,极其有效的策略就是加大对高等教育的资金支持,从而提高高等教育入学率。

作为欧盟成员国之一的塞浦路斯,在制定高等教育的发展策略上虽然不及欧盟中其他大国,但也极具特色,并且成效显著。塞浦路斯极其重视高等教育的发展,对本国高等教育的资金投入力度也大大增加。在塞浦路斯,高等院校的学生主要分为传统学习者和非传统学习者两种类型。传统学习者就是高等院校中

---

① 窦现金,卢海弘,马凯.欧盟教育政策[M].北京:高等教育出版社,2011:117.

全日制的学生,而对于非全日制的非传统学习者,塞浦路斯则是通过制定一些财政支持政策来促进其发展。此外,塞浦路斯教育部长理事会还根据学生社会经济条件制定了一揽子学生福利政策,包括增加塞浦路斯国家奖学金基金会的基金,为公立大学、私立大学、第三级公立教育机构的学生提供住宿、交通、生活补助,还为这些高等教育机构的学生购买教科书以及个人电脑等提供一定的补助[1]。

塞浦路斯为了促进高等教育公平出台的一系列政策使得本国进入高等教育的学生人数不断增加,也为经济水平较低的学生提供了福利,使得他们能够顺利地进入高校直至毕业。这一系列政策有效地提高了本国高等教育的入学率,降低了高等教育的辍学率,从而激发了学生进入高等教育的热情。

第三节　欧盟高等教育一体化发展战略的成就与挑战

早在 900—1100 年,欧洲最早的大学诞生之时,学生和学者就可以在整个欧洲大陆自由游走和传播知识。如果将这一流动的形式作为欧洲高等教育一体化的起点,那么这种协调、联合甚至融合从一开始就可以算作是欧洲大学的特质或是传统[2]。欧洲高等教育发展至今,高等教育中的一体化进程不断加强,欧盟在加紧促进高等教育一体化战略发展的进程中,其取得的成就是十分卓越的,但其在发展过程中也面临着一些挑战。

一、成就

(一) 满足了各成员国发展的需求

欧盟作为超国家组织机构,发展至今已经拥有了 26 个成员国。各成员国之间经济发展存在着较大的差异,发展程度也参差不齐。受经济发展水平的影响,教育发展水平也差异显著。欧盟成员国中发展较落后的国家一直想从发展较先

---

① 窦现金,卢海弘,马凯.欧盟教育政策[M].北京:高等教育出版社,2011:230.
② 阚阅.多样与统一——欧洲高等教育一体化研究[M].杭州:浙江大学出版社,2016:254.

进的国家中寻求教育合作与交流,欧盟在教育领域制定和提出的政策和计划正好为这一发展提供了契机。在欧盟高等教育一体化政策和项目的驱动之下,各成员国都从中获得了高等教育发展的契机。例如在"伊拉斯谟计划"和"伊拉斯谟＋计划"之下,致力于鼓励高等教育领域内学生和教师的自由流动,学生的跨国流动不仅可以促进各国经济的发展,还会为各国带来丰富的劳动力和新鲜的血液。教师的跨国流动可以促进本国学术以及文化的发展和传播,也为别国带来了先进的技术和理念。流动和交流实质上满足了各成员国的发展需求,不仅有教育上的需求,还有经济上的需求。在欧盟高等教育一体化政策的驱动下,发达国家可以向后进国家输送人才,而后进国家又可以向发达国家输送劳动力,从而实现了各成员国互惠互利的发展局面。

(二) 增强了"欧洲公民"意识

1992年《马斯特里赫特条约》就已经提出了"欧洲公民"的概念,要求欧盟国家的每一个人不仅是成员国的公民,而且也是整个欧盟的公民,但是该概念的实质在欧洲一直没有得到很好地践行。有人认为:"新塑造的欧洲公民意识的确不会一蹴而就,但是各国的教育合作和人口流动会缩短这一过程。教育政策实施的目的是为了唤醒欧洲人集体文化中的认同意识。"[①]欧盟高等教育一体化发展战略之中的国际战略有力地促进了成员国之间的教育合作,通过学分互换、联合学位计划等一系列措施来促进学生与教师之间的国际流动。学生以及教师在流动的过程中促进了国家跨文化的交流与理解,各国之间的文化和意识交流不断加强。这就使得欧洲人对于欧盟一体化有所依赖和归属,同时在国际交流之中也增加了欧洲集体认同感的培养。不论是前期的"伊拉斯谟计划"还是"伊拉斯谟＋计划"都重点鼓励人口的自由流动,鼓励学生和教师的自由流动,鼓励青年工作者的自由流动,而人口的流动反过来又打破了欧盟各国成员对本国特有的归属感,使对本国的归属感上升到对欧盟这一整体的归属感。

此外,欧盟作为区域一体化水平较高的机构,其文化早在形成时期就已具有一定的相似性。欧盟高等教育一体化发展的培养目标使得各国大学在培养模式、

---

① 陈晓律,陈伯清.欧洲社会的整合与欧洲认同[M].北京:中国大百科全书出版社,2010:331.

课程设置、教学形式等方面都为实现文化认同而服务,学校之间的跨文化交流课程成为传播欧洲文化、实现文化认同的主要推动力。

(三) 由"欧洲化"扩展到"国际化"

起初欧盟高等教育领域所提出的一系列发展战略是为了"欧洲化",而具体实施下来,欧盟的高等教育一体化发展战略却成功地促使欧盟高等教育的"国际化",主要体现在教育观念的国际化、课程的国际化以及人员的国际交流等方面。

首先,教育观念的国际化主要是欧盟高等教育不仅仅局限于一国的教育,而是鼓励各国之间高等教育要投射到欧洲区域乃至国际区域。"欧洲 2020 战略"提出,要使整个欧洲致力于在高等教育领域进行更大范围的国际合作与交流,提高教育与培训领域的国际化水平。欧盟高等教育政策已经从注重欧洲区域的交流和合作发展到鼓励欧洲区域走出去进行交流与合作。其次,课程设置的国际化。欧盟高等教育一体化的发展战略增强了欧盟区域内成员对欧洲文化的认同,也传播了欧洲文化,但是,为了使得培养的学生在欧洲劳动力市场和国际市场都有较强的竞争力,欧盟极为重视欧盟成员国之间合作课程的开发,通过课程模块的跨国构建、外语学习的强化和国际性专题课程的设置,从而有力地促进了学生的国际竞争力。最后,欧盟高等教育一体化最显著的成就就是人员的国际流动,欧盟高等教育政策鼓励学生和教师之间的跨国流动,从起初的鼓励欧洲区域内的流动,进而到鼓励国际领域的跨国流动。据统计显示,"伊拉斯谟计划"和"伊拉斯谟＋计划"的实施,从整体上增强了高等教育的欧洲化和国际化水平,并为提高欧洲高等教育的国际知名度发挥了重要作用[①]。

二、 挑战

(一) 欧盟中"逆一体化"现象的出现

欧盟高等教育的一体化与整个欧盟一体化之间的关系是相辅相成的,高等教育一体化得益于政治经济一体化的发展,反过来又促进政治经济的一体化。目前,随着国际金融危机、债务危机、乌克兰冲突和恐怖主义袭击等一系列事件的

---

① 阚阅.多样与统一——欧洲高等教育一体化研究[M].杭州:浙江大学出版社,2016:151.

发展,欧盟中逐渐出现了"逆一体化"现象,这就为高等教育一体化的发展蒙上了阴影。早在 1992 年丹麦全民公投否决了建立经货联盟和政治联盟的《马斯特里赫特条约》,随后 2005 年 5 月 29 日和 6 月 1 日,法国和荷兰相继在全民公决中否决了作为欧盟首部宪法的《欧盟宪法条约》,导致它最终被《里斯本条约》所取代①。

2016 年 6 月 24 日引起全球广泛关注的英国脱离欧盟(以下简称"脱欧")公投已尘埃落定,最终过半数的民众支持"脱欧",表明英国与欧盟长达 43 年的成员国关系的终结。英国的"脱欧"是欧盟历史上第一次有成员国宣布退出欧盟一体化进程。英国作为欧盟成员国中具有较大影响力的国家,它的"脱欧"举动无疑使得一些"疑欧论"思想在欧盟内部广泛传播。在英国成功"脱欧"之后,英国独立党(The UK Independence Party)领袖法拉奇(Nigel Farage)宣称欧盟已"日薄西山",法国、荷兰、瑞典和丹麦的极右翼领导人立刻呼吁本国举行类似的公投②。所以,在英国成功"脱欧"之后,是否会引起其他一些欧盟成员国效仿,已成为欧盟现今面临的现实考验。英国"脱欧"使得欧盟一体化发展处于十字路口,而未来欧盟高等教育的发展仍然需要欧盟一体化的进一步推进,需要良好的发展环境。这一良好的发展环境需要欧盟成员国齐心创造。

(二) 成员国利益与欧盟利益的纷争

欧洲共同体产生于各国急需经济的发展来振兴整个欧洲的时期,随着一体化的不断深入进而影响到教育领域。面对着世界各国高等教育的急剧发展,美国始终位于高等教育强国之列,而作为大学起源地的欧洲区域,高等教育的发展却日渐落后于美国。为了重振欧洲高等教育,使得欧洲高等教育走向世界,欧盟委员会在高等教育方面制定了一系列卓有成效的政策。欧盟各成员国在高等教育一体化发展战略之下也获取到了一定的利益,各国高等教育发展迅速。但是欧盟各成员国在共同利益之下却难以平衡自身的利益。例如,早在 2003 年欧盟委员会就在欧洲法院上指出,比利时和奥地利的相关法律与欧盟的立法相违背。此举

---

① 张业亮.英国脱欧:欧洲一体化进程的一次重挫[J].唯实:环球经纬,2016(10):88.
② 同上,2016(10):89.

被认为是对欧盟委员会的一种反抗。作为利益受损国的奥地利则直接对欧盟的欧洲法院说出:"欧洲法院应牢记教育是一种保留给国家政府的政策领域。并且近几年,欧洲法院已慢慢系统地扩展了欧盟的职权,比如欧洲法院裁决外国学生进入奥地利高等教育机构,这明显属于本国法律管辖的范围。"①

由此可见,欧盟一体化的发展进程中如何平衡各成员国的利益依然是考验,在高等教育一体化的发展领域也不例外。国家利益与共同体之间利益的平衡是欧盟高等教育一体化发展的前提条件。

(三) 欧盟高等教育一体化发展的自身困境

教育作为一国意识形态的传播途径,主要功能是将该国的社会价值观传递给该国的公民,并借此来培养国家的良好公民。在欧洲大学的发展史上,教育与国家政策之间的关系显而易见,很多大学的建立是民族、国家诞生的重要标志,并且这些大学对于培养国家的政府部门、医疗以及教育机构专业人员发挥了至关重要的作用。教育与文化认同是紧密联系的,高等教育机构是构建文化认同的重要工具。鉴于此,欧盟的相关调查研究也显示,绝大多数欧盟成员国的公民认为教育政策应保留在各成员国的层面。因此,欧盟的成员国一直在严守着本国的教育自主权②。欧盟高等教育一体化与欧盟成员国民众所坚守的教育自主权似乎有些背道而驰。

近年来,欧盟成员国对欧洲法院以司法积极主义的方式推进教育一体化的批评不断高涨③。与此同时,欧盟在教育领域一直因缺乏透明度、民主合法性而遭受批评,主要表现在欧盟中的机构,总是以某种方式对成员国的教育部门施加影响,甚至有些影响是在不具有教育职权的情形之下进行的。因此,在教育领域随着一体化的进程的不断深入,欧盟正面临着该如何保持教育的多样性,以及各成员国的教育自主权的考验。

---

① 阚阅.多样与统一——欧洲高等教育一体化研究[M].杭州:浙江大学出版社,2016:265.

② 同上,2016:258.

③ Sacha Garben.EU Higher Education Law:The Bologna Process and Harmonization by Stealth[M]. The Netherlands:Kluwer Law International, 2011:221.

第四节 欧盟高等教育一体化发展战略的启示

高等教育的发展不仅可以促进本国经济及社会的发展,还可以促进国际交流与合作。随着高等教育发展的国际化趋势,我国作为负责任的大国,必须要有国际意识。欧盟高等教育一体化的发展战略所取得的成功经验值得我们学习和借鉴,我们可以根据本国高等教育发展的具体情形,从而有选择地借鉴欧盟高等教育发展的经验,促进本国高等教育的发展。

一、提高高等教育质量

自 1999 年高校扩招以来,我国高等教育经过大改革、大建设,取得了显著的成就。直至 2013 年,我国在校大学生总规模已达到 3460 万人,毛入学率达到34.5%,高等教育进入后大众阶段[①]。在高等教育大规模扩张的历史进程中,引发了社会各界对高等教育质量的持续关注和担忧。《国家中长期教育改革和发展纲要(2010—2020 年)》中明确指出:"提高质量是高等教育发展的核心任务,是建设高等教育强国的基本要求。"[②]现阶段,我国高等教育质量存在的问题主要表现在:高等教育整体质量不能充分适应和促进社会经济发展的需要;高校人才培养质量,即学生的知识、能力和素质都有待提高;高校教学质量缺乏对课程、课堂和学生投入性学习的高度关注等方面[③]。面对高等教育质量存在的一些问题,我国也采取了一系列相应的举措来促进高等教育质量的提高。如创新高等教育评估范式,实现评估主体的多元化;创立高等教育质量认证机制,形成高等教育监控主体的多样化,除政府监控高等教育质量之外,还有其他非政府性质的监控形式。

在高等教育国际化的进程中,高等教育质量发展的国际化也是不可或缺的,从欧盟高等教育质量保证机制的发展,我们可以得到一些启示:为了有效地应对

---

① 张安富,张忠家.中国高等教育质量与水平研究[M].北京:高等教育出版社,2016:1—4.
② 国家中长期教育改革和发展规划纲要(2010—2020)[Z].中国网:http://www.china.com.cn/policy/txt/2010-03/01/content_19492625_3.htm. 2010-3-1.
③ 张安富,张忠家.中国高等教育质量与水平研究[M].北京:高等教育出版社,2016:46—52.

国际竞争以及教育的大众化,欧盟提出了多样化的高等教育质量标准,使得培养目标多样化;高等教育的质量保证规则除了有高等教育自身的内外部质量保证,还有外部质量保障机构的保证;在对高等教育的评估上,欧盟成立一些半官方专门机构来对高等教育机构进行专门的评估,而我国高等教育的质量评估基本是政府行为。因此,欧盟这些质量保证方面的成功经验值得我们借鉴。

二、 合理应对高等教育国际化的挑战

20 世纪 80 年代以来,我国高等教育就已开始进入国际发展的轨道,但是发展速度较慢。直到 20 世纪 90 年代以后,随着一系列支持政策的出台,高等教育深化体制改革,我国高等教育国际化开始发展迅速,在学生交流、教师流动、课程设置等方面的国际合作与交流取得了较大进步。在国际化进程中,我国需警惕由高等教育国际化带来的各种考验。我国在推进高等教育国际化的进程中,会面对来自他国更加激烈的市场争夺,如欧盟高等教育一体化的发展战略,建立的欧洲高等教育区的最终目的是为了增加欧洲大陆的高等教育竞争力,并与美国高等教育相抗衡,其背后的深层次意义是要争夺高等教育市场。因此,我国要在高等教育国际化的进程中增强高等教育的国际竞争力,在与发达国家的高等教育交流中,变留学生输出国为输入国,留住和吸引优秀的人才。

此外,在高等教育国际化进程中面对的又一大挑战是跨文化冲突。跨文化冲突是指不同文化、亚文化之间的相互对立、相互矛盾和相互否定[①],其中最典型的就是中西方文化的冲突。因此,我国在国际化的进程中必须要处理好本国传统文化与接受国外教育文化的关系。

三、 优化教育资源,促进高等教育公平

目前,高等教育公平随着高等教育的发展,逐渐受到各国的关注。早在 1998 年,世界高等教育会议就倡导在世界范围内争取所有人都能平等地接受高等教育。我国一直比较关注高等教育公平问题,并且在《中华人民共和国高等教育法》

---

① 付红,聂名华,徐田柏.中国高等教育国家化的风险及对策研究[M].北京:人民出版社,2015:135.

第九条中已明确规定:"公民依法享有高等教育的权利。"[1]其内涵是指公民接受高等教育的权利平等,即任何公民不论其民族、性别或者宗教信仰等如何,都享有平等地接受高等教育的权利。

自20世纪90年代,我国高校开始大规模扩招以来,加速了高等教育的发展,青年接受高等教育的机会显著增加,但城乡差距、地区差距、性别差距,以及民族差距在很大程度上影响着我国的高等教育平衡。比如,我国各地高考入学率存在巨大的差异,东部沿海地区入学率相对较高,中西部地区入学率则相对较低。欧盟在促进高等教育公平过程之中所积累的一些经验值得我们借鉴,欧盟高等教育公平战略之中就注重高等教育政策向弱势群体倾斜。

高等教育公平的实现很重要的影响因素就是,不同社会阶层本身具有不同的经济地位和文化背景,家境殷实的学生可以拥有较好的学习条件,文化程度较高的父母可以给学生较好的教育氛围。对于这种情况,欧盟主要是使得高等教育政策向弱势群体倾斜,加大资金投入和关注力度,帮助经济情况或文化背景不佳的学生可以拥有平等的入学机会。我国可以借鉴欧盟合理利用以及优化配置高等教育资源的做法,从而使得经济较落后的学生享有更多的进入高等教育的机会。

四、 加强高等教育的区域合作

随着欧盟高等教育一体化发展战略的实施,各国积极贯彻落实了高等教育的相关政策,各国高等教育在合作的过程中,不仅使得欧洲高等教育区的发展更加紧密,而且也增强了欧洲高等教育的国际竞争力和活力。相比较而言,我国高等教育的发展水平在世界总体衡量中还是远远落后于发达国家,单靠个别高等院校的发展难以与发达国家的高等院校竞争。

因此,除了加强高等教育的国际合作与交流,还应在本国加强高等院校之间的合作与交流,加强水平相当的高等院校之间的合作。例如,长三角地区高等教育的合作与发展,该地区经济发展水平较接近,教育水平相当,可以借鉴欧盟高等

---

① 田晶.高等教育公平问题研究[M].北京:中国水利水电出版社,2013:30.

教育合作的理念,根据国情吸取一些有价值的经验并使之本土化,加强长三角地区高等教育的合作。高等教育的区域合作不仅可以有效地带动周边地区高等教育的发展,同时也可以增强我国高等教育的国际竞争力。

第五节　结　　语

欧洲一体化进程从 20 世纪 50 年代末始于经济领域,在 20 世纪 70 年代开始表现于教育领域。随着经济、政治一体化进程的加快,教育一体化,尤其是高等教育一体化逐渐被提上议程。在欧盟发布了一系列政策报告和计划的影响之下,欧盟高等教育一体化进程逐渐推进。欧盟高等教育一体化进程的强化,不仅促进了欧盟成员国之间高等教育的交流与合作,而且还顺应了高等教育国际化的趋势,使得欧洲地区的高等教育逐步走向全球。在此发展之下,对欧盟高等教育一体化问题的研究成为欧洲学术界关注的焦点。目前,我国在高等教育发展中遇到了困境,我们可以走向国际,寻求一些能够适应本国发展的成功经验。因此,欧盟高等教育一体化的发展也越来越引起中国高等教育界的关注。

本章主要从以下 4 个方面对欧盟高等教育一体化发展战略进行具体的分析。第一部分,主要是以时间为轴,从"史前"时期、奠基时期、渐进时期、战略核心时期4 个时间段来分别介绍欧盟高等教育一体化发展的进程。第二部分,主要阐述欧盟高等教育一体化发展战略主要集中表现于质量战略、国际战略、公平战略这三大领域,之后再具体分析每一发展战略所采取的一些政策、项目和计划。第三部分,主要集中于对欧盟高等教育一体化发展战略所取得成就的总结,以及分析其发展过程中所面临的挑战。第四部分,鉴于欧盟高等教育一体化发展战略取得了显著的成效,这一部分主要是结合我国高等教育发展所面临的困境来汲取一些适合本国国情的发展经验。

本章的结论是欧盟高等教育一体化发展战略在一定程度上取得了积极的成果,如满足了各成员国发展的需求,增强了"欧洲公民"意识等,同时在发展过程中也遇到了一些困难和挑战。但是,欧盟高等教育一体化在发展实践中成功地推进了欧洲高等教育国际化的发展,其成功的经验值得我们借鉴和思考。

然而,本章关于欧盟高等教育一体化发展战略的研究还存在若干问题,有待进一步的研究和分析。首先,对于欧盟高等教育一体化发展战略中所面对的挑战,本章只是处于浅显的分析阶段,没有进行深入的分析。对于欧盟高等教育一体化发展战略的成因和动力机制没有进行深入的研究。其次,随着我国高等教育逐步走向国际舞台,开始国际化,在借鉴欧盟高等教育一体化发展战略的成功经验,促进我国高等教育的发展,以及我国与其他国家高等教育的交流和合作方面还有待于进一步探讨和分析。

第六章

案例分析:联合国教科文组织女童教育政策的发展和特点

女童教育不仅是教育问题,同时也是涉及经济、政治、人口、民族等各方面的广泛的社会问题。提高女童的受教育水平不仅有利于女童自身的发展,而且有利于促进经济和社会的发展,有利于人口素质的整体提高。但是女童在教育中的弱势处境由来已久,目前,在很多发展中国家,女童还是无法享有和男童一样的入学机会。女童教育问题已经成为全球普遍关注的热点问题。联合国教科文组织(以下简称教科文组织)自其诞生以来,便被赋予了天生的和平意愿和自由精神,且一直坚持不懈地致力于"促进男女平等、建立男女心中的和平",而女童作为教育中的弱势群体,一直是该组织重点关注的对象。

第一节 21 世纪之前,联合国教科文组织
女童教育政策的历史演变

自教科文组织成立以来,女童教育一直是重点关注领域,其女童教育政策与该组织的历史发展之间关系密切。因此,通过对教科文组织历史发展的梳理和对其女童教育政策的分析,将其女童教育政策的历史发展分为以下 4 个阶段。

一、20世纪40—50年代：从价值性目的出发，主张为女童提供平等的受教育权

1945年11月伦敦会议的胜利召开标志着教科文组织的正式诞生。该组织的诞生与第二次世界大战有着密不可分的关系，因此，教科文组织自诞生之日起便被赋予了"天生的和平意愿和自由精神"。作为教科文组织第一任总干事，朱利安·赫胥黎认为："教科文组织应赋予所有个体人的尊严、相互的尊重和均等的受教育机会。"①教科文组织的自由精神吸引着来自世界各地、满怀希望的知识精英们。他们积极推动着教科文组织对自由和平等的追求。

1945年，教科文组织成立了"基本教育"专门委员会，同时强调"基本教育"不仅是一场扫盲运动，而且应该包含社会中的所有成员(儿童、成人、妇女和男人)，为他们提供与人类基本活动相关的最为基本的教育②。其中，女童和妇女在基础教育方案中占有非常突出的地位。为了进一步有效保障女性的权利，联合国于1946年设立了妇女地位委员会。1947年，教科文组织召开了16个关于妇女的会议，在成员国之间进行了关于妇女接受高等教育、职业教育等情况的调查，并向该委员会提交了具体领域的统计数据和报告。这为妇女地位委员会的工作做出了重大贡献，同时教科文组织还加强与妇女地位委员会的合作，以促进更多的女童和妇女接受教育。1949年12月，教科文组织总干事海梅·托雷斯·博德特在"妇女受教育机会均等障碍"会议上表示："幼儿与母亲之间的沟通，使女性在整个人类的发展过程中起到非常重要的作用。为女童和妇女的教育和文化权利呼吁不仅仅是两性平等的理解，更是人类建立持久和平的先决条件。"③女童作为未来的母亲，其接受教育的权利自然应该被重视。

1952年7月，由教科文组织和国际教育局召集的、在日内瓦召开的国际公共

---

① Julian Huxley. UNESCO: Its Purpose and Its Philosophy[M]. Washington D.C.: the Public Affairs Press, 1948.5—6.

② 滕珺.价值理性与工具理性的抉择——联合国教科文组织教育政策的话语演变[J].教育研究，2011(5):92—100.

③ UNESCO. Education of Girls and Women[EB/OL].[2018-9-11] http://www.unesco.org/education/educprog/50y/brochure/tle/146htm.

教育第 15 届大会认为,"每个人不分性别,应当享有《世界人权宣言》赋予的所有权利和自由,并且这种平等性适用于各个领域,尤其是教育领域"。大会还向各国教育部提出了关于促进女童和妇女接受各类教育的建议和计划,具体包括基础教育、职业教育和高等教育等①。1960 年,教科文组织在巴黎举行的第十一届会议上回顾了 1948 年联合国提出的《世界人权宣言》中"人人享有接受教育的权利"及"确保所有儿童接受小学免费义务教育的权利"等规定,同时通过了《反对教育歧视公约》,提出:"联合国教育、科学及文化组织在尊重各国不同教育制度的同时,不但有义务禁止任何形式的教育歧视,而且有义务促进人人在教育上的机会平等和待遇平等"。

教科文组织成立到 20 世纪五六十年代,一直坚持"平等""自由"的初衷,致力于促进个人的人权受到普遍的尊重,其中教育权的平等也一直是其工作的中心,女童作为教育中的弱势群体是教科文组织重点关注的对象。

二、 20 世纪 60 年代:从工具性目的出发,主张为女童提供更多的受教育机会

20 世纪 60 年代左右,声势浩大的民族独立运动在世界范围内展开,大批新独立的民族和国家要求加入教科文组织。截至 1962 年,共有 26 个新独立的国家加入教科文组织,占其会员国总数的近 1/4②。但对于这些国家来说,政治的独立并不等于社会和经济的独立,要想获得真正的独立,他们必须解决经济和社会发展问题。

与此同时,舒尔茨的"人力资本理论"正在西方社会广为流传。舒尔茨认为人力资本主要指凝集在劳动者本身的知识、技能及其所表现出来的劳动能力,这是现代经济增长的主要因素,是一种有效率的经济③。舒尔茨还对

---

① 赵中建.全球教育发展的历史轨迹:联合国教科文组织国际教育大会建议书专集[M].北京:教育科学出版社,2005:102—107.

② 滕珺.价值理性与工具理性的抉择——联合国教科文组织教育政策的话语演变[J].教育研究,2011(5):92—100.

③ 段钢.人力资本理论研究综述[J].中国人才,2003(5):26—19.

1929—1957 年美国教育投资与经济增长的关系做了定量研究,在教育和经济增长之间构建了一座桥梁,教育被认为是经济增长的重要投资。因此,20世纪 60 年代,教科文组织的女童教育政策的制定更倾向促进独立国家经济和社会发展。

在此背景下,教科文组织开始了针对亚非拉的扫盲活动,并先后发布了"卡拉奇计划"(Karachi Plan, 1960)、"亚迪斯亚贝巴计划"(Addis Ababa Plan, 1961)和"圣地亚哥计划"(Santiago Plan, 1966)[①]。该时期的行动纲领一开始以"基础性扫盲"为主要目标,旨在通过读写算技能的获取,满足个人最基本的学习和生活需求。1965 年,由教科文组织和国际教育局召集的国际公共教育大会第 28 届会议在日内瓦召开。会议上正式提出"要积极努力提高扫盲教育和成人教育"。会议特别提到:"由于文盲中女性所占比例较高,因此应重视女童和妇女的扫盲教育,并应该为此创造各种必需的条件,以确保尽可能在相同的条件下给予女性与男性同样的教育,使她们除了能获得改善家庭生活状况、提高家庭生活水准并取得个人社会成功所需的全部知识和信息之外,同时还能获得在国家和社会生活中有效进行合作所必需的知识和信息"。

20 世纪 60 年代后期,扫盲目标开始呈现出"功能性扫盲"的特征,即"扫盲是社会经济发展的必要条件"[②]。此时,教科文组织强调扫盲是追求社会经济发展的关键战略。因此,这一时期教科文组织对女童和妇女的扫盲和教育多是从促进新独立的民族和国家经济发展和社会发展的角度出发,更多地体现工具性目的。

三、 20 世纪 70—80 年代:随着终身教育和女性主义的兴起,重新强调女童平等受教育权

终身教育最早出现在 1965 年 12 月教科文组织成人教育计划处处长保尔·

---

① 欧阳忠明,黄慧.扫盲教育:逐渐走向时代终结? ——基于联合国《阅读过去,书写未来——扫盲五十年》的思考[J].现代远程教育研究,2018(2):53—64.

② Cárceles, G. World Literacy Prospects at the Turn of the Century: Is the Objective of Literacy for All by the Year 2000 Statistically Plausible? [J]. Comparative Education Review, 1990, 34(1):4—20.

朗格朗向第三届国际成人教育会议提交的一份报告中。他认为："终身教育所意味的，并不是指具体的实体，而是泛指某种思想或原则，或者说是指某种一系列的关系与研究方法。概括而言，也即指人的一生的教育与个人及社会生活全体的教育的总和。"①此后，终身教育理论在教科文组织内部兴起，并逐渐占据主流地位。终身教育的理念突出了教育对人适应工作和职业变化的作用，还强调了教育在人的个性发展、人格铸造和行动能力方面的重要意义，另一方面也突出了个人平等接受教育的重要性。

与此同时(20世纪60—70年代)，国际上正在兴起第二次女性主义思潮。与第一次女性主义思潮单纯强调教育权利的平等不同的是，第二次女性主义思潮不仅强调女性的教育权利，而且力图去除关于"两性差异"本质上的不平等，主张实现课程内容、课程价值取向和课程控制等方面的性别平等。

在这一背景下，促进女性的权利和地位的平等成为当时教科文组织教育工作的重点，同时也受到了联合国的重点关注。1972年，联合国妇女地位委员会24届会议将1975年定为"国际妇女年"，并确定该年的重要活动是召开一次专门讨论妇女问题的世界性政府间会议，即第一次世界妇女大会。在此背景下，联合国第一次世界妇女大会于1975年在墨西哥首都墨西哥城召开。会议上还将1976—1985年定为"联合国妇女十年：平等、发展与和平"。1975年的"国际妇女年"和"联合国妇女十年(1976—1985)"为教科文组织提高女童和妇女教育权利和地位提供了新的动力。1979年，联合国大会上通过了《消除对妇女一切形式歧视公约》，其中第三部分第10条专门提到了女性教育问题："缔约各国应采取一切适当措施以消除对妇女的歧视，并保证妇女在教育方面享有与男子平等的权利，特别是在男女平等的基础上保证在学前教育、普通教育、技术、专业和高等技术教育以及各种职业训练方面的男女平等；接受成人教育(包括成人识字和实用识字教育)的机会相同，特别是要尽早缩短男女之间存在的教育水平上的一切差距等。"②

① [法]保罗·朗格朗.终身教育导论[M].北京:华夏出版社,1988.55.
② 联合国.消除对妇女一切形式歧视公约[EB/OL].[2018-09-20]. http://www.un.org/womenwatch/daw/cedaw/text/econvention.htm.

这一时期,在终身教育理论和女性主义思潮的影响下,联合国和教科文组织都十分重视女性平等接受教育的权利,并通过会议和公约的形式保障女性平等的受教育权。

四、 20 世纪 90 年代—21 世纪初:提倡对女童受教育权和教育机会的重视

在 20 世纪 80 年代,教科文组织仍然致力于教育扫盲工作,同时还和联合国儿童基金会一起致力于为儿童,特别是农村地区的女童,提供教育。在 20 世纪 80 年代初,欧洲南部国家扫盲普及比例超过了 90%,拉美的几个主要国家识字率为 97.8%,东亚和东南亚国家也达到了 85%以上[①]。但 1990 年的《世界全民教育宣言》显示:"在 1990 年全球仍然有 1 亿多儿童,其中至少有 6000 万女童,没有机会接受初等小学教育;成人文盲高达 9.6 亿,其中三分之二为女性,并且在所有国家,功能性文盲是一个很大问题。"[②]

全民教育第一次出现在教科文组织的会决议上是在 1983 年。但直到 1990 年 3 月,在泰国宗迪恩召开的世界全民教育大会上,全民教育才被各国政府、国际组织以及教育专家所接受。全民教育的基本目标是要满足人基本的学习需求,以帮助人们获得生存和发展的能力,并有尊严。与"基本教育"有所不同的是,全民教育不再仅仅强调人的工具理性,而是从人生存和发展需求的角度,将人的价值理性与工具理性融合于"人的基本受教育权"这一概念之中。《世界全民教育宣言》第三条提出"普及入学机会并促进平等",其中"最紧迫之事就是要确保女童和妇女的入学机会,改善其教育质量,并消除阻碍她们积极参与的一切障碍,应该摈弃教育中任何有关性别的陈规陋习"[③]。1995 年《北京宣言》提出:"采取一切必要措施,消除对妇女和女童的一切形式歧视,并移除实现两性平等、提高妇女地位和赋予妇女权力的一切障碍",同时主张要"确保男女在教育方面机会均等和

---

① Cárceles, G. World Literacy Prospects at the Turn of the Century: Is the Objective of Literacy for All by the Year 2000 Statistically Plausible? [J]. Comparative EducationReview, 1990, 34(1).4—20.

②③ UNESCO. Towards Lifelong Education for All-Education of Girls and Women[EB/OL]. http://www.unesco.org/education/educprog/50y/brochure/tle/148.htm, 2018-9-12.

待遇平等"①。1996 年在约旦安曼召开的"国际全民教育论坛"中期会议上,教科文组织总干事马约尔肯定了 6 年来全民教育在基础教育阶段取得的显著进步,但是指出"妇女和女童教育仍然全民教育的重中之重"。该论坛还建议:"一些国家需要立法来实现女童和男童,以及农村和城市地区学生能接受同样的义务初等学校教育,学校环境需要有利于女童,这首先意味着要有一个安全的学习环境,学校时间表应当更加灵活、课程也应当包括女童特别感兴趣的科目。"②

2000 年,世界全民教育论坛通过的《达喀尔宣言》明确了到 2015 年要实现的全民教育六大目标,其中目标五对女童接受教育的情况做出了规定,重点要求解决性别问题,并呼吁在 2005 年之前取消中小学教育中的性别差异,并在 2015 年以前实现教育方面的男女平等,重点是确保女童有充分和平等的机会接受和完成高质量的基础教育。同年,联合国还提出"千年发展目标",其中目标二和目标三部分提道:"普及小学教育,确保不论男童或女童都能完成全部初等教育课程";"促进两性平等并赋予女性权利,最好到 2005 年在小学和中学教育中缩小两性差距,至迟于 2015 年在各级教育中消除此种差距"。自此,教科文组织的女童教育政策不仅强调教育权利的平等,也非常注重教育机会的均等,同时一直致力于为女童创造良好的教育条件。

第二节　21 世纪以来,联合国教科文组织女童教育政策的主要内容

教科文组织的年度报告曾重点分析过"性别与全民教育"这一重大问题,报告认为:"在教育领域内,性别完全平等意味着机会、过程、结果平等。机会平等指的是,男童和女童进入学校的机会相同,也就是家长、教师和社会在这个方面没有性

---

① 联合国.北京宣言.[2018-10-15]. http://www.cepal.org/cgi-bin/getProd.asp?xml=/oig/noticias/noticias/7/55137/P55137.xml&xsl=/oig/tpl-i/p1f.xsl&base=/tpl/imprimir.xsl.

② 赵中建.全球教育发展的历史轨迹:联合国教科文组织国际教育大会建议书专集[M].北京:教育科学出版社,2005:262—270.

别歧视。学习过程中的平等是:男童和女童受到相同的对待和关注;在课程、教学方法和教学工具方面免受陈规旧习和性别歧视的影响;可以有相同的学业导向;在接受建议时也不受性别歧视;可以使用相同数量和质量的教育设施。结果平等是学习结果、受教育年限、学术资格和文凭不因性别而不同。"[①]

简言之,教科文组织所倡导的两性教育公平包括教育机会公平、教育过程公平和教育结果公平,其中教育机会公平和教育过程公平是其结果公平的重要基础。因此,21世纪以来,教科文组织女童教育政策主要着重于两个方面,即:强调教育机会公平,主张为女童提供平等的受教育权和教育机会;强调教育过程公平,主张为女童创造良好的学习环境。

一、 强调教育机会公平：主张为女童提供平等的受教育权和教育机会

21世纪以来,强调为女童提供平等的受教育权和平等的教育机会仍然是教科文组织女童教育政策的重点内容。2005年9月,170多名国家和政府首脑参加了在纽约联合国总部举行的世界首脑会议。该首脑会议再次声明性别平等是一项人权,同时也是实现千年发展目标的核心。

（一） 教科文组织对女童平等受教育权和教育机会的重视

2005年1月10日—2月4日,教科文组织主持了关于女童和妇女教育及培训的在线讨论会议。该会议将"教育是赋予女童和妇女权力的基本要素"作为第四周的讨论主题。会议认为,根据女童和妇女的实际需求设计的优质教育有利于提高她们的能力,而且能使她们获得更多的机会。因此,为女童提供平等的受教育机会对于改变一些歧视女童的社会态度和行为至关重要。2006年12月在联合国大会上通过的《残疾人权利公约》第六条规定:"第一,缔约国确认残疾妇女和残疾女童受到多重歧视。在这方面,应当采取措施,确保她们充分和平等地享有一切人权和基本自由。第二,缔约国应当采取一切适当措施,确保女童和妇女充

---

① 联合国教科文组织.全民教育全球监测报告 2003/4:性别与全民教育——实现平等的跨越[2018-10-15]. https://unesdoc.unesco.org/ark:/48223/pf0000132513/PDF/132513eng.pdf.

分发展、地位得到提高、能力得到增强，目的是保证女童和妇女能行使和享有本公约所规定的人权和基本自由。"[①]这有利于确保女童，尤其是残疾女童，享有平等的教育权利和教育机会。

2010 年，教科文组织总干事伊琳娜·博科娃在"国际妇女节"的致辞中表示："我将竭尽全力推动女童和妇女在教育、科学、文化、传播与信息方面的权利……我呼吁教科文组织的合作伙伴把女童和妇女的平等权利与平等机会列为你们各项政策的重中之重，这是建设一个更加安全、公平与和平世界的必要条件。"[②] 2011 年教科文组织启动了"更好的生活，更好的未来"(better future, better life)全球女童和妇女教育伙伴关系，旨在加强女童和妇女教育、促进教育公平，为所有成员国创造更美好的生活和未来。2012 年 12 月 10 日，教科文组织在巴黎总部举行"支持马拉拉——受教育是女童的一项权利"活动，强调将女童受教育权作为人类的一项基本权利来维护，帮助女童接受教育是可持续发展和持久和平的先决条件之一，同时活动还呼吁各国政府出台更多相关政策保证每个女童上学的权利。

2015 年底，教科文组织在巴黎总部通过并发布了《教育 2030 行动框架》，其中具体列出了与教育内容相关的 7 个具体目标。目标 1 是："到 2030 年，确保所有女童和男童接受完全免费、公平和优质的中小学教育，获得相应、有效的学习成果"。目标 2 是："到 2030 年，确保所有女童和男童获得优质的早期儿童发展、保育和学前教育，为接受初等教育做好准备"。目标 3 是："到 2030 年，确保所有女人和男人平等获得负担得起和优质的技术、职业和不同形式的高等教育"。目标 4 是："到 2030 年，大幅度增加拥有相关技能的青年和成年人数量。这些技能包括为就业、获得体面工作和创业的技术和职业技能"。目标 5 是："到 2030 年，消除教育中的性别差异，确保残疾人、原住民和弱势儿童等弱势群体平等获取各级教育和职业培训"。目标 6 是："到 2030 年，确保所有青年和大部分成年人，男性

---

① 联合国. 残疾人公约 [EB/OL]. [2018-10-09]. https://www.ohchr.org/EN/HRBodies/CRPD/Pages/ConventionRightsPersonsWithDisabilities.aspx#main.

② 联合国教科文组织.总干事伊琳娜·博科娃 2010 年"国际妇女节"的致辞[EB/OL].[2018-10-11]. https://unesdoc.unesco.org/ark:/48223/pf0000187024/PDF/187024eng.pdf.

和女性,获得读写和计算能力"。目标 7 是:"到 2030 年,确保所有学习者获得促进可持续发展所需的知识和技能,包括通过教育实现可持续发展和可持续的生活方式、人权、性别平等、促进和平与非暴力文化、全球公民意识、理解文化多样性和文化对可持续发展的贡献"①。

《教育 2030 行动框架》的 7 个目标都强调了男女学生接受平等教育与培训的权利,其中目标 1、目标 2 和目标 3 强调了平等接受幼儿教育、初等教育和中等教育的权利与机会;目标 3 和目标 4 强调了男女青年平等地享有获得职业技术教育的权利;目标 7 则强调了所有学习者享有促进可持续发展所需的知识和技能等,这均体现了对女童平等受教育权和受教育机会的重视。

(二) 各成员国对女童受教育权和教育机会平等的重视

在教科文组织对女童平等受教育权和教育机会的倡导之下,各成员国纷纷响应这一号召。例如,加纳共和国教育服务司(Ghana Education Service)在 1997 年专门设立"女童教育组",以减少教育方面的性别差距、确保女童平等入学机会。2005 年,加纳教育服务司同加纳儿童权利机构(Child Rights)和加纳国家教育运动联盟(Ghana National Education Campaign Coalition)发动了一项名为"支持女童教育"的运动。该运动主要在加纳的阿克拉、库马斯等地举行,其口号为"支持女童教育"。尼日利亚于 2006 年制订"国家行动计划"(National Action Plan),提出"消除性别差异及加强女童和妇女的教育是实现全民教育目标和千年发展目标的重要基础之一"。挪威政府于 2012 年 11 月启动"性别平等行动计划"。该计划包含了 86 项新的政策措施,涉及社会不同领域的性别平等,其总目标为确保幼儿园、小学和中学的教育有利于社会公平,保障所有人平等接受教育的权利②。

童婚和早孕一直是阻碍女童获得平等受教育权和教育机会的重要因素。针对这一现象,成员国都采取了相应的应对措施。例如,在 1994 年国际人口与发展大会上颁布的行动计划中,签署国同意强制实施针对童婚的法律。一些地区条

---

① 联合国教科文组织.教育 2030 行动框架[EB/OL].[2018-10-20]. https://unesdoc.unesco.org/ark:/48223/pf0000245656/PDF/245656eng.pdf.

② 联合国教科文组织.成员国报告:支持女童和妇女受教育权[EB/OL].[2018-11-01] https://unesdoc.unesco.org/ark:/48223/pf0000227859/PDF/227859eng.pdf.

约,包括《非洲人权和人民权利宪章》和《非洲妇女权利议定书(2004)》,也敦促政府阻止童婚。在 55 个有数据可查的发展中国家,大多数国家在 1990—2000 年间已经提高了女性和男性的法定结婚年龄;在 2010 年,158 个国家有法律规定 18 岁为无须父母同意的女性法定结婚年龄①。基于"全民教育"的倡议,约旦政府一直致力于为所有人提供平等教育机会,主张"不论种族、性别或宗教,平等地为每个人提供教育机会"。关于女童教育,约旦政府坚持"通过引导父母和教师强调女童接受教育的重要性,同时要注意早婚、早育对女童教育的危害性"。瑙鲁共和国在 2011 年教育法案中规定"确保每个孩子都能平等地受教育",2013 年初提出《权利平等法案》(*Equal Opportunity Bill*),即"教育平等应基于性别、种族、年龄、婚姻及怀孕(特殊情况除外)等方面的平等"。该法案的提出有助于保护女童因怀孕或生育而受到歧视②。

为女童提供平等的受教育权和教育机会不仅是教科文组织女童教育政策的重点,也是各成员国实现教育平等的重要基础。尤其是对于一些女童受教育权得不到保障的国家来说,对女童受教育权的强调应成为其教育政策的重点。教科文组织在主张教育领域政策和方针的设计、落实、检测中,重视男女教育的差异与发展,实现男女平等受益,这为各成员国制定各自的女童教育政策提供了依据,有利于克服以往发展理论和发展战略的社会性别盲点,为女童享用各种资源和机会及实现自身发展提供了政策保障。

二、 强调教育过程公平:主张为女童创造良好的学习环境

从表面上看,很多国家已有男女平等受教育的法律和制度保障,女童接受教育的机会应该是公平的。但事实上,这种形式上的机会平等并不能保证教育全过程的性别公平。换言之,在教育机会和教育资源的享有、教育过程的发展期待方面,女童仍然处于弱势地位。因此,为促进女童教育的发展,必先扫除其接受教育的阻碍因素,为女童创造良好的学习环境。

---

① 联合国教科文组织.2000—2015 年全民教育:成就与挑战[M].北京:教育科学出版社,2015:169.
② 联合国教科文组织.成员国报告:支持女童和妇女受教育权[EB/OL].[2018-11-01] https://unesco.org/ark:/48223/pf0000227859/PDF/227859eng.pdf.

（一）主张降低女童入学成本

教科文组织资料显示，家庭生活与经济上的困顿是导致很多发展中国家女童入学率低、辍学率高的直接原因。因为在资源有限的家庭中，男孩总是优先考虑的对象。对此，教科文组织表示"至少在学费占家庭学校教育开支很大比重的地区，学费最好分若干年取消"。教科文组织同时主张成员国专门制定一些政策，鼓励父母把孩子送到学校上学，如用以补偿儿童损失的"工资"、奖学金计划、（在严密管理的环境下）学校供餐计划等①。

撒哈拉沙漠以南的非洲在学费方面的变化最为明显，自 2000 年以来，已经有 15 个国家采取措施取消小学教育费用（7 个国家通过宪法或其他形式的立法、8 个国家通过非立法的政策措施）。例如，贝宁政府在 2000 年取消了农村公立小学所有女童的学费，也门政府在 2006 年也取消所有女童的小学学费。同时，通过对教科文组织教育数据库的分析，发现在 107 个中低收入的国家中，已经有 94 个国家通过立法的形式取消初中教育学费，这在很大程度上促进了女童初中入学率的提高②。

与此同时，很多国家还主张通过奖学金和津贴的形式鼓励贫困家庭送女童上学。在柬埔寨，女童从小学升入初中时，政府会提供特殊的"过渡奖学金"，该奖学金以女童的上学出勤率和成绩进步为条件。这一奖学金的设立使女童续读初中的比例从 22％上升到 32％，对贫困背景的女童影响最大。巴基斯坦的旁遮普省于 2003 年设立了"女子学校补助计划"，主要针对识字率最低的公立学校的 6—8 年级女童。该计划在前 4 年使女童入学率从 11％上升到 32％③。

此外，学校供餐计划是另一个有效提高发展中国家贫困女童出勤率、减少其辍学率的重要策略。例如，柬埔寨的学校供餐计划为大约 58 万儿童提供了校内餐，为 1.9 万儿童（其中多数为女童）提供了拿回家的口粮。这项计划先后被写入柬埔寨的《2003—2015 年全民教育国家计划》和《2006—2010 年教育计划》，成为政府降低高辍学率（特别是小学高年级辍学率）和提高学业完成率的重要手段。

---

① 王舟.女童教育研究二十年的回顾与反思——我国教育研究的个案分析[D].西北师范大学:2018.
② 联合国教科文组织.2000—2015 年全民教育:成就与挑战[M].北京:教育科学出版社,2015:166—168.
③ 联合国教科文组织.2000—2015 年全民教育:成就与挑战[M].北京:教育科学出版社,2015:168.

这两项教育计划将学校供餐确立为一项教育战略,力求帮助弱势儿童,特别是女童,获得更加平等的教育机会。

(二) 扩展和改进学校基础设施建设

增加学校数量和改进学校基础设施建设是教科文组织为女童创造良好学习环境、促进女童教育发展的又一重要策略。根据教科文组织资料显示,女童的入学率和出勤率与上学距离之间的关系十分密切,落后地区尤为明显。如内罗毕的贫民窟父母会担心女童到校和回家的安全问题。在对乍得 179 个村庄的研究中发现,当学校不在自己的村里时,儿童入学率急剧下降,并且距离越远,女童入学率比男童下降更快。阿富汗古尔省的一项研究随机地选择村庄新建小学,结果发现,整体入学率提高了 42 个百分点,而且女童的入学率比男童增加 17 个百分点。因此,增加学校数量、缩短儿童的上学距离是一些地区提高女童入学率和出勤率的有效措施。然而,面对不断减少的学龄人口,一些国家政府已经决定减少偏远地区学校的数量。针对这一情况,教科文组织建议,"此类决策需要考虑到可能对性别不均造成潜在的影响"。

此外,完善学校基础设施建设,尤其是卫生设施建设,在一定情况下有利于女童入学率和出勤率的提高。女童由于特殊的生理原因,更加需要独立、安全的卫生设施。2000 年的《达喀尔行动纲领》强调,安全独立的卫生设施供给是提高女童出勤率和营造更加平等的校园环境的关键战略。教科文组织 2010 年《全民教育全球监测报告》显示,对 2005—2009 年间来自发展中国家的 44 份教育规划进行评述时,发现有 25 份包含了改进学校供水和卫生设施的策略[①]。同时,各国际组织,如联合国儿童基金会、世界卫生组织等也纷纷主张加强落后地区学校的供水和卫生设施。在有数据可查的 126 个国家中,小学卫生设施的平均覆盖率从 2008 年的 59％上升到 2012 年的 68％;在 52 个最不发达国家和低收入国家中,这一比例从 35％提高到 50％[②]。但需要注意的是,直到 2018 年全球仍有近 9 亿儿

---

① 联合国教科文组织.2010 年全民教育质量检测报告[EB/OL].[2018-11-2].https://unesdoc.unesco.org/ark:/48223/pf0000186606/PDF/186606eng.pdf.

② 联合国教科文组织.2000—2015 年全民教育:成就与挑战[M].北京:教育科学出版社,2015:171—172.

童在他们上学期间不得不面临缺乏卫生设施的问题,其中撒哈拉沙漠以南的非洲,以及东亚、东南亚地区的一些学校卫生设施最差。这对儿童的受教育机会、总体健康状况均产生了较大的负面影响,尤其是青春期少女,如果没有适当的清洁和卫生设施,很容易导致她们在经期缺课。

因此,增加学校数量、加强学校卫生设施建设仍然是一些落后地区,如撒哈拉沙漠以南非洲以及东亚和东南亚等地区,应长期坚持能有效促进女童教育发展的重要战略。

(三) 提高教师质量,重视培养教师的性别敏感意识

由于男女学生存在性别差异,教师在教学过程中需要对这种性别差异具有准确、全面和科学的认识,这是教师实施良好教学的基础。而女童,尤其是不发达国家和地区的女童性别差异表现得尤为明显,两性平等课堂更有利于女童教育的发展。因此,教科文组织主张各成员国加强培养教师的性别敏感意识,这不仅有利于教学质量的提高,而且有利于学生个体性别意识的形成,更有利于为女童创造良好的学习环境。教科文组织主张从改善教师教育的质量、提高教师性别意识和改进陈旧的课程观念、制定促进两性平等的课堂等方面培养教师的性别敏感意识。

教科文组织 2013—2014 年《全民教育质量检测报告》显示,改善教师教育质量、提高教师性别意识,有利于为更多的孩子提供优质教育[①]。提高教师的性别意识需要给男女教师提供相关培训,提高他们对性别的理解,形成正确的看法和期望,这样他们与学生互动时就不会因性别问题伤害学生,而且有利于教师采取更具针对性和科学性的教学行为,符合学生因性别差异而产生的不同需求。非洲妇女教育家论坛(The Forum for African Women Educationalists)研究了促进两性平等的教学模式。这一模式包括培训教师学会采用性别公平的教学与学习材料、课程安排和交流策略,同时主张制订策略消除性骚扰、鼓励促进性别平等的学校管理办法等。自 2005 年以来,已经有 6600 多名教师接受了关于如何更好地使用

---

① 联合国教科文组织.2013—2014 年全民教育质量检测报告[EB/OL].[2018-10-25]. https://unesdoc.unesco.org/ark:/48223/pf0000226662/PDF/226662eng.pdf.

这一模式的培训。

一些国家的课程仍然存在传统的性别刻板印象,仍将女性置于不平等的位置,严重阻碍了男女学生平等地学习。例如,巴基斯坦的一本中学英语语言教科书中很少出现关于女性正面形象的案例,有些学校甚至认为女童没有必要上体育课,只有男童才需要体育锻炼,女童更适合参加烹饪和缝纫等活动[①]。在这种情况下,培养教师性别敏感的意识,促进其改变陈旧的教学材料和课程观念是非常有必要的,而且性别平等的课堂更有利于男女学生成绩的提高。如果课程不承认、不解决包容问题,就会冷落弱势群体学生,从而限制她们开展有效学习的机会。例如,教师需要避免使用强化性别观念的例子,如父亲(读报纸)和母亲(准备晚餐),或者医生(男)和护士(女)等。因此,应鼓励教师开发促进性别平等和包容的课程,确定教学材料中不包含与性别有关的消极的陈旧规定,消除课堂上的性别歧视。

(四) 平衡男女教师比例,增加落后地区女教师数量

为促进全球女童教育的发展,教科文组织主张各成员国应为教师提供一切机会,充分激发他们的积极性和活力,以最大限度地发掘儿童的学习潜力,并且对弱势女童给予特别关注。教师的素质决定了教育系统的质量,因此,政府务必要确保为女童提供最合格、最优秀的教师,这就意味着需要大批数量相当且质量优秀的男女教师。但目前的情况是,在不同教育层次和不同地区之间,男女教师的人数严重失衡,落后地区尤其如此。例如,在撒哈拉沙漠以南的非洲,小学女教师数量不足,而且这个问题在中学更加突出。在有数据可查的国家中,43%的国家女教师人数占教师总人数的比例不足 40%,同时 72%的国家初中女教师占教师总人数的比例不足 40%。在尼日尔,女教师在小学、初中和高中所占的比例逐步减少,分别为 46%、22%和 18%。南亚和西亚也存在同样的问题,如在尼泊尔,女教师在小学、初中和高中所占的比例分别为 42%、27%和 16%[②]。

同时,教科文组织 2013—2014 年《全民教育质量检测报告》显示:"在某些情

---

① 联合国教科文组织.教师教育政策和实践的性别平等指南[EB/OL].[2018-11-01]. https://unesdoc.unesco.org/ark:/48223/pf0000231646/PDF/231646eng.pdf.

② 联合国教科文组织.2013—2014 年全民教育质量检测报告[EB/OL].[2018-10-25]. https://unesdoc.unesco.org/ark:/48223/pf0000226662/PDF/226662eng.pdf.

况下,女童在校的教育表现与学校女教师的数量有很大关系,即女教师数量越多,女童接受教育的比例越高、教育表现越好,且落后地区表现得尤为明显。"[1]因此,教科文组织主张落后地区增加女教师数量,实现男女教师均衡发展,以更好地促进女童教育的进步。

教师本身应受过良好的教育,必须具备关于所教科目的深厚知识,同时掌握教学所需的基本技能,然而,严格的资格要求限制了从事教职的女性人数,特别是来自弱势群体妇女的数量。如在老挝,鲜有少数民族妇女成为合格教师,其部分原因是完成学业的女性人数本来就非常少。针对这一问题,部分国家采取措施鼓励师范院校招收更多的女学生。如在莫桑比克,国家教育部鼓励师范院校将更多的位置分配给女学生,使女学生的比例尽量保持在50%。这一措施使一至五年级女教师人数在1998—2008年间增加了两三倍,六七年级的女教师人数增加了五倍。

此外,由于各地区发展情况不一样,容易导致女教师数量分布不均,而且与男教师相比,在落后地区工作的女教师人数会更少,其原因包括缺乏良好的居住环境,卫生设施落后,甚至可能存在威胁人身安全的因素等。例如,在阿富汗首都喀布尔,女教师的数量是男教师的两倍,但在乌鲁兹甘省这样比较偏远且不安全的地区,连一名具备最低任职资格的女教师都找不到。要解决女教师分布不均问题,政府需要从多方面考虑,其最有效的措施包括:为女教师提供住房、津贴和更快的晋升机会等;聘用当地女教师,有助于填补教学职位的空缺,而且有助于避免人才的流失。

(五) 正确处理校园性别暴力

根据2012年联合国儿童基金会的报告,校园性别暴力被定义为"在学校内外发生的被迫的身体或心理遭受的性行为或性威胁",具体包括性骚扰、性虐待、体罚和欺凌[2]。校园性别暴力可能导致学生缺勤率上升、表现不佳、辍学、自尊心下

---

① 联合国教科文组织.2013—2014年全民教育质量检测报告[EB/OL].[2018-10-25]. https://unesdoc.unesco.org/ark:/48223/pf0000226662/PDF/226662eng.pdf.

② Special representative of the secretary-general on violence against children. Tackling violence in schools: a global perspective bridging the gap between standards and practice[EB/OL].[2018-11-20]. http://srsg.violenceagainstchildren.org/sites/default/files/publications/Tackling%20Violence%20in%20Schools%20final.pdf.

降、抑郁和性传播疾病的产生,不利于学生的学习和健康。教科文组织 2015 年的报告显示,校园性别暴力可能给全世界数百万儿童的教育带来破坏性影响,其中女童更容易遭受校园性别暴力①。2007 年撒哈拉沙漠以南的非洲的一个区域调查报告显示,在接受调查的 229 所学校中,有 41% 的校长表示自己的学校发生过校园性暴力,其中 40% 的校长表示"这种情况经常出现"②。2014 年联合国儿童基金会的一项调查显示,在 40 个中低收入国家有 10% 的青春期女孩(15—19 岁)表示"发生过强迫性性行为",如在喀麦隆有 30% 的女学生表示和男同学被迫发生过性关系③。同时,资料还显示,在很多国家,教师也是校园性暴力的肇事者,如科特迪瓦教育部 2010 年的一项调查发现,有 47% 的教师曾与学生发生过性关系④。此外,孟加拉国、印度、尼泊尔和巴基斯坦都曾报道过教师对女学生的性暴力行为。

校园性别暴力对女童的影响是巨大的,不仅会影响她们的学习成绩、提高辍学率,而且可能出现早孕等情况,从而使她们接受教育的权利受到限制。马拉维发布的一项调查显示:"61% 遭受过校园性暴力的女孩表示,校园性暴力严重影响了她们的学习成绩。"⑤教科文组织 2015 年《全民教育检测报告》也显示:"校园性暴力创造的不安全因素直接导致女童入学率降低。"这一情况在阿富汗、巴基斯坦和巴布亚新几内亚等国家表现得尤为明显。

由于校园性别暴力侵犯了女童的受教育权、破坏了教育质量,教科文组织已多次组织召开专题研讨会,推动各国际组织和各成员国重视并解决这一难题。2017 年教科文组织和联合国妇女署发布了《校园性别暴力全球指导纲要》。该全球指导纲要建议成员国从加强立法、设置与性别健康有关的课程或活动、实施培训教师及加强对教师不端行为的监管,以及建立有效的协作机制等方面着手解决校园性别暴力问题。

具体而言,要做到以下方面:第一,教科文组织主张各成员国要通过立法的

---

① 联合国教科文组织.2000—2015 年全民教育:成就与挑战[M].北京:教育科学出版社,2015:179—182.

②④⑤ 联合国教科文组织.联合国妇女署.解决校园性别暴力全球指导纲要[EB/OL].[2018-12-05]. https://unesdoc.unesco.org/ark:/48223/pf0000246651/PDF/246651eng.pdf.

③ UNICEF. Hidden in Plain Sight: A Statistical Analysis of Violence against Children[EB/OL].[2018-12-05]. http://files.unicef.org/publications/files/Hidden_in_plain_sight_statistical_analysis_EN_3_Sept_2014.pdf.

形式清楚地传达反校园性暴力的信号。如坦桑尼亚 2009 年通过的《儿童法》提出"保护儿童免受各种形式的性别暴力的侵害",菲律宾 2013 年通过的《反欺凌法案》要求"所有学校采取反欺凌措施"。此外,芬兰、澳大利亚、韩国等国明确立法,保障学生享有安全的学校环境。第二,教科文组织建议成员国通过增加性别健康的教育课程和活动,帮助男女学生形成健康的两性关系,以预防校园性暴力行为的发生。例如,印度孟买实施了"学校性别平等运动"(Gender Equity Movement in Schools)。该性别平等运动将性别角色、性别暴力、性和生殖健康等内容加入六七年级的课程之中,而且研究表明,学习过这些课程的学生会更加自信,拥有更健康的性别意识。第三,由于在很多国家,教师也是校园性别暴力的肇事者,教科文组织主张成员国要加强相关的教师培训,同时也要加强监管教师的不端行为。在爱尔兰,一个非政府组织同爱尔兰政府和教师工会合作一起培训教师,在 2010 年培训了 3500 名教师。马拉维在 2005 年启动了"安全学校项目"(The Safe Schools Program),同时修订了《教师行为准则》,以加强对教师不端行为的监管,学校和社会也开展了相关的培训,绝大多数参加培训的人同意"有责任举报违规行为"。第四,建议各成员国建立有效的协作机制,即加强政府、学校、社区和家庭的联系,提升政策制定者、教师、家长、社区组织对校园性暴力事件紧迫性的认识,加强合作,改变不利于校园安全的社会规范和运行机制,共同营造校园内外的反性别暴力氛围。例如,加纳和马拉维专门培训值得信赖的社会志愿者(包括村民领导、学校工作人员、家长—教师协会人员以及社区委员会成员等)担任专门的咨询者,以预防、响应和报告相关的校园性暴力事件。

第三节　21 世纪以来,联合国教科文组织女童教育政策的特点

通过对联合国教科文组织 21 世纪以来女童和妇女教育政策内容的研究,我们发现其女童教育政策具有以下 4 个特点,即致力于为所有女童提供平等的教育权利、教育机会和良好的学习环境,实施路径上注重发动多方力量,同时还注重针对问题提出解决措施,但地区发展不平衡仍然是女童教育政策的重难点。

一、 致力于为所有女童和妇女提供平等的教育权利和教育机会

自成立以来,教科文组织一直致力于"促进男女平等、建立男女心中的和平",在教育上主要表现为对男女平等教育机会和教育权利的重视。1960 年通过的《反教育歧视公约》提出,"联合国教育、科学及文化组织在尊重各国不同教育制度的同时,不但有义务禁止任何形式的教育歧视,而且有义务促进人人在教育上的机会平等和待遇平等"。1979 年在联合国大会上通过的《消除对妇女一切形式歧视公约》也专门提到了女性教育的问题,即"缔约各国应采取一切适当措施以消除对妇女的歧视,并保证妇女在教育方面享有与男子平等的权利"。20 世纪末提出的全民教育目标和千年发展宣言,更是将男女平等的教育权利和教育机会放在重要位置。21 世纪以来,教科文组织仍然非常注重男女教育权利和教育机会的平等,其女童和妇女教育政策仍致力于为所有女童和妇女提供平等的教育权和教育机会。

首先,21 世纪以来,教科文组织总干事对女童和妇女教育的态度表明了其致力于为所有女童和妇女提供平等教育权利和教育机会的决心。例如,总干事松浦晃一郎在 2005 年国际妇女节致辞时表示,"教育部门,包括各教育研究所、各地区教育办事处和总部外事处正积极促进在各级正规教育系统中实现男女性别平等"。总干事伊琳娜·博科娃曾在 2010 年国际妇女节致辞中表示,"我将竭尽全力推动女童和妇女在教育、科学、文化、传播与信息方面的权利"。现任总干事奥德蕾·阿祖莱在 2018 年国际妇女节致辞时指出,"教科文组织始终致力于促进女童和妇女获得各类教育和培训机会,消除妨碍她们个人发展和职业发展的障碍,让她们在文化生活、媒体和科学界具有更多的代表性"。

其次,教科文组织还专门建立全球女童和妇女伙伴关系。例如,通过马拉拉女童和妇女教育基金会在 10 个发展中国家开展了 11 个项目,为更多的女童和妇女提供了优质教育。通过教科文组织—海航女童和妇女伙伴关系为亚洲和非洲的 7 个国家开展了促进两性平等教育的教师培训,加快实现这些国家在教育方面的性别平等。教科文组织和韩国希杰(CJ)集团开展的"聪明的女孩,更光明的未来"教育项目,主张通过重要媒体宣传和影响力来解决发展中国家和地区女童无法接受优质教育的问题。

再次,由于撒哈拉沙漠以南的非洲地区的女童和妇女教育进程最缓慢,教科文组织专门针对该地区实施了一系列的教育项目,如降低埃塞俄比亚和坦桑尼亚女童失学率、从数量和质量上加强师资建设,开展基于信息技术的妇女扫盲培训等。此外,教科文组织还于 2015 年启动了"女童和妇女教育奖",旨在奖励在促进女童和妇女教育中做出杰出创新和贡献的个人、机构和组织。

教科文组织的女童和妇女教育政策取得了一定的进步,非洲地区的女童和妇女教育进程也在加快,但 2015 年度报告显示,千年发展宣言提出的"最好到 2005年,在小学和中学教育中取消两性差距,至迟于 2015 年在各级教育中消除此种差距"的教育目的并没有实现。在此基础上,教科文组织在巴黎总部通过并发布了《教育 2030 行动框架》,重新强调了女童平等接受各级教育和获得职业培训的权利。

二、 实施路径上注重发动多方力量

21 世纪以来,教科文组织女童教育政策在实施路径上注重发动多方力量,其于 2011 年启动的"更好的生活、更好的未来"全球女童和妇女教育伙伴关系便是最有力的证明。该伙伴关系成立的初衷是联合各成员国、国际机构和私营企业加强女童和妇女教育,促进教育公平,创造更美好的生活和更美好的未来。参与这一伙伴关系的成员国包括中国、法国、意大利、日本、巴基斯坦和美国等国家,参与的国际机构主要包括联合国妇女署、人口基金会和世界银行,参与的企业包括韩国 CJ 集团、中国海航集团、美国宝洁集团等。教科文组织女童教育政策发动多方力量,有利于获得更多的经济资助,从而为各教育项目的开展提供重要经济基础,从根本上加快了女童教育的发展进程。例如,"教科文组织女童和妇女教育奖"由中国政府资助。该奖项每年产生两位获奖者,奖金为每人 5 万美元,以帮助他们进一步开展女童和妇女教育方面的工作。教科文组织马拉拉女童教育基金会从2014 年起主要由韩国 CJ 集团资助,如 2017 年 CJ 集团投资了 35 万美元,占总投资的 97％。美国宝洁集团出资 100 万美元在埃塞俄比亚开展"基于信息技术的女童和妇女扫盲项目"。该项目一共培训了 6500 名女童和妇女,其中大约 3000名女童和妇女接受了在线培训项目。该项目还帮助解决了 1900 名小学女童的学习问题以助其完成学业。

教科文组织主张加强和各国际组织的互动与交流,以加快全民教育的进程、实现教育中的性别平等,同时教科文组织还积极呼吁各国际组织为实现教育性别平等做出努力。例如,联合国女童教育倡议(United Nations Girls' Education Initiative,简称 UNGEI)与教科文组织在女童和妇女教育方面有一致的目标,其实施的相关活动包括宣传女童教育的重要性、提高女童入学率、传播地区的良好做法以及发展全球的伙伴关系等。联合国妇女署与教科文组织关系密切,在其加入教科文组织的女童和妇女教育伙伴关系之前,就一直积极主张消除男女性别歧视,如 2014 年发起了"他为她"(He For She)全球倡导活动,旨在召集全球 10 亿男性参加到消除社会和文化壁垒、实现全社会性别平等的全球运动中。这类活动有助于通过消除社会规范中的性别不平等来促进教育中的性别平等。

此外,教科文组织还呼吁各成员国针对本国的女童和妇女教育情况采取针对性措施。非洲布基纳法索政府在其实施的 2001—2010 年教育计划中,将女童教育放在非常重要的战略位置上,并将其作为基础教育和扫盲教育的重要部分。2005 年,该国女童小学毛入学率比 1999 年增加了 47%。印度政府通过向女童提供免费教科书、返校训练营、特色课程、招聘女教师、为农村及残疾女童提供特色的国家项目等策略,有效提高了本国女童的小学入学率,同时也有效改善了女童教育的质量。在埃塞俄比亚,为了给女童教育创造良好的环境,政府专门立法以减少童婚,使小学阶段的性别平等率有明显改善。

三、 注重针对问题提出解决措施

教科文组织资料显示,很多发展中国家女童教育进程缓慢的原因主要是因为没有适合女童发展的教育环境,具体表现为校园性别暴力严重、学校教师和领导缺乏性别敏感意识、女教师数量严重不足、学校缺乏供水和卫生设施以及贫困家庭无法支持女童接受教育等。为消除这些阻碍女童教育发展的因素,教科文组织采取了一系列措施。

首先,关于校园性别暴力的问题,教科文组织和联合国妇女署于 2017 年发布了《校园性别暴力全球指导纲要》,建议成员国从加强立法、设置与性别健康有关的课程或活动、实施培训教师、加强对教师不端行为的监管以及建立有效的协作机制等方面着手解决校园性别暴力问题。

其次,为了解决一些发展中国家由于缺乏必要的供水和卫生设施而导致女童辍学的问题,教科文组织主张加大相关设施的投资,许多学校的供水和卫生设施自2000年以来有所改善。如埃塞俄比亚和坦桑尼亚为女孩提供特殊的卫生设施,甚至在女孩生理期提供卫生用品和肥皂等。

再次,教科文组织还特别重视加强学校领导和提高教师的性别敏感意识。这不仅有利于教学质量的提高,而且有利于学生个体性别意识的形成,更有利于为女童创造良好的学习环境。其对教师性别敏感的加强主要是从三个方面进行,即改善教师教育的质量、提高教师性别意识和改进陈旧的课程观念、发展促进两性平等的课堂。

此外,教科文组织还针对女教师数量不足的问题采取了相关措施,如在达喀尔的区域办事处发起了一项旨在支持马里教师培训和促进女童教育发展的教育项目。该项目不仅主张提高教师质量,还致力于减少教师队伍中的性别差异,并额外为女性提供培训,以增加她们进入教师行业的机会。

最后,针对贫困家庭因资源有限而无法支持女童接受教育的情况,教科文组织表示,"至少在学费占家庭学校教育开支很大比重的地区,学费最好分若干年取消",同时主张成员国专门制定一些政策,鼓励父母把孩子送到学校上学。如用以补偿儿童损失的"工资"、奖学金计划、(在严密管理的环境下)学校供餐计划等。

四、 地区发展不平衡仍然是联合国教科文组织女童教育政策的重难点

教科文组织2015年度报告显示:2000—2015年,小学阶段的男女入学比例从92%上升到97%,中学阶段的男女入学比例从91%上升到97%;减少了约8400万失学儿童,其中5200万为女童;实现小学和中学性别平等的国家也从36个增加到62个。这说明教科文组织女童教育政策在一定程度上取得了较大进步。但仍然需要注意的是,只有不到一半的国家实现了全民教育的目标(即到2015年实现小学和中学阶段的性别平等),且撒哈拉沙漠以南的非洲地区没有一个国家达到这一目标。女童,尤其是贫困女童,仍然面临较大的失学挑战。从全

球来看,撒哈拉沙漠以南的非洲、东亚和南亚等地区的女童失学率最高,其中撒哈拉沙漠以南的非洲的情况尤为突出。

教科文组织统计研究所的数据显示:2016 年全球共有 6300 万小学失学儿童,撒哈拉沙漠以南非洲地区占了 3430 万,超过失学女童总数的一半,其中小学失学女童数量为 1910 万,是全球小学女童失学率最高的地区;其次是南亚地区,为 560 万;再次是东亚和东南亚地区,为 380 万。在初中阶段,撒哈拉沙漠以南非洲地区的女童失学率也是最高的,为 1420 万;其次是南亚地区,为 800 万;再次是东亚和东南亚,为 360 万。在高中阶段,南亚地区的女童失学率最高,为 329 万;其次是撒哈拉沙漠以南非洲地区,为 189 万[①]。这可能与其小学阶段和初中阶段的女童保留率有关,所以高中阶段,南亚地区的女童失学情况比撒哈拉沙漠以南的非洲地区更严重,具体情况如表 6-1 所示。

表 6-1　2016 年世界失学儿童数据

小学阶段失学儿童			
区　域	失学人数(单位:百万)		
	男童	女童	总人数
欧洲和北美	1.4	1.1	2.5
拉丁美洲和加勒比海地区	1.7	1.3	3.0
中亚	0.1	0.1	0.2
南亚	4.7	5.6	10.3
东亚和东南亚	3.4	3.8	7.2
北非和西亚	2.7	3.1	5.8
撒哈拉沙漠以南的非洲地区	14.9	19.1	34.1
大洋洲	0.1	0.2	0.3
世界总值	29.1	34.3	64.3

① UNESCO Institute for Statistics(UIS). One in Five Children, Adolescents and Youth is Out of School [EB/OL]. [2018-12-01]. http://uis.unesco.org/sites/default/files/documents/fs48-one-five-children-adolescents-youth-out-school-2018-en.pdf.

初中阶段失学儿童			
区　域	失学人数（单位：百万）		
	男童	女童	总人数
欧洲和北美	0.5	0.4	0.9
拉丁美洲和加勒比海地区	1.5	1.3	2.8
中亚	0.1	0.2	0.3
南亚	10.2	8.0	18.2
东亚和东南亚	4.4	3.6	8.0
北非和西亚	1.6	2.3	3.9
撒哈拉沙漠以南的非洲地区	12.8	14.2	27.0
大洋洲	0.0	0.0	0.0
世界总值	31.1	30.0	61.1
高中阶段失学儿童			
区　域	失学人数（单位：百万）		
	男童	女童	总人数
欧洲和北美	1.5	1.3	2.8
拉丁美洲和加勒比海地区	3.6	3.3	6.9
中亚	0.3	0.3	0.6
南亚	34.4	32.9	67.3
东亚和东南亚	9.9	5.9	15.8
北非和西亚	4.2	4.6	8.8
撒哈拉沙漠以南的非洲地区	17.0	18.0	35.0
大洋洲	0.3	0.2	0.5
世界总值	71.1	67.4	138.5

(续表)

小学阶段、初中阶段和高中阶段失学儿童			
区　　域	失学人数(单位:百万)		
	男童	女童	总人数
欧洲和北美	3.4	2.8	6.2
拉丁美洲和加勒比海地区	6.8	5.9	12.7
中亚	0.5	0.6	1.1
南亚	46.5	49.2	95.8
东亚和东南亚	17.6	13.4	31.0
北非和西亚	8.6	10.0	18.6
撒哈拉沙漠以南的非洲地区	44.7	52.2	96.9
大洋洲	0.5	0.4	0.9
世界总值	131.3	131.7	263.0

（数据来源：UNESCO Institute for Statistics(UIS). One in Five Children，Adolescents and Youth is Out of School[EB/OL].[2018-12-01]. http://uis. unesco. org/sites/default/files/documents/fs48-one-five-children-adolescents-youth-out-school-2018-en.pdf.)

　　撒哈拉沙漠以南的非洲地区是全球女童失学率最高的地区,严重阻碍了世界全民教育的发展进程。同时,该地区是世界上最为贫穷的地区之一。其阻碍女童教育发展的因素包括:第一,地区贫困、人口数量多导致教育经费投入不足。例如,虽然其教育财政占 GDP 的比例由 1999 年的 3.5％上升到 2008 年的 4.5％,但是由于人数增长比例远远超过教育投入增长比例,因此生均教育经费不升反降,导致女童入学经济压力大①。第二,学校的基础设施不完善,尤其是卫生设施仍然缺乏。第三,师资不足,尤其是女教师数量严重不足。第四,童婚现象仍然存在。虽然禁止童婚的立法得到加强,但是该地区的童婚现象仍然屡禁不止。世界银行的一份报告显示:"撒哈拉沙漠以南的非洲地区每年有逾 300 万女性在 18 岁

---

　　① UNESCO Institute for Statistics(UIS). One in Five Children, Adolescents and Youth is Out of School [EB/OL].[2018-12-01]. http://uis. unesco. org/sites/default/files/documents/fs48-one-five-children-adolescents-youth-out-school-2018-en.pdf.

前结婚,该地区 15 岁前就结婚的现象也最为普遍。许多女孩未成年就结婚并开始怀孕,这些女孩接受教育的年限也较晚婚的女性更短。"[①]综上所述,撒哈拉沙漠以南的非洲地区的女童教育情况令人担忧。该地区仍然存在许多阻碍女童教育发展的因素,因此教科文组织还需继续努力破除这些阻碍因素、促进当地女童教育的发展,这也有利于实现《2030 年可持续发展议程》目标。

第四节　结　　语

自 1945 年成立以来,教科文组织一直坚持不懈地致力于"促进男女平等、建立男女心中的和平",而女童作为教育中的弱势群体,一直是该组织重点关注的对象。2000 年世界全民教育论坛通过的《达喀尔宣言》,明确提出:"重点要求解决性别问题,呼吁在 2005 年之前消除中小学教育中的性别差异,并在 2015 年以前实现教育方面的男女平等,重点是确保女童有充分和平等的机会接受和完成高质量的基础教育"。同年,联合国提出的"千年发展目标"要求"促进两性平等并赋予女性权利,最好到 2005 年在小学和中学教育中消除两性差距,最迟于 2015 年在各级教育中消除此种差距"。

为了实现教育性别平等的目标,促进世界女童教育的进步,教科文组织强调为女童提供平等的受教育权利和教育机会。各成员国在教科文组织的号召之下,也纷纷立法保障女童平等的受教育权,为女童创造公平的学习机会。同时,教科文组织还主张为女童创造良好的学习环境,如主张降低女童入学成本、提高教师性别敏感意识和处理校园性别暴力等。此外,教科文组织还于 2011 年建立了"更好的生活、更好的未来"全球女童和妇女伙伴关系,主张联合各成员国、国际机构和私营企业共同促进女童教育的进步。我国政府和中国海航集团也是该伙伴关系的重要组成部分。

根据教科文组织统计研究所的数据,截至 2014 年,全球有 88% 的小学女童

---

① World Bank.Africa Loses Billions of Dollars Due to Child Marriage, Says New World Bank Report [EB/OL].[2018-12-02]. http://www.worldbank.org/en/news/press-release/2018/11/20/africa-loses-billions-of-dollars-due-to-child-marriage-says-new-world-bank-report.

(约 6—11 岁)入学,撒哈拉沙漠以南的非洲地区进步最大,女童净入学率从 54%上升至 77%。与此同时,女童辍学率从 2000 年的 18% 下降到 2014 年的 10%。但需要注意的是,只有不到一半的国家在 2015 年实现了全民教育的目标(即到 2015 年实现小学和中学阶段的性别平等),且撒哈拉沙漠以南的非洲地区没有一个国家达到这个目标。在此基础上,2015 年底,教科文组织在巴黎总部通过并发布了《教育 2030 行动框架》,其中具体列出了与教育内容相关的 7 个具体目标,其中目标一、目标二和目标三分别强调了女童接受幼儿教育、初等教育和中等教育的权利与机会。时至今日,教科文组织仍然在不断促进世界女童教育的发展,致力于为更多的女童提供更优质的教育。

作为教科文组织的成员国,我国政府对教科文组织的教育政策非常关注,对教科文组织的女童教育也是积极参与。我国政府不仅通过制定法律和政策、对困难学生进行资助、提供营养餐等多种方式,保障本国女童和妇女受教育权利,而且还积极参与教科文组织女童教育方面的国际事务。2014 年,彭丽媛接受了教科文组织时任总干事博科娃的邀请,担任"促进女童和妇女教育特使"。彭丽媛对此表示:"在教科文组织总部,我从博科娃总干事手中接过女童和妇女教育特使证书,既深感荣幸,也深感责任重大。教育公平包括机会平等、过程平等、结果平等三个方面。我们努力的方向是让女性和男性享有平等的就学机会、在教育全过程受到平等对待,得到同等升学、同等就业、同等的社会认可度。我愿尽我所能,为实现这个目标做出贡献。"担任教科文组织特使以来,彭丽媛访问了许多非洲和亚洲国家的学校、青少年机构、妇女发展机构,希望更多了解实际情况,从他们那里汲取智慧和力量,与他们分享经验。

2015 年,我国政府提议并开始资助教科文组织的"女童和妇女教育特别奖"。该奖项是教科文组织在女童和妇女教育领域设立的首个奖项,旨在表彰为女童和妇女教育事业做出杰出贡献的个人和机构,以鼓励更多人投身这项事业。该奖项每年产生两位获奖者,每人奖励 5 万美元。我国政府承诺提供这一奖励基金。同时,我国政府积极扩大教育领域对外合作和援助。2015 年,习近平主席在全球妇女峰会上表示,将捐款 1000 万美元,用于支持落实《北京宣言》和《行动纲领》,落实《2030 年可持续发展议程》相关目标。我国还通过在教科文组织设立基金、奖项等多种方式,支持发展中国家开展扫盲和教师培训,促进女童和妇女教育发展。

此外,不仅我国政府积极参与教科文组织女童教育政策,中国海航集团也对教科文组织的这一政策非常关注。教科文组织—海航女童和妇女教育伙伴关系于 2014 年 2 月成立。该教育伙伴主要致力支持非洲和亚洲国家加快实现教育中的性别平等,以促进更多的女童和妇女接受教育。2015 年 9 月,教科文组织—海航女童和妇女伙伴关系在北京举办了女童和妇女教育国际研讨会。与会期间,海航集团表示"将通过海南省慈航公益基金会向教科文组织捐赠 500 万美元,以促进亚洲和非洲女童和妇女教育的发展"。这 500 万美元主要用于 7 个国家的两个项目,用于促进两性平等的教师培训和职业发展。该伙伴关系是中国企业对教科文组织教育事业积极参与的重要表现,体现了中国企业积极关注世界教育发展的决心,也为更多中国企业参与教科文组织教育相关事业提供了经验。

第七章
总结和借鉴

　　本书通过梳理联合国教科文组织、经合组织、世行和欧盟等国际组织在教育领域的历史发展和项目开展情况,分析其优势、特色及不足,了解其教育政策背后的价值取向。本章归纳和总结了国际组织教育政策价值取向的个性、共性与局限性。同时,结合我国教育改革发展的重点与难点,笔者寻找可能与国际组织开展长期合作的突破点和亮点,深入探索我国在教育领域参与上述组织的有效方式和途径,为我国参与全球教育治理,发出我们自己的声音做出贡献。

第一节　国际组织教育政策价值取向的个性、共性与局限性

　　教育政策的价值取向,是教育政策主体基于国家、组织和团体自身的核心价值观,以教育的本质和发展规律为向度,对具体教育问题所持有的价值立场、价值态度、价值选择和价值倾向,因政策主体的差异而表现出对各种利益群体不同的价值取向的选择。相应的,国际组织教育政策的价值取向受政治、社会、文化、经济等多种因素的影响,具有多维度、复杂性等特征。同时,不同的国际组织对教育政策的价值取向构建了不同的认知系统,体现在教育政策内容的价值选择、教育政策目标和过程所实现的价值效果等方面。具体而言,对教育政策内容的价值选

择进行衡量,国际组织教育政策的价值取向体现在其教育政策的重点领域。

第二次世界大战之后,一批涉及教育领域的国际组织相继出现了,针对国际社会存在的教育现象和教育问题,他们发布了一系列和教育相关的文件与报告,对世界各地的教育政策及教育改革产生了重要的影响。蕴含在这些文件和报告中的教育政策,其价值取向具有明显的个性、共性与局限性。本节所指的国际组织教育政策主要包括教科文组织、联合国儿童基金会、世行与经合组织发布的文件和报告等。

一、 国际组织教育政策价值取向的个性

（一） 教科文组织教育政策的价值取向

在 1945 年成立以来,在 70 多年的发展历程中,教科文组织始终引领着全球的教育政策理念,影响着全球教育政策的价值取向。根据教科文组织大会决议的文件和报告,在 20 世纪 40 年代至 50 年代,教科文组织的基本教育理念极力推崇人文主义价值取向,60 年代则转向了教育规划理念下的实用主义或绩效主义价值取向,70 年代至 90 年代的终身教育理念使得人文主义价值取向得以回归,90 年代以来提出的全民教育理念将人文主义价值取向跟实用主义或绩效主义价值取向加以融合。由此可见,教科文组织一直追求着人文主义价值取向,但同时不可避免地受到实用主义或绩效主义价值取向的影响。

1. 重视初等教育

20 世纪 40 年代,教科文组织在基本教育理念中就已经强调要推广小学教育,提供与人类基本生活技能相关的基本的教育,继而促进个体的发展①。1990年,教科文组织与联合国其他相关机构合作,召开了"世界全民教育大会",会议提出要在 10 年内普及初等教育,从根本上减少文盲,同时强调提高初等教育质量的三个维度:机会均等、学习质量以及学习的适切性。这对世界未来 10 年的教育发展产生了深远的影响。

21 世纪初,教科文组织在达喀尔举行了"世界教育论坛",呼吁各国政府制定

---

① UNESCO. Fundamental Education: Definition and Programme[M]. Paris: the United Nations Educational, Scientific and Cultural Organization, 1948:2—4.

教育政策,以提高所有人尤其是女童基础教育的质量,并将提高初等教育质量的三个维度逐步减少到两个方面:机会均等和教育质量。继《达喀尔行动框架》获得批准后,教科文组织通过了"千年发展目标"。这些目标被具体化为可检测的 18 个量化目标,其中与初等教育相关的量化目标有两项:"一是确保所有男童和女童都能完成全部初等教育课程;二是最迟于 2015 年在初等教育和中等教育中消除两性差距。"[1]2015 年 11 月,在教科文组织第 38 次大会上发布的《教育 2030 行动框架》中,七大目标中的第一个目标"到 2030 年,确保所有儿童完成免费、公平和优质的基础教育,并获得有效的学习成果"以及第二个目标"到 2030 年,确保所有儿童接受优质的儿童早期发展、保育及学前教育,从而为初等教育做好准备"都和初等教育密切相关。

2. 促进全民教育

全民教育于 1983 年第一次出现在教科文组织的大会决议上,而真正被各国际组织、教育专家接受是在 1990 年的"世界全民教育大会"。按照《世界人权宣言》和《儿童权利公约》的精神,"世界全民教育大会"通过了《全民教育宣言》及《满足基本学习需要的行动纲领》,旨在保护和促进所有人的受教育权,使"所有人能够接受基本教育"。此外,教科文组织于 2000 年通过的《达喀尔行动框架》重申了《全民教育宣言》目标,进一步提出了六大发展目标:①改善并扩大幼儿的保育教育,尤其是条件最差和脆弱的幼儿;②至 2015 年确保所有的儿童,尤其是女童、弱势群体和少数民族的儿童,都能获得并完成高质量、免费的初等教育;③保证所有的成年人都能公平地获得学习各种生活技能的机会;④至 2015 年使成年人尤其是女性脱盲人数增加 50%,并确保所有的成年人都能够公平地接受基础教育和继续教育;⑤2005 年以前消除初等、中等教育中男女学生人数不平衡现象,确保女童能够公平地获得并完成高质量的基础教育;⑥提高教育质量,确保每个人在读、写、算和生活技能方面都能取得一定的成绩[2]。

21 世纪以来,教科文组织的全民教育政策主要反映在《全民教育全球监测报

① 张民选.国际组织与教育发展[M].上海:上海教育出版社,2010:115.
② UNESCO. Education for All: Meeting Our Collective Commitments[R]. Paris: the United Nations Educational Scientific and Cultural Organization, 2000: 18—20.

告》(*Education For All Global Monitoring Report*)中。这些监测报告旨在评估各国实现全民教育的努力、成果和差距,每年都有其关注重点,如"教育中的性别(2003—2004)""教育扫盲(2006)""教育治理(2009)""青年教育、技能和工作(2012)""教学与学习(2013)"等,2015 年的监测报告则对 2000—2015 年间全民教育的成就与挑战进行了分析。《教育 2030 行动框架》提出,《全民教育全球监测报告》将以《全球教育监测报告》的形式继续开展下去,由教科文组织的独立小组负责编写、提交并公开出版。此外,2015 年通过的《仁川宣言》,鼓励各个国家提供全纳、公平、有质量的教育以及全民终身学习机会,继续完成"全民教育目标"和"千年发展目标"的未竟事业。

3. 关注学习成果评估

在"世界全民教育大会"上,教育质量评估问题就已经出现。在此之后,教科文组织一直严格对待教育质量问题,认为提供清晰的质量定义和测量工具是至关重要的。根据教科文组织的理念,维护所有人接受教育的权利,首先需要明确构成这种教育的是何种知识和技能;其次需要一定的技术和组织能力,根据既定的标准来测量学生的学习成果[①]。2012 年以来,教科文组织开发了一套用于测量和诊断教育质量的工具,以帮助各国对其教育系统进行深入的分析,诊断影响教育质量的各种因素。此外,教科文组织还为会员国的教育质量监测和能力评估提供技术支持。《教育 2030 行动框架》提出,与教科文组织统计所保持密切合作的合作伙伴以及其他的相关机构,要为会员国提供直接、精准的支持,帮助它们提升相关的测量和监测能力。

(二) 联合国儿童基金会教育政策的价值取向

联合国儿童基金会(以下简称儿基会)成立于 1946 年,是联合国中维护儿童权利、健康、教育和发展的基金会。创立之初,儿基会的目的是对第二次世界大战后发展中国家与欧洲儿童的紧急需求提供帮助。直到 1961 年,儿基会受教科文组织教育理念的影响才开始涉足教育领域,并着手制定一系列关于儿童的国际公

---

① UNESCO. Education for All: Status and Trends 2000: Assesing Learning Achievement[R]. Paris: International Consultative Forum on Education for All, 2000:9.

约,定期开展国际运动以确保儿童的各项权利。这就使得儿基会教育政策的价值取向和教科文组织有很多类似之处,但其关注点更聚焦在儿童教育方面。

1. 保护儿童及其教育权利

20 世纪 80 年代末,儿基会在联合国于 1989 年 11 月通过《儿童权利公约》时发挥了核心作用,呼吁各国参与保护儿童及其教育权利的行动中。同时,儿基会每年出版《世界儿童状况》报告,提供关于世界各地儿童生存、发展和保护的统计数据。21 世纪以来,儿基会鼓励学校成为"儿童友好型学校",动员各国政府、捐助者以及公民来支持基础教育,保护儿童的教育权利。近年来,根据世界各地儿童面临的性别、社会地位、残疾、族裔或战争等问题,儿基会的教育政策侧重于采取行动来帮助最脆弱的儿童,如提供学校物资,包括分发生活学习用品、教材和教科书等;鼓励社区参与学校管理;打击校园暴力;建立新学校等①。此外,儿基会主张通过让儿童认识自己的权利,帮助儿童获得正确的价值态度以抵制异端邪说、种族歧视、民族主义等,从而积极主动参与到教育活动当中。

2. 关注边缘化和贫困儿童

对边缘化和贫困儿童提供人道主义帮助是儿基会教育政策价值取向的重要体现。儿基会认为,良好的教育是每个国家每个儿童的权利,贫穷、性别、种族和地域不应成为剥夺儿童受教育权的因素,尤其是在以知识为本的时代,要建设一个发展、繁荣、健康和公平的社会,教育是国家最好的投资,有助于帮助人们实现其最大潜力,改善自己和子孙后代的生存条件②。儿基会积极促进对贫困国家和贫困人口的帮助,要求为所有人提供学习机会,并积极开展相关活动或提供物质支持,如为边缘化和贫困的地区修建校舍、提供基本的教学设施和器材等;为基本的读写、计算能力教育提供资金帮助和物质支持;满足 0—2 岁儿童的特殊需求,开展 3—6 岁儿童心理健康发展的援助项目;宣传安全、健康的教育知识,提高儿童的自我保护和防范意识等。

---

① UNICEF. Child Friendly Schools[EB/OL]. [2017-03-17]. https://www.unicef.org/lifeskills/index_7260.html.

② UNICEF. Education First: The United Nations Secretary-General's Initiative on Education[EB/OL]. [2017-04-20]. http://unesdoc.unesco.org/images/0021/002178/217826e.pdf.

3. 保护女童接受教育的平等权利

女童接受教育的平等权利具有两个方面的含义:一是女童也具有享受教育的权利和机会,二是教育活动应当具有性别平等的观念。儿基会认识到,女性不仅需要掌握基本的生活知识和技能,更应积极融入社会,培养自力更生的能力。因此,一方面,儿基会积极关注正规教育,消除教科书、参考资料等学习材料中的性别歧视,主张课堂教学中的性别平等;对女性教师进行培训,以期她们带动女童接受教育;对学校教师的性别敏感性进行培训,以保护儿童的权利;设立"卫星学校",指导女童就近入学等。另一方面,儿基会开展了一些非正规的教育项目,为许多国家提高入学率的行动进行了援助,并对女童接受教育的情况进行统计;为偏远山区、贫困地区女童的教育需求提供帮助;指导家长做好女童的入学准备工作;鼓励女童积极参与能够促进其身心健康发展的体育活动;倡导成年男性和男童参与家务活动,以培养相互尊重的性别意识,传递性别平等的家庭教育观念等。

(三) 世行教育政策的价值取向

成立于 1945 年的世行是教育援助的主要国际行动者,具有分析和提供教育政策专业知识的资源和能力。20 世纪 60 年代至 90 年代,世行的教育政策价值取向一直都是基于收益率的人力资本价值取向。21 世纪以来,世行才开始接受一些国家和其他国际组织教育理念的影响,逐渐形成新的教育政策价值取向。

1. 强调基本的知识和技能

1963 年 10 月,本着培养人力资源以推动经济发展的目的,世行准备为部分重要教育项目提供资金支持,关注普通中等教育、职业技术教育和其他各级培训项目。然而,在这一时期,世行主要集中投资熟练劳工职业需求的基本知识和技能培训,把教育视为经济发展的工具,对其他教育项目投资的评估极为苛刻,如贷款方案禁止对艺术、科学、人文学科,甚至是所有小学、学术图书馆和研究生教育等进行协助①。世行认为,人们获得基本的知识和技能是减少世界贫困的关键:"人所具有的基本知识和技能,而不是教育程度,是减少贫困的关键。为了

---

① World Bank. Proposed Bank/IDA Policies in the Field of Education[EB/OL].[2017-03-19]. http://documents.worldbank.org/curated/en/644321468175436466/pdf/714580BR0FPC190C0disclosed070260120.pdf.

确保人们基本的识字和算术能力,提高入学率和完成初等教育是必要的,但不是充分的。"①因此,在 1962—1980 年间,世行的教育投资集中体现在学习者基本的知识和技能方面,所支持的教育投资都是以人力需求为导向,将教育视为经济增长的手段,各级教育的回报率是确定教育投资的首要工具。

世行的这一价值取向一直有所继承。在世行新的教育战略中,学习只有一个简单的原因:成长、发展和脱贫取决于个体获得的知识和技能,而不是坐在教室里的年数;就个体而言,文凭只能打开就业之门,但是其适应新技术和获取新机会的能力,依然取决于个体所获得的知识和技能②。也就是说,世行认为,学生的学习与时间的长短无关,而与学生学到的东西有关。这是世行对基础教育思想的显著发展。多年来,世行的教育政策基于人力资本理论的价值取向,根据学校教育的回报率采取教育部门的下一步行动。

2. 明确要求改善学习成果

20 世纪 80 年代,世行受到维权人士、妇女和穷人等对其只集中关注职业技术培训的批评。作为回应,世行将财务投资的范围扩大到从小学至大学的各级教育。然而,世行认为,尽管扩大接受教育的机会是至关重要的,但这种扩张应以改善学习为目的,同时各国应通过改善学生学习成果的明确规划,并对这一目标做出有力的政治承诺,由此可以对入学机会获取和教育质量提高进行权衡。此外,一些国家在短期内采取了许多增加学生入学率的策略,如减少费用、使用合同教师、学校不经考核自动让学生进入下一年级等。世行认为,这些策略难以持续,并对学习成果产生了负面影响,更高的升学率并不能反映学生知识和能力的提高。同时,一味地关注教育程度而不顾技能的提升和知识的长进,只会浪费投资人力资本的时间③。

21 世纪以来,世行的教育投资改变了方向,开始积极关注穷人教育政策以及

① World Bank. From Schooling Access to Learning Outcomes: An Unfinished Agenda. An Evaluation of World Bank Support to Primary Education[R]. Washington, DC: World Bank, 2006:3.

② Ibid., 2006:34.

③ World Bank. Learning for All: Investing in People Knowledge and Skills to Promote Development [EB/OL]. [2017-03-22]. http://documents.worldbank.org/curated/en/685531468337836407/pdf/644870WP0Learn00Box0361538B0PUBLIC0.pdf.

衡量学习和教育质量。近年来,虽然世行并没有放弃"人力资本""教育投资"等绝对根本的教育政策竞争力,但是受发达国家和其他国际组织教育理念的影响,它逐渐放弃了基于收益率的初始教育政策价值取向,越来越多的教育捐助方案开始使用共同的参考框架,尤其是全民教育和千年发展目标的教育理念框架,把改善学习成果、提高教育质量纳入了新的教育理论框架。

3. 扩大学校以外的学习机会

世行过去的教育战略非常关注由政府资助或运作的正规学校。近年来,世行越来越意识到,批判性学习活动发生在正规学校之外,即发生在入学年龄之前或在学生离开了学校之后。世行的新教育战略明确表示,学习不仅仅是上学,所有人、所有地点都可以获得学习的机会,因此要超越传统教育模式,致力于扩大学校以外的学习机会。例如,当前世行实施的"2020 年教育部门战略:全民学习"致力于消除处境不利儿童及女童教育机会的障碍;开发和使用新的工具,以帮助各国改进他们的教育制度;帮助各国提供所有人健康生活所必需的技能与学习[1]。世行认为,从个体层面来说,虽然文凭可能会提供更好的就业机会,但是学校外的工作经验是增长个体竞争力的根本因素。更确切地说,个体在校外对技能的学习决定了他们的生产能力、适应新技术的能力及抓住发展机会的能力。

(四) 经合组织教育政策的价值取向

成立于 1960 年的经合组织在教育领域的主要目标有两个:增加就业、社会参与和包容性增长;增强教育机构进行变革的效能和效率。受不同年代社会发展的需求影响,经合组织教育政策的重点领域也有所不同。20 世纪 60 至 80 年代,在劳动力需求的驱动下,经合组织教育政策重点领域的核心问题是发展人力资本和提高教育质量;80 至 90 年代,在经济发展需求的驱动下,就业、劳动力等问题成为经合组织教育政策领域讨论的焦点;90 年代末,经合组织将其教育政策的重点放在了国际数据的比较和指标体系的构建上;21 世纪以来,经合组织对世界教育

---

① World Bank. World Bank Education Sector Strategy 2020: Learning for All[EB/OL].[2017-03-04]. http://siteresources.worldbank.org/EDUCATION/Resources/ESSU/EducationStrategyUpdate_April2012.pdf.

的影响主要体现在教育政策制定和国际比较研究方面。

1. 关注指导教育政策的指标

教育政策的指标建立在教育指标体系之上,是国际社会监测教育发展的重要依据。20世纪90年代以来,经合组织将兴趣集中在教育政策所需的指标上,致力于形成一套最新的、具有国际可比性的教育指标,为世界各国教育政策提供有效参考。从1996年开始,它的年度出版物《教育概览》(*Education at A Glance*)集中体现了这一点。此外,经合组织定期组织开展的"国际学生评估项目"(PISA)、"教师教学国际调查项目"(TALIS)、"高等教育学习成果测评"(AHELO)、"国际成人能力测试项目"(PIAAC)已经成为公认的可用于衡量世界各国教育绩效的可靠工具。其中最有影响力的PISA测试,每三年举行一次,以阅读、数学和科学三个大领域构架指标体系,每次都以某一大领域为主,其他两个大领域为辅,目的是对已经完成义务教育或者将要完成义务教育的15岁学生进行测试,评估他们在完成义务教育后,是否已经获得了日常生活所需的技能和知识[1]。可以说,PISA评价指标的国际可比性,使经合组织对世界各国教育体系的评价得以合法化和标准化。经合组织逐渐成为国际教育评价专家。

2. 优先考虑教育为经济服务

经合组织认为,技能已经成为21世纪的"全球货币",表现为:①如果没有对技能的适当投资,技术进步不会转化为经济增长,各国不能在以知识为基础的全球环境中竞争。②这种"货币"会随着劳动力市场需要的演变而贬值,个体将会失去他们不使用的技能,这就需要了解并不断改善他们的技能[2]。为了确保技能更好地为工作和生活服务,经合组织提出以下建议:①各国政府必须不断更新信息的收集和使用,以便预测技能需求的变化。②学校应当与企业进行紧密的合作。③学习世界和工作世界应联系在一起,使技能的发展更加有效率。④对青少年的培训应在专业环境中,使他们在使用现代设备的同时获得技能,并获得第一手经验的一般技能。⑤在实际培训中强化毕业生的动机和参与,从而使他们顺利过渡

---

① 张民选.国际组织与教育发展[M].上海:上海教育出版社,2010:260.

② OECD. A Strategic Approach to Skills Policies[EB/OL].[2017-05-18]. http://www. redetis. iipe. unesco. org/wp-content/uploads/2016/04/betterskills.pdf.

到劳动力市场①。经合组织在 2018 年 PISA 测试中增加的"全球胜任力"(Global Competence)评估也包含了技能这一维度,其他两个维度为知识和理解力以及态度。总之,经合组织强调教育要为经济服务,并鼓励各国开发就业所需要的技能。

3. 强调通过教育公平来实现收入平等

尽管更为关注教育质量和绩效,但公平也是经合组织的主要教育目标之一。然而,经合组织所强调的教育公平从一开始就囿于经济意义上的公平。20 世纪 70 年代,经合组织教育公平的经济目的是为更多的人构建良好的生活,因而关注受教育的机会、多元文化教育、残疾人教育、女性教育等重点教育领域。80 年代以后,这一愿景上升为促进个体的生产力、提高国民经济的发展,教育政策重点从教育获取转变为教育结果,公平中的卓越教育成为经合组织新的教育政策价值取向。经合组织认为,基于公平的教育政策可以在减少收入不平等方面发挥重要作用,更公平的教育机会通常会带来劳动收入更加公平的分配。此外,具有较高教育水平的人,不管经济是否处于好的状态,其竞争力在劳动力市场上具有显著的优势②。因此,经合组织的教育政策强调进行公平的教育,以便帮助普通学生取得良好的学业成果,最终获得较好的工作,从而减少收入的不平等。

二、 国际组织教育政策价值取向的共性

国际组织教育政策内容的价值选择,承载了教育政策的价值取向,具体反映在其教育政策的重点领域中。由于每个国际组织都是特殊的、独立的存在,因此能够充分发挥其优势来指导、试行教育政策,其中最突出的优势是他们的金融优势,尤其是儿基会和世行向教育领域投入了大量的资金。此外,这些国际组织也通过评估教育政策的工具、专业知识等在指导教育政策中发挥重要的作用。

---

① OECD. A Strategic Approach to Skills Policies [EB/OL]. [2017-05-18]. http://www.redetis.iipe.unesco.org/wp-content/uploads/2016/04/betterskills.pdf.

② OECD. How Pronounced is Income Inequality Around the World and How Can Education Help Reduce It? [EB/OL]. [2017-05-20]. http://www.oecd-ilibrary.org/docserver/download/5k97krntvqtf-en.pdf? expires =1504345902&id=id&accname=guest&checksum=4C6D40610C85C478E2B47B6C6C87B795.

（一） 重视基础教育的质量

国际组织在全世界儿童获得基础教育的机会有了大幅度改善之后,开始关注基础教育的质量问题。教科文组织《2005 年全民教育全球监测报告》提供了一个分析框架,以解决基础教育的质量问题。根据这个框架,教育质量取决于四个因素:学习者的特点和能力、学习者对学习的投入程度、学校背景等环境因素、学生学习的成果[①]。相比于教科文组织,儿基会的教育质量政策更加侧重于人权问题,将学习者的自主性作为教育过程的核心。此外,世行教育政策的分析框架从全民学习的角度出发,认为学习者应掌握认知技能、情感技能和运动技能,为确保学习者能够获得这些技能,世行强调教育政策层面的内容选择要以提高教育质量为核心。

教育质量的重要性是毋庸置疑的,但是要找到一个令人满意的定义或者一种可靠的手段来衡量并不容易。大多数分析教育质量的模型将教育系统分成三个相互关联的领域:第一个领域是对教育系统的输入,包括投入、师资等;第二个领域是教育过程,即学生在日常学习中的表现;第三个领域是对教育系统的输出,根据学习者获得的知识和技能加以衡量[②]。一直以来,教科文组织致力于使教育质量成为可以量化的指标,并提出了"以学习者为中心"的教育质量系统模型,列举了影响教育质量的因素,包括社会文化经济状态、教育政策价值取向、学校治理、知识结构框架、教与学。但是,大多数国际组织在进行国家之间的比较时,仅仅是以定量分析方式对教育质量问题进行处理。这往往会忽视人力、物力、财力以及社会政治、经济、文化环境等对教育质量造成的影响。

（二） 重视教育治理和问责制

基于对各国教育制度管理不善的假设,国际组织逐渐开始关注"教育治理"的问题,这个概念也越来越多地在国际组织的话语体系中占有一席之地。世行特别关注发展中国家教育治理中缺乏体制能力的问题,尤其是在教育部高级官员中存在的腐败现象:"对教育构成根本威胁的问题是腐败,对教育部门的评估必须确

---

① ② UNESCO. EFA Global Monitoring Report 2005: The quality imperative[EB/OL]. [2016-11-10]. http://www.unesco.org/education/gmr_download/en_summary.pdf.

定问题,并提出补救方案。"①出于类似的担心,经合组织建议成员国由政府设定标准、制定政策,实施"良好治理办法"。

为了更好地实施治理,国际组织重视问责制并建立相关的评价体系,要求教育制度中所有的行为者对其行为和做法负责,其中主要涉及教育行政部门管理者、教师和学校管理者,尤其是对教师进行的问责制。国际组织认为这是至关重要的,并要求他们必须承诺对学习者负责。世行十分重视问责制,并建立了一个评价系统——"改善教育结果的系统方法"(SABER),以确保各国在教育政策的制定中充分考虑问责制。儿基会建议将"负责任的教育制度、良好的治理"作为优先事项。教科文组织指出:"当前很多国家对教育的关注和投入的增加,使得公众广泛要求对教育质量和学校绩效进行更严格的审查,这只能通过实施系统的问责制来解决。"②不过,教科文组织对此依然非常谨慎,认为权力下放或地方问责制可能在实践中加剧不平等,而不是减少不平等。

(三) 强调教育私有化

为实现普遍的、高质量的教育,国际组织注意到了公共资源的限制性,肯定了其他教育资源的必要性。经合组织认为,公共管理在教育改革中并非总是有效的,应当对此加以审查,并建议在公共投资和监管方面保持更大的灵活性,以寻找可能的替代性方案,实施更具成本效益的政策。儿基会和教科文组织提出,要实现每个人最基本的教育权需要关注教育私有化的问题。近年来,儿基会和教科文组织的做法有所发展,尤其体现在积极鼓励学校建立公私合作伙伴关系方面。另外,世行尽管承认私有化会造成潜在不平等的增加,但依然将私有化视为解决各种教育问题的有效方法。世行指出:"在一些国家,父母越来越多地表现出对改善教育质量的诉求,并将孩子送入私立学校学习。他们认为私立学校具有比公立学校更高的标准。加纳的学校调查显示,私立小学从 1988 年的约 5％增加到 2003年的 20％以上。在马里,私立学校入学人数在 2003 年增长到了 25％。"③因此,世

① World Bank. Education Sector Strategy Update: Achieving Education for All, Broadening Our Perspective, Maximizing Our Effectiveness[R]. Washington, DC: World Bank, 2005:27.

② Anderson, J.A. Accountability in Education[M]. Paris: UNESCO IIEP, 2005:ii.

③ World Bank. Education Sector Strategy Update: Achieving Education for All, Broadening Our Perspective, Maximizing Our Effectiveness[R]. Washington, DC: World Bank, 2005:36.

行建议教育应让"积极的社区和私营部门参与"。

(四) 使用基准化确定"最佳做法"

基准化指的是使用基于目标值的比较研究,确定良好的教育做法,并将其纳入教育政策以提高绩效的过程。世行和经合组织经常使用这种技术来确定"最佳做法",并倡导将其从一种教育情境转移到另一种教育情境。尽管这种技术低估了教育系统在特定背景下历史和文化的作用,但是借鉴教育政策中的良好做法,仍然可以为发展中国家教育发展提供帮助[1]。

世行使用基准化确定了一些国家的良好的教育模式。一般来说,这些国家都是新兴的亚洲国家,这种教育模式具有以下 5 个特征:①它们将国家资金预算的很大一部分用于初等教育。②它们的生均教育成本处在所调查国家的平均水平之内。③它们支付教师的平均工资是人均 GDP 的 3 倍以上。④大部分支出资金用于非经常性采购(一般是非工资性费用)。⑤每位教师平均约有 40 名学生[2]。教科文组织使用"非洲法语国家联盟教育系统分析项目"(PASEC)的数据,认为需要通过比较一些指标(在学校获得的技能、教师的水平等)来评估非洲教育系统,以便最终建立强有力的教育系统。此外,教科文组织和儿基会联合通过了一项名为"监测学习成就"(MLA)的计划,在一些国家设计并推出了基础学习和生活技能的测量[3]。虽然教科文组织和儿基会更加关注学习者的背景和需要,但对于那些已经验证为成功了的教育措施,它们依然会毫不犹豫地实施,并且以此作为制定教育政策的灵感。

三、 国际组织教育政策价值取向的局限性

毋庸置疑,国际组织教育政策的价值取向会受到政策主体价值观、社会经济文化环境、各个群体利益等的影响。但是,教育政策价值取向的第一准则是必须

---

① Moutsios, S.International Organisations and Transnational Education Policy[J]. Compare：A Journal of Comparative and International Education, 2009, 39(4):469—481.

② Akkari, J.The Education Police of International Organizations：Specific Differences and Convergences [J]. Prospects, 2015(45):141—157.

③ UNESCO. Education for All：Status and Trends 2000：Assesing Learning Achievement[R]. Paris:International Consultative Forum on Education for All, 2000:25.

符合(至少不能违背)教育的本质和发展规律。从这一标准出发,国际组织教育政策的价值取向体现出了一些局限性。

(一) 将教育视为一种工具而不是一种基本权利和公共利益

国际组织强调教育对经济的服务作用。儿基会和教科文组织一直以来优先采用基于教育权利的教育政策,认为此类教育政策突出了教育的重要价值:①增强了社会的凝聚力、整体性和稳定性。②增强了学生尊重和平、非暴力解决冲突的意识。③有助于积极的社会变革。④更具成本效益和可持续性。⑤可以促进经济发展。⑥为学生提供社会生存技能[1]。由此可以看出,虽然儿基会与教科文组织承认教育是一项人权,但也不可避免地将教育视为一种服务社会和经济的工具,重视教育的"社会变革"与"经济发展"价值。世行与经合组织更加强调教育服务于经济的功能。例如,在世行的教育战略中,尤其重视知识经济教育,优先考虑基于结果导向的教育政策。经合组织针对不同的教育人群,研发了多项国际教育测试,强调标准化的测试,以测试来推动教育改革,从而更好地培养新时期的人才。

我们必须肯定标准化测试所具有的合理性,但是国际组织据此限制学校的作用,将教育视为服务经济的工具。我们必须明确教育是一种基本权利和公共利益。此外,家庭和非政府组织参与教育管理,这些简单的多样化供给并不能消除儿童获得高质量基础教育的所有障碍。因此,必须肯定国家在教育领域具有特殊的、主要的责任,国家的失败可能会导致某些国际组织或非政府组织取而代之。

(二) 测量工具单一,忽视了教育与社会、经济、文化等因素的相关性

21世纪以来,国际组织教育政策日益侧重于教育质量与学习成果衡量等基本问题。其测量方法主要基于可量化与可测量的维度,忽视了教育的价值。教育必须具有自身的价值:①有利于提高社会成员关注自由和社会参与的意识和能力。②帮助学生获得有用的技能及有关学校和社会日常生活的专业知识。③通

---

① UNICEF/UNESCO. A Human Rights-based Approach to Education for All: A Framework for the Realization of Children's Right to Education and Rights within Education[R]. New York/Paris: UNICEF/UNESCO, 2007: 12—13.

过社会、社区和家庭的影响,塑造学生的个性。④有利于学生获得尊严,形成批判精神,进行自律①。教育的价值包含了学习者的整体潜力和能力,而不仅是社会经济层面。

然而,测量和评估教育质量的大多数方法都是基于定量的指标,这在经合组织的指标中表现得尤其明显。但是,只用量化的方法来评估教育质量问题,其有效性受到了很大的怀疑。学生获得的知识与社会、经济、文化等因素的相关性也是评估教育质量的关键。国际比较研究存在着限制,忽略了教育的相关性因素,其结果必然具有一定的局限性,因此不具有完全的科学性。

(三) 国际组织教育政策之间存在着相互重叠及交叉影响

随着教育国际化进程的加快,教育政策价值取向体现出相互重叠及交叉影响的复杂性。首先,国际组织共同推动着教育政策的制定,如"全民教育运动"是两个明显相反的范式之间"逐步和解"的结果,即国际货币基金组织和世行主张的促进经济发展的新自由主义范式与联合国系统要求的公平及对全球化的怀疑主义范式,共同推动了"全民教育运动"的进展。其次,国际组织内部的两个基本机构——知识机构和技术机构存在着根本的紧张关系。知识机构更重视理论层面,关注教育国际化,技术机构则更强调技术性。这两大机构在其职权范围内,在话语体系、优先行动领域、活动类型与合作伙伴等方面具有完全不同的影响。例如,虽然教科文组织的知识机构关注世界所有地区的教育以及整个教育制度,但技术机构更关注低收入国家的基础教育。最后,国际组织并不是在"真空"中行事,而是与各个国家和地区的行动者接触。因此,会有一些合作伙伴试图利用其影响力加快其所主张的教育改革②。

各个国际组织教育活动的既互有差异又相互重叠的复杂性,如果一直缺乏清晰的责任领域,则很容易导致过度的自由主义,从而违背教育的本质和规律。此外,国际组织教育政策价值取向的影响力可以有效地传播重要的教育经验,但是这种影响力涉及过多的功利主义则是有害的。

---

①② Akkari, J. The Education Police of International Organizations: Specific Differences and Convergences[J]. Prospects, 2015(45):141—157.

四、结语

有学者认为,21世纪以来,教科文组织在教育方面的地位面临着一些挑战。首先,教科文组织的教育政策存在不足:对教育部门的要求没有做出良好的反应,但却积极响应成员国的政治要求;对教育优先事项没有真正统一的意见,治理烦琐,预算不足;与其合作伙伴或竞争对手没有进行有效的合作。其次,教科文组织缺乏以全球层面的视野,在个别国家采取教育手段或技术专长[①]。不过,整体而言,在全球化的背景下,教科文组织等国际组织在当前各国教育政策制定中发挥着越来越大的作用。国际组织在教育政策领域出台了较多的文件和报告,蕴含在这些文件和报告中的教育政策的价值取向,具有一定的个性、共性与局限性。这些特征体现了全球视野下的教育政策价值取向和教育政策制定的发展趋势,对我们理解国际组织的教育政策价值取向,参与国际组织教育活动和全球教育治理具有一定的借鉴作用。

第二节　以经合组织和世界银行为例,我国与
国际组织开展教育合作的领域

当前经合组织和世行对教育的关注逐渐增加,通过发布报告、国际测试、财政援助等方式不断扩大教育影响力。经合组织每年发布《教育概览》,世行2016年发布《上海是如何做的》报告。2016年12月,经合组织发布了PISA 2015的测试结果,PISA再次成为全球关注的教育热点。世行由于它强大的财政资源,对世界教育的影响也在逐渐增大。因此,本书将根据经合组织和世行教育政策价值取向的研究,结合我国教育改革发展的重点和难点,分析我国与经合组织和世行开展教育合作的突破点,并提出具体可行的方案和建议,为我国参与全球教育治理、提高我国在教育领域的国际影响力做出贡献。

[①]　Burnett, N. How to Develop the UNESCO the World Needs: The Challenges of Reform[J]. Journal of International Cooperation in Education, 2010, 13(2):89—99.

一、 我国与经合组织开展教育合作的领域

（一） 我国与经合组织开展合作关系的历史演变

1995 年 10 月,经合组织启动了与我国的对话和合作项目,逐步扩展到众多政策领域。2005 年以来,经合组织发布了 5 期《中国经济调查报告》。2007 年 5 月,经合组织理事会决定把我国列为"增进接触计划"的 5 个国家之一。通过经合组织 2012 年设立的"中国政府官员赴经合组织短期借调项目",至 2016 年年底,我国已有 39 位涉及 10 多个重要部委的官员得以短期借调到经合组织巴黎秘书处。2015 年 7 月李克强总理出访经合组织并发表主旨演讲。2016 年,在我国举办 2016 年二十国集团峰会期间,经合组织与我国密切合作,使双方伙伴关系迈上了新台阶。截至 2017 年 10 月,我国以全面参与者身份参加的委员会或工作组有 17 个,如煤炭产业咨询委员会和交通研究委员会;以受邀参加者身份参加的委员会或工作组有 15 个,如财政事务委员会。我国已经签署了经合组织 8 项法律文书,例如《税收事务行政互助多边公约》《援助实效问题巴黎宣言》等①。另外,我国已经先后加入了国际运输论坛(2010 年)和发展中心(2015 年)②。

经合组织与我国在教育领域也有着较长时间的深入合作,尤其是 21 世纪以来,双方合作更加紧密。在基础教育方面,我国上海 2009 年和 2012 年先后两次参加经合组织 PISA 测评项目,并于 2013 年和 2018 年先后参加了经合组织 TALIS 项目及 2018 年的 TALIS 教学视频研究项目。我国四省市于 2015 年(北京、江苏、广东和上海)和 2018 年(其中广东调整为浙江省,其他省市不变)参加了 PISA 测评项目。2016 年 11 月,经合组织在我国举办了"教育 2030"国际教育会议第四次非正式工作组会议。在高等教育方面,我国教育部教育发展研究中心与经合组织教育委员会(2006 年之后更名为教育政策委员会)在 2000 年、2004 年和 2008 年分别在北京合作举办了"高等教育发展政策国际研讨会""高等教育财政

---

① OECD. Decisions, Recommendations and other Instruments of OECD by Non-member[EB/OL]. http://webnet.oecd.org/OECDACTS/Instruments/NonMemberCountriesView.aspx. 2017-10-10.

② OECD.与中华人民共和国积极互动[EB/OL]. http://www.oecd.org/china/Active-with-China-CH. pdf. 2017-10-10.

政策国际研讨会"和"高等教育治理政策国际研讨会"。2007年,我国接受并配合经合组织完成了对我国高等教育的评审项目,随后经合组织在2009年发布了《中国高等教育评审》的报告。在职业教育方面,2009年,我国接受并配合经合组织完成了对我国职业教育的评审,随后经合组织在2010年发布了《为工作而学习——中国的备选方案》的报告。另外,自1998年以来,我国教育的相关数据一直被经合组织纳入年度旗舰出版物《教育概览》之中。

2017年以来,我国与经合组织的交流与合作有了实质性进展,出现了新的合作形式、合作项目、合作参与者。

1. 新的合作形式

应经合组织教育与技能司邀请,2017年8月至2018年7月,上海教育评估院方乐受国家留学基金委资助,到经合组织教育与技能司担任访问学者一年,并实质性地参与了教育研究与创新中心的"大学生创新能力与批判性思维培养与评价项目"和教育政策实施与建议处的"巴西高等教育质量保障政策评审项目"。2018年4月,我国教育部首次接受经合组织邀请,安排我国驻法国大使馆教育处两位同志参加了经合组织教育政策委员会和教育研究与创新中心理事会的上半年会议。这使得我们首次对经合组织项目全貌和决策过程等有了直观的了解。

2. 新的合作项目

除了以上提到的PISA和TALIS等项目,2017年以来,我国与经合组织的合作项目越来越多样,参加的大规模测评项目不仅包含教师教学知识调查等认知能力方面,还有经合组织新开发的情感与社会能力等非认知能力的测评。在大规模测评的基础上,还增加了大学生创新能力与批判性思维培养及评价等教学实验项目,以及教育2030、人工智能与机器人技术对教育的影响等面向未来的前瞻性研究项目。我国项目参与单位也增加了教育部基础教育课程与教材发展中心等单位,以及北京师范大学、华东师范大学等国内一流大学。参与单位覆盖的地域也由东部沿海地区拓展到了中部(华中师范大学)和东北(东北师范大学)等,如表7-1所示。

表 7-1 　2017 年以来我国新参加的经合组织教育类工作项目(不完全统计)

序号	经合组织教育类项目	我国参加单位
1	教育 2030：面向未来的教育与技术	教育部基础教育课程与教材发展中心
2	教师教学知识调查	华东师范大学
3	中小学生社会与情感能力测评	华东师范大学和苏州市合作参加
4	大学生创新能力与批判性思维培养与评价	北京师范大学、华东师范大学、东北师范大学、华中师范大学、上海师范大学、天津大学
5	人工智能与机器人技术对教育的影响	华东师范大学

（二） 我国与经合组织重点合作项目

我们对我国有关单位正在进行合作及有可能进行合作的经合组织项目做重点介绍。

1. 教育 2030：未来 2030 教育与技术

经合组织 2030 教育项目将帮助国家解答两个问题：一是今日的学生在 2030 年取得成功并改变社会，需要具备哪些知识、技术和价值，二是如何有效地教授这些知识、技能和价值。项目旨在通过构建 2030 学习框架来勾画教育的未来蓝图，并明确教育面临的长期挑战，通过国际课程分析使得课程设计更加系统和循证。经合组织 2030 项目注重不断迭代优化，使各方利益关系者共同参与和寻求共识的全球性研发。政府官员、意见领袖、专家、学校协会、学校领导、教师、学生和社会伙伴(例如私立基金会、商会等)都有代表参与项目工作组。

该项目自 2015 年开始启动。2015—2018 年为第一阶段，主要探讨学生需要培养和发展什么样的能力(知识、技能、态度和价值观)，才能在未来实现更好的生活和福利。该项目已经初步构建了 2030 学习框架，明确学生需要具有多个方面的知识、技能和情感与价值观；学生不仅需要自我努力，还要与教师、家长、同伴和社区进行积极互动；学生还需要具备创造新价值、妥协与让步和负责任等转变社会和创造未来的能力。课程是改变教学、学习和评价的重要政策杠杆之一。该项目在国际课程分析基础上，梳理出国际社会课程方面共同的政策问题：内容过载、时间滞后、质量不足、公平不够和未能有效实施等。该项目也从概念、内容与主题和实施过程两方面提出了课程设计的原则。

2019 年开始,项目进入第二阶段,探讨如何培养这些能力,尤其聚焦在课程实施方面,以确保既定时间节点和资源条件下的政策相关性和可行性。

2. 教师教学知识调查

教师教学知识调查是经合组织 2015 年启动的"教师创新教学实现学生有效学习"子项目,旨在通过实证数据,了解和分析教师教学知识对于教师创新教学和学生有效学习的影响,进而把握优质教学的特点,如何吸引和招收适教、乐教的教师。项目主要探究 3 个方面的问题:教师所拥有的教学知识水平、教师获取教学知识的机会、教师职业动机和情感能力特点及其对专业能力提升的影响。该项目2015—2016 年在爱沙尼亚、匈牙利、希腊、以色列和斯洛伐克进行。

教师教学知识调查包括 3 方面内容:①测评教师的教学知识,包括教师对教学方法、课堂管理等教学过程的理解,教师对学生学习和发展规律及学生情感、动机特点等的把握,教师对有关诊断、评价工具和数据使用及研究素养等;②教师自评报告有关获得教学知识的机会,包括职前学习和职后专业发展机会;③教师自评报告有关职业情感和动机。教师教学知识调查主研究主要面向 4 个群体:临近毕业的师范生、工作五年以内的初任教师、工作 5—15 年的在职教师和讲授教学法的大学教师。项目在 2018 年下半年进行一次正式试测,2019 年进行主测,随后进行数据分析和撰写报告。

3. 中小学生情感与社会技能调查

该项目计划邀请 10—12 个国家或城市参加研究。研究对象为这些国家或城市 10 岁和 15 岁两个年龄段的学生。中小学生情感与社会技能调查(SSES)认为 10 岁(具体为 10 岁 3 个月—11 岁 2 个月之间),是学生能够相对稳定地表达个人感受的最初年龄,并且正处于小学的中间阶段;15 岁学生群体(具体为15 岁 3 个月—16 岁 2 个月之间),正处于正规教育当中,还没有进行职业教育分流,并且和国际学生测试项目(PISA)学生群体吻合,便于进行数据比较。选择两个年龄段学生可以明确学生社会与情感变化情况,以及具体哪些方面发生了变化。

SSES 借助人格理论的大五模型,构建了社会与情感技能的六大模块,其中五个与大五模型一致,另一个为有两个或多个技能构成的复合型技能。每一个模块含有若干个次级模块。SSES 初步筛选了 19 个次级模块,并将依据试测情况进行调整。主测时 15 岁学生测试 15 个次级模块,10 岁学生测试 10—12 个次级模块。SSES 采集的信息不仅包括学生的社会与情感技能方面的信息,还包括其长期所处的家庭、同辈和学校环境方面的信息。信息采集方式是包括学生、家长、教师和校长在内的 4 类问卷,同时需要学校提供有关学生学业成绩和在校行为表现的记录数据。该项目在 2018 年 4—5 月和 10 月,先后进行两次试测,随后 2019 年 10 月进行主测试。

4. 大学生创新能力与批判性思维培养与评价项目

该项目旨在为从事创新能力与批判性思维(CCT)培养与评价的高校搭建一个国际平台,构建一个国际共同认可的 CCT 分析量规和评价方法,探究影响 CCT 发展的重要因素,并在评价基础上构建示范性 CCT 教学案例库。在共同研讨确定 CCT 量规基础上,各合作高校可以参照量规自主设计和实施教学方案。项目通过试卷和问卷对试验组和对照组学生进行前测和后测,并通过访谈和焦点小组讨论进行过程监控,了解不同教学方法对学生 CCT 培养的效果。

2018 年为项目设计和高校征集,2018—2020 年进行两次试验干预,2021 年撰写与发布报告。每个国家至少有 3 所代表性本科高校,包括研究性高校和一般高校参与。每所高校可以选择一个或多个学科,每个国家每个参与学科的实验组至少有 500 个学生,控制组学生数量则至少为其 2 倍,学科领域包括教师教育、工程学科和商科等。

5. 人工智能与机器人技术对教育的影响

该项目由经合组织与美国国家科学院合作开展,旨在探讨未来数十年人工智能和机器人技术将发生什么样的变化及其对教育的影响。项目将在四大技能领域评测人工智能和机器人技术的发展:①一般认知技能,如阅读和算术、听和写;②专家认知技能,如医疗诊断和科学推理;③身体技能,如开车;④社会技能,如对话。

该项目是五年左右的周期性项目。经合组织计划在 2019 年启动,2023 年前探索性地研制对人工智能和机器人技术在四大技能领域进展的评测方案,2023—2024 年将探讨对于教育的影响,2019—2020 年将推出一份研究报告,内容主要包括技能领域界定、一般认知技能和专家认知技能分析。

6. 提升高等教育体系的绩效

提升高等教育体系的绩效项目包括两个子项目:高等教育体系绩效基准和对有关专题进行深度分析。两个子项目具有内在联系:深度分析获得的洞见可以融入高等教育体系的绩效基准工作,提供更丰富的数据和分析;高等教育绩效基准工作将为未来的深度分析提供一些切入点。

深度分析是对成员国在一定时间内共同关心的高等教育话题进行深入研究。成员国可以每 2—3 年确定一个主题。2017—2019 年,深度分析的主题是高等教育结果与劳动力市场的相关性。这项研究旨在帮助国家增进对以下两方面的理解来提升高等教育结果与劳动力市场的相关性:高等院校培养的知识与技能和毕业生就业之间的联系,有关政策和实践如何加强与劳动力市场相关知识与技能的培养。具体分析内容包括:确定在劳动力市场取得成功所需要的知识和技能,并考虑学校以外的其他因素;评估高等教育体系对这些劳动力市场所需技能的绩效;确定高等院校推进这些技能培养方面的途径;探寻在促进大学生劳动力市场技能培养和毕业生良好就业结果方面的政策杠杆;确定有助于改进大学生就业状况的具体政策选择。项目组对挪威和墨西哥高等教育结果与劳动力市场的相关性进行分析,并发布了两份文件,即《对高等教育结果与劳动力市场相关性的深度分析:分析框架与国家实践》和《对高等教育结果与劳动力市场相关性的深度分析:指导原则》。

经合组织高等教育绩效基准方面的工作通过跨国高等教育体系政策和实践的基准比较,探究有关数据背后的原因,旨在更好地理解高等教育体系在教育教学、科学研究和社会服务等方面的绩效和不同政策杠杆的影响与有效性。该子项目将主要通过以下方式满足国家对高等教育体系绩效的关注:按照共同认可的维度比较高等教育体系的绩效,确定每个国家高等教育体系的优势和不足,促进同行学习,服务于制订高等教育绩效提升战略。该项工作计划常态性每两年进行一次,不断更新数据和信息。这将强化经合组织的政策基础,构建政策对话的综合性框架,使得经合组织能够提供更为扎实的政策建议,搭建国家间交流学习的平台。2017—2018 年项目参与国家或地区是比利时弗兰德斯地区、爱沙尼亚、荷兰和挪威。项目已经发布了两份文件,即《高等教育绩效基准:概念框架和数据》和《高等教育绩效基准:参与指南》。

(三) 我国与经合组织合作的有效方式和途径

1. 短期内我国没有加入经合组织的迫切需要

这是因为:①经合组织成员主要是发达国家,并且主要是受少数发达国家主导,其政策制定更多地考虑这些发达国家利益。②我国虽然经济总量已位居世界第二,但人均 GDP 只有 7589 美元,排在全球第 80 位。③如果加入经合组织,我国将承担更多的国际义务,例如进一步开放我国的贸易和投资市场;官方发展援助资金额不低于国内生产总值(GDP)的 0.7%;适用更高的环保标准等。同时我国在价值观念、劳工标准等方面与欧美国家存在分歧,将来很可能面临经合组织成员国的联合施压。④我国已经参加了世行、世界贸易组织等众多国际组织以及二十国集团,并牵头成立了亚洲基础设施投资银行和金砖国家开发银行等,借助这些平台能够使我国很好地发挥国际影响力。

2. 可考虑以全面参与者身份加入教育政策委员会

目前我国同经合组织的合作项目越来越多样,涉及经合组织教育领域的 4 个一级机构,即教育政策委员会,如"教育 2030:面向未来的教育与技术";教育研究与创新中心理事会,如"大学生创新能力与批判性思维培养与评价"和"中小学生社会与情感能力测评"等项目;国际学生评估项目(PISA)理事会,如 4 个省市参加的 PISA 测试项目;教师教学国际调查项目(TALIS)理事会,如上海参加的 TALIS 测评。我们继续有选择地、有重点地参加经合组织有关研究和测评项目,从而更加全面、客观地把握我国在国际参照体系当中的位置,进一步调整和优化有关政策,同时熟悉和掌握有关调研和测评理念、技术和方法,增强能力建设。

我国应充分利用作为"增进接触计划"国家的良好契机,作为受邀参加者,积极参加经合组织这 4 个一级机构的年度两次决策会议,深入了解其运作规则和有关我国参与项目发展现状及发展方向。但作为受邀参加者,我国代表在这些决策会议上除了学习和观摩,并没有什么发言权,涉及预决算与项目立项等重点内容时,我国代表还需要回避。因此,我们可以考虑5年内以全面参与者身份加入经合组织教育政策委员会,这样我们就享受经合组织成员国同等的权利和义务。例如巴西和新加坡是 PISA 理事会和 TALIS 理事会的全面参与者,他们的代表分别被推选为这两个理事会的副主席。选择加入教育政策委员会,是因为该委员会是经合组织整个教育领域工作的牵头单位,对其他项目理事会负有统筹协调和监督指导的职责。只加入这一个一级机构,而不建议同时加入其他机构,是因为作为全面参与者,我们需要承担一定的会费和其他义务,短期内并没有必要全面铺开。因此,以全面参与者加入教育政策委员会使我们能够更好地全景式、深层次了解经合组织的教育工作,并对其他理事会的工作产生一定影响,从而可以更好地表达我国需求,保护我国的利益。

3. 深入推进对于经合组织运作规则和价值逻辑的研究

目前我国对于经合组织的研究主要聚焦于一些具体项目,如国际学生评估项目(PISA)和国际教育指标项目(INES),往往局限于具体技术层面。但随着我国参与经合组织教育类项目越来越多,我们会陷入一种眼花缭乱的感觉,一时难以看出这些项目之间的内在联系。因此,我们有必要从中宏观的角度全面审视经合组织的教育工作,把握其战略意图、运作规则和价值逻辑等。这方面的重要抓手是对经合组织4个一级机构的研究,包括教育政策委员会、教育研究与创新中心理事会、PISA 项目理事会和 TALIS 项目理事会。因为他们是上承经合组织理事会、下接具体项目的中枢,不但有一定的决策权,也有一定的项目管理职责。因此,建议我国有关学者深入研究经合组织教育类一级机构的演化过程、决策规则、运行机制和相互关系等;深入梳理分析经合组织有关决议和建议等法律文书,并与我国国内现行政策进行比对分析;充分利用经合组织有关信息和数据资源,推进我国国内以证据为本的政策研究和咨询工作;协调更多的人员借调、访学和实习乃至工作机会等。

二、 我国与世行开展教育合作的领域

(一) 我国与世行开展教育合作的历史演变

自 1980 年我国恢复世行成员国地位至今,我国与世行建立合作关系已超过 40 年。在此期间,我国与世行的合作身份也发生了重大变化。综合来看,我国与世行教育合作的历史关系,是一个主权国家与国际组织相互影响、互为变量的演变过程,即在某一时期两者之间相互配合,而在另一时期则表现为在某一领域的缺失,或者一方的理念、实践变化力度远远超出了预期。然而,总体来看,我国与世行的教育合作完全不同于两个主权国家之间的博弈和竞争,而是呈现出形式不同、本质有别的发展阶段。以关键节点来划分,我国与世行的教育合作历史进程可分为准入考察期、积极合作期和深度合作期 3 个阶段。

1. 准入考察期(1978—1980 年)

中华人民共和国成立至 1980 年之间,我国在国际社会体系中一直身处其外,尽管于 1971 年重返了联合国,但真正发挥作用及受到影响的程度很小。"文化大革命"之后,邓小平同志认识到教育的重要作用,并将教育作为打开国门的战略选择。1977 年 7 月,邓小平恢复职务,便积极管理教育、科学方面的事务,"我们国家要赶上世界先进水平,从何着手呢? 我想,要从科学和教育着手"①。十一届三中全会决定实施改革开放的国家政策,我国派遣大量的考察代表出国访问、回国汇报,中央领导人意识到资金和技术对实现现代化设想的重要作用,开始对既能够提供经济援助,又能提供技术支持的世行产生了兴趣。

1979 年,中共中央国务院出于恢复我国在世行席位及获得世行贷款的目的,成立了指导小组。之后,指导小组成立了该计划可行性调研团,对社会主义国家罗马尼亚及南斯拉夫进行了考察,对他们与世行的合作经验进行了研究,并借机与华侨林重庚进行座谈。林重庚对世行"软贷款"进行了说明,即任何一个国家申请世行的贷款,其关键是世行对该国经济进行的考察。

---

① 邓小平.邓小平文选:第 2 卷[M].北京:人民出版社,1983:66—71.

1980 年,国务院批准了调研团提交的申请世行贷款的程序和步骤,邀请世行行长罗伯特·麦克纳马拉访华。邓小平同志亲自接见了行长一行,并就当时国际形势和国内发展进行了说明,同时表达了与世行合作的强烈意愿:"对我们中国来说,考虑问题历来不从中国自身利益一个角度,而是从全球战略来提出问题、考虑问题。当然,这个考虑是有利于中国的。这就是说,我们需要一个比较长期的和平环境来发展。我们太穷了,要改变面貌。"①经过此次会谈,麦克纳马拉感受到我国并不是把世行作为简单的资金来源,而是要充分利用世行提供的所有发展机会。因此,同年 5 月,我国顺利恢复了在世行的合法席位。

2. 积极合作期(1981—1999 年)

1980 年,中共中央决定"1981 年世行提供的 5 亿美元贷款如能如期落实,可以优先用于教育事业"。此决定出乎世行意料,按照世行"促发展""减贫困"的援助理念,教育不是优先发展领域。然而,尽管双方之间在优先发展领域方面意见相左,我国政府依然成功说服了世行在中国教育领域的援助。这也体现了我国独立自主的外交政策,奠定了双方在之后的合作方式。

1981 年,我国政府坚持将世行贷款项目首先用于高等教育领域,这在"文化大革命"之后,是中国政府对教育事业灾难的正确性补救,标志着中国的教育事业开始重新步入正轨②。第一个高等教育贷款项目是"大学发展项目",其核心是"知识的学习"。该项目提供了两亿美元贷款,对中国 28 所大学进行升级改造,并为 800 多位中国科技专家和工程设计师提供奖学金出国深造③。中国积极吸收先进的教育理念,培养大量的工程师、设计师和科学家,以实现大学的现代化。这与 1983 年邓小平提出了三个面向不谋而合,即"教育要面向现代化,面向世界,面向未来",为我国的教育发展指明了战略方向。

20 世纪 90 年代,世行重申了发展和减贫的职能,将投资积极转入教育领域、积极支持千年发展目标,并将教育纳入"知识经济"话语体系中。"世行的教育战略是帮助各国将教育放至国家经济发展的需求之中,世行将积极帮助实现

① 邓小平.邓小平文选:第 3 卷[M].北京:人民出版社,1983:35.
② 何东昌.中华人民共和国重要教育文献(1976—1990)[M].海口:海南出版社,1998:1872.
③ 闫温乐.世界银行教育援助研究:特征、成因与影响[D].上海:华东师范大学,2012:173.

全民教育,建设动态的知识社会,并以教育促进知识经济的发展"①。基于该理念,世行对我国的高等教育、基础教育和职业教育进行了援助,极大地促进了我国教育的发展。1999 年 7 月,我国人均 GDP 超过了世行界定的"软贷款"标准,国际开发协会停止对我国提供贷款,至此我国不再作为"贫困国家"受援助国。

值得注意的是,1981—1999 年,我国以"贫困国家"受援助国的身份接受了世行的资金援助支持。截至 1999 年 7 月,世行共向我国提供了约 102 亿美元的软贷款,帮助我国实现了上亿人摆脱极度贫困的目标。此外,我国的进步为世行的减贫目的提供了可靠的经验,也为许多发展中国家提供了可以借鉴的知识和经验。同时,世行学习了我国成功的项目并进行了推广,如 1992 年,我国将合作研究及培训与投资相结合来推进政策改革的项目。

3. 深度合作期(21 世纪初至今)

21 世纪以来,世行与我国的合作并未因此而止,相反进一步扩大了合作规模,双方以合作者的身份对世界的发展做出了重大贡献。

2007 年,我国成为世行国际开发协会的捐助国,成为世行帮助贫穷国家及群体的合作伙伴。我国从受援助国、贷款国到捐助国角色的转变,为此后双方深度合作打下了坚实的基础。2010 年 4 月,我国成为世行第三大股东国,仅次于美国和日本,成为中国和世行进行深度合作的里程碑事件。目前为止,我国在世行集团国际复兴开发银行、国际开发协会、国际金融公司中具有重要的地位,如表 7-2所示。

表 7-2 中国在世行的权利及与世行的合作

世行集团机构	中国在世行的权利	中国与世行的合作
国际复兴开发银行	中国具有 107300 票表决权,占总票权的 4.46%,居第三位	截至 2011 财年底,国际复兴开发银行对华承诺贷款累计约达 392 亿美元

---

① World Bank. Accelerating development outcomes in Africa progress and change in the Africa Action Plan[R]. Washington D.C.: World Bank, 2007:13.

世行集团机构	中国在世行的权利	中国与世行的合作
国际开发协会	中国具有 617607 票表决权,占总投票权的 2.23%	①2007 年 12 月,我国向国际开发协会捐款 3000 万美元;②2010 年 12 月,我国承诺向国际开发协会第 16 次增资捐款 5000 万美元和按照世行法律条款双倍加速偿还国际开发协会借款,并在此基础之上,自愿额外一次性提前偿还 10 亿美元借款;③2013 年 12 月,我国承诺向国际开发协会第 17 次增资捐款 3 亿美元,其中 1.21 亿美元为直接捐款,1.79 亿美元用于优惠贷款贴息;④2016 年 12 月,我国承诺向国际开发协会第 18 次增资捐款 6 亿美元,并首次使用部分中国气候变化南南合作基金和用人民币捐款
国际金融公司	①中国认购股份61756股,占国际金融公司法定股本总额的 2.41%;②中国在国际金融公司具有 62576 票表决权,占总投票权的 2.30%	自国际金融公司 1985 年批准第一个对华项目起至 2011 财年底,国际金融公司在中国共投资了 218 个项目,并为这些项目提供了 54.3 亿美元的资金。其中,41.5 亿美元为自有资金,10 亿美元来自银团中的其他银行,2.8 亿美元为国际金融公司所提供的担保

（资料来源：外交部.中国同世界银行集团的关系
[EB/OL]. http://www.fmprc.gov.cn/web/gjhdq_676201/gjhdqzz_681964/lhg_681966/zghgzz_681970/t1443006.shtml. 2019-1-20.）

　　2013 年,习近平同印度尼西亚总统苏西洛举行会谈时,提出筹建亚洲基础设施投资银行(Asian Infrastructure Investment Bank),同年倡议建设"一带一路"("丝绸之路经济带"和"21 世纪海上丝绸之路"的简称),在国际舞台上展现出中国积极参与国际社会建设的意愿。2017 年,世行肯定了中国的"一带一路"倡议,并表示随时准备帮助"一带一路"倡议变成现实,同时对于中亚、南亚、东亚和太平洋地区及欧洲等我国"一带一路"规划集中的区域提供贷款支持。我国与世行的合作,一方面,世行为我国的发展提供了知识、经验和技术的帮助与指导,使我国参与到世行的全球治理当中;另一方面,双方的合作不仅为世行提供了向发展中国家提供援助的成功经验,也极大丰富了世行的发展理念。同时,双方构建的创新、和谐的合作伙伴关系,将对人类的发展做出极大的贡献。

(二) 我国与世行开展教育合作的突破点和亮点

1. 资金配套促进中国教育发展

世行对我国教育投资涉及基础教育、职业教育、高等教育、教师教育等领域，很大程度上改善了我国教育投入。另一方面，我国积极配合世行的教育援助项目，并配以资金支持，两者资金形成合力推动我国教育事业的发展。例如，1996年中国国家教育委员会、财政部门及世行联合举办了"第三个贫困地区基础教育发展项目启动会"，由世行提供 1 亿美元贷款，中国配套资金 9.28 亿元人民币，用于支持甘肃、河南、河北、吉林、青海、福建等 7 省的 124 个国家级贫困县发展九年义务教育[1]。正是世行的教育贷款和我国教育的配套资金相配合，一起促进了中国这些贫困地区的教育发展。

世行与我国对教育发展的资金配套，对我国教育事业带来的效益，主要体现在以下几点：其一，增强了教育的整体规划。世行以目标为导向，增强了教育活动的整体意识，为教育的阶段性任务提供了统一规划，避免了人力、财力和物力的浪费。其二，集中力量提高贫困地区的教育质量。世行教育项目重视风险评估，在项目准备阶段就充分估计了各种风险，因此在实施阶段可以尽量避免风险危害，在一定程度上保护了教育资金的使用效率，集中财力办教育，保证了教育质量的提升。其三，改善教师教学效果。在项目实施过程中，世行教育专家会对当地的教师教学加以指导，提出专业建议，提升了教师教学水平。其四，帮助我国实现扶贫消困的目标。我国与世行整合教育资金，集中力量改善我国贫困地区的教育，促进了贫困地区的社会流动，对我国实现扶贫消困的目标具有重大的意义。

2. 综合发展框架下的有效合作

世行与我国的援助关系模式，大致经历了"长期对峙—短期冲突—短期协作—长效合作"的历程。实证表明，长效合作更有助于中国制度的本土创新[2]。此外，在国家教育发展规划及与各类机构展开合作中，世行"综合发展框架"(Comprehensive Development Framework)指出国家应处于"领导位置"，在此前提

---

① 1996 年中国教育大事记[EB/OL]. http://www.edu.cn/jygk_9335/20100121/t20100121_443647.shtml, 2018-6-20.

② 徐佳君.世界银行援助与中国减贫制度的创新[J].经济社会体制比较,2016(1):184—192.

下,合作才会更有效率和效果。

一直以来,我国与世行的教育合作,一直是基于世行比较优势之上的有效合作。世行认为,"综合发展框架"是一个整体的发展框架,是减少贫困的有效途径,具有四个原则:①国家所有制,体现在决定国家教育发展的目的、阶段、时间和顺序上;②发展需求与计划实施须与政府机构、社会、援助组织及相关私人部门进行合作;③立足于长期视角,寻找解决方案,构建国民持续支持的国家咨询体系;④宏观经济和财政问题是重点,同时也要关注社会结构和社会问题。由此可见,"综合发展框架"强调社会、人类、管理、组织、环境和财政等要素之间的依赖性,试图在平衡的环境下进行政策决策,因此,必须配合以国家的主动权、公民社会各部门的积极参与,以及双边组织、多边组织的支持。

我国在与世行的教育合作中,充分利用了世行的比较优势和长处,即通过贷款和学习,维持长期的义务关系、共享全球知识、促进国际对话、提供客观政策建议、提供资金支持等,推动了本国的教育发展,同时又将我国成功的教育经验通过世行推广到更多发展中国家,既为世行积累了相关经验,又为全球的教育发展做出了贡献。当然,"综合发展框架"只是一项发展指南,将此付诸实践因国而异,并不是普适蓝图。

3. 共同推进全民教育理念发展

全民教育思想由来已久,但全民教育理念第一次在国际社会中出现是在教科文组织的大会决议上,而真正在国际社会、教育专家中流行起来是在 1990 年的"世界全民教育大会"上。该会议通过了《全民教育宣言》及《满足基本学习需要的行动纲领》,其目的是"使所有人都能接受基本教育"。2015 年通过的《仁川宣言》鼓励各国提供公平、优质的教育及全民学习的机会,继续完成全民教育目标。

我国和世行都是"全民教育"的积极践行者。在我国,全民教育理念的传播和接受非常成功,这一点得到了教科文组织的认同。例如,教科文组织原副总干事科林·鲍尔认为,"中国一直走在全民教育的前列,整个教育体系在过去的几十年中也发生了彻底的改变"[①];教科文组织教育助理总干事尼古拉斯·伯内特认

---

① 杨桂青.农村教育 中国与世界对话:访联合国教科文组织国际农村教育研究与培训中心主任朱小曼教授[J].中国农村教育,2008(7):9—11.

为:"中国在全民教育运动中是领先的国家,不管是在本国教育政策还是国际合作方面都走在世界前列,中国在援助全民教育运动方面发挥了很大的作用。"[1]

世行多份教育战略报告突出强调全民教育理念,如世行《2005年教育领域战略更新》(*The Education Sector Strategy Update*),基于知识推动社会经济发展的愿景,所有的儿童都能获得学习机会,并完成学业,成绩优异,积极乐观;更多的贫困儿童、女童、少数族裔儿童等都能获取优质的教育;更多成人能够获得职业发展技能、获得较好的经济收益;更多的教师可以获得良好的培训;更多优质的学习内容能够与社会需求及劳动力市场相关。在这一愿景指导下,世行致力于帮助客户国实现全民教育,并帮助个体通过提高职业水平和技能适应全球的市场竞争。这一愿景符合21世纪以来国际社会对教育发展的需求,世行也逐渐增加了对教育的投资。2011年,世行发布《全民学习:投资于人民的知识和技能以促进发展——世行2020教育战略》,在全民教育理念下提出了"全民学习",并将其作为发展中国家实现经济增长和消除贫困的关键,极大地丰富和扩展了全民教育理念。

4. 重视基础教育的公平与质量

我国与世行积极关注基础教育的公平与质量,并于2016年5月17日,由上海师范大学承办了世行"公平与卓越:全球基础教育发展论坛",聚集世行及30多个国家的教育官员、教育工作者,共论教育与经济的关系、基础教育中的考试、评估及课程改革等前沿发展议题,共同促进全球基础教育的发展。在此论坛上,世行发布了报告《上海是如何做的?——上海基础教育政策和实践的基准测评》。该报告采用世行"取得更好教育成果的系统方法"(SABER),对上海教育体系、教育政策实施等进行了全面的分析。结果表明,上海的教育体系是优异的,可以成功地把教育政策转化为优质的学习成果。正是在这样的教育体系中,上海连续在国际学生评估项目(PISA)中取得佳绩。同时,这一教育体系重视教育政策的推广和教师教育的投资,打造了一支优质的教师队伍,对学生学习成果的改善具有重要的促进作用。

---

① 周一,熊建辉,张鹤.全球教育治理:联合国教科文组织的作用与中国的参与——联合国教科文组织教育助理总干事尼古拉斯·伯内特专访[J].世界教育信息,2009(3):16—19.

此外,世行教育战略及报告从"全民学习"的角度出发,强调了学习者应该掌握的三种技能,即认知技能、情感技能和运动技能。世行多份战略报告及 2018 年《世界发展报告》中提出,为确保学习者能够获得这些基本技能,教育政策的内容选择及政策实施要以提高教育质量为核心。同时,世行使用"基准化"推荐了一些国家良好的教育模式,如中国上海的基础教育体系及教师培训。由此可见,世行将教育质量,尤其是基础教育的质量作为教育回报的重点评估内容,将中国上海基础教育的成功模式推向世界,是双方为改进全球基础教育公平和质量的明智选择。

(三) 我国与世行开展教育合作的有效方式和途径

我国与世行的教育合作,是基于主权国家与国际组织资金合作、知识及经验交流和理念影响的合作,更多地体现出了两者之间的合作性质,而非博弈性质。因此,从世行的性质和近年来我国对外的教育政策,以及以往的合作经验出发,我国与世行教育领域合作的有效方式和途径主要有三类:一是基于世行"银行"性质开展的教育资金合作;二是基于世行"非银行"性质开展的知识、技术合作;三是基于我国近年来"教育对外开放"相关政策的全球教育发展合作。

1. 教育资金合作

世行的"银行"性质,决定了它对全球教育发挥作用的金融优势。这主要体现在,世行支持世界各贫困地区的教育途径主要和资金相关,以贷款或赠款的形式进行教育援助,虽然这种教育贷款的表现形式是教育项目。一直以来,世行对教育的投资深受经济相关理论的影响,甚至一度将教育当成是推动经济增长的手段,但不可否认的是,世行教育资金"投入—产出"的风险预算,对提高贫困地区的教育水平做出了一定贡献。近年来,世行继续利用其金融机构的优势,扩大对发展中国家教育援助的范围,体现在从提高入学率、增加女童接受教育的机会、帮助穷人接受教育等方面,扩大到了早期教育、基础教育、中等教育、高等教育、教师教育、成人教育各个领域,21 世纪以来其教育资金承诺也不断增加。

此外,世行对教育投资的内容越来越多的由"硬投资"向"软投资"转化。这点主要体现在,世行教育投资不再局限于基础设备,如房屋校舍、教学用具及实验室设备等,而是更多的将其关注点集中在优质教学、学习效果、师资培训等方面,并对所有的教育项目做出了更高的要求。例如,具备基本的教育技术条件,如师资力量、教学手段和方法、ICT 教学、就业需求等;具有相应的教育管理手段和素质,如管理人员需要具备一定的现代管理手段和创新管理的能力;具备最低收支平衡的经费成本、抗击突发事件的资金准备、确定的收费标准、充足的现金流等。

我国要与世行进行有效的教育合作,必须承认世行的"银行性",在资金方面进行合作。鉴于世行教育的经济目的和投资内容的转变,以及 21 世纪我国教育发展的优先事项,未来双方的合作可能更多地集中在世行的"软投资"领域,如优质教育、对外教育援助项目经验、学习效率、师资培训等理念方面的资金合作。当然,着眼于扶贫济困目的的教育资金合作,依然是双方之间合作的重点。

2. 知识、技术、理念合作

"冷战"结束后,全球化深入发展,世行也没有囿于"银行性"的限制。1995 年6 月,沃尔芬森任世行行长,带领世行不断向"知识银行"转型。世行意识到知识的获得与掌握,对世界和平、人权保障、经济增长等都提供了重要的支持力量,而教育在继承、更新、传播知识等方面发挥着核心作用。因此,世行利用其高素质的人才和知识资源,对发展中国家的教育发展提供政策建议和理念指导等,同时为在教育领域进行更多的知识、技术、理念合作提供了便利。此后,世行不断增加非资金途径的教育投资,通过教育研究和政策分析提高了在教育投资领域的有效性,加大了知识咨询力度。

另外,20 世纪 90 年代后半期以来,"知识管理""知识经济""学习""教育"等越来越成为世行教育战略和《世界发展报告》的高频词汇。例如,《1998—1999 年度世界发展报告》强调的"教育知识管理系统"(EKMS),认为该系统可以收集、保存、传播教育知识,其主要目标是储存世行的教育活动和经验,积累最优秀的教育知识。2011 年《全民教育:投资于人民的知识和技能以促进发展——世行 2020教育战略》,重申了知识和技能对经济增长、个体成长的重要作用。2017 年的《世界发展报告》,更是强调全球学习面临危机,对教育效率和学习质量的全球现状、原因及其政策应对进行了专门论述,极大丰富了世行"知识银行"的内容。

"知识银行"是"建设、共享和应用推动经济发展最先进的知识的催化剂"。这一愿景不但带来了世行内部教育理念的更新,以期成为全球"知识管理者",同时为我国更好地参与世行教育活动中提供了契机。如 21 世纪以来,我国教育部与世行高层领导对双方的深化合作进行了沟通、交流,同时开展了一定数量的教育研究课题,如"教师教育标准体系""保障流动儿童就业机会"等。在此期间,我国受益于世行的先进理念、技术理念和项目运营经验等,当然也包括世行的政策建议和知识咨询。此外,世行为部分教育问题提供了政策建议和参考,并邀请教育工作人员赴海外参加教育国际研讨会,加深了知识合作和技术交流。

然而,需要注意的是,在与世行进行知识、技术和经验交流的合作中,我国须明晰什么是"知识"以及什么能成为"知识",在此基础上与世行展开合作,在世界发出中国教育的声音。

3. 全球教育发展合作

随着全球一体化格局的形成,教育领域的文盲率、失学率、辍学率高以及基础设备缺乏、性别教育不平等、教育差距显著等一系列问题,严重阻碍了全球教育的发展。中国作为主权国家,世行作为国际组织,与其他国家、国际组织等一起面对这些教育问题,才能创造教育的美好未来。21 世纪以来,我国与世行均积极关注各级各类教育中存在的问题,不断完善教育治理模式,对全球教育发展的作用日益突出。

近年来,我国积极开展教育合作交流活动,关注贫困地区教育基础设备、教师教学质量等,对全球教育发展具有重要意义。例如,我国为非洲的崛起提供教育支持。根据 2015 年 9 月联合国发展问题特别峰会制定了 2030 年"可持续发展目标"(Sustainable Development Goals, SDGs),其中第四点(SDG4)着重关注教育问题,确保全纳教育、公平的优质教育与提升全民终身学习的机会。非洲教育面临的不仅是入学困难、基础设备缺乏等问题,还有教育腐败、教育援助瓶颈等问题,以及其政治、经济相互限制,阻碍了非洲教育发展的进程。随着我国与非洲关系的深化发展,我国对非洲教育的支持占据着越来越重要的地位。我国也成为越来越多非洲学生的留学选择之地,从 2005 年的 2757 名非洲留学生上升至 2015 年的 49800 名留学生[①]。同时,我国国家主席习近平在 2015 年"中非合作论坛"上

---

① Zambia. Chinese schooling Africa rise[EB/OL]. https://www.daily-mail.co.zm/chinese-schooling-af-ricas-rise/, 2016-5-2.

表示,中国在未来 10 年将为更多的非洲学生提供奖学金。对非洲来说,中国对其人力资源、基础设施和资金支持至关重要。世行在中非教育合作交流中,具有重要的推动作用。如 2017 年 7 月举办的"第一届中国非洲世行教育合作论坛——高等教育与科学技术",世行为中非教育合作交流提供了重要支持。

此外,2016 年 4 月,我国发布了《关于做好新时期教育对外开放工作的若干意见》,坚持"做强中国教育",积极参与全球教育发展。同年,为贯彻该意见,中国教育部发布了《推进共建"一带一路"教育行动》,为推动区域教育开放、交流、融合提供了良好契机。2017 年,世行表示出对"一带一路"教育的肯定和支持,其资金支持、技术支持和经验分享将为我国"一带一路"教育增加色彩。

参考文献

一、中文参考文献

(一) 学术著作

[1] [英]艾德蒙·金.别国的学校和我们的学校:今日比较教育[M].王承绪,译.北京:人民教育出版社,2001.

[2] [法]保罗·朗格让.终身教育导论[M].北京:华夏出版社,1988.

[3] 陈洪捷,施晓光,蒋凯.国外高等教育学基本文献讲读[M].北京:北京大学出版社,2014.

[4] 陈时见.教育研究方法[M].北京:高等教育出版社,2007.

[5] 陈晓律,陈伯清.欧洲社会的整合与欧洲认同[M].北京:中国大百科全书出版社,2010.

[6] 陈振明.政策科学——公共政策分析导论[M].北京:中国人民大学出版社,2003.

[7] 窦宪金,卢海弘,马凯.欧盟教育政策[M].北京:高等教育出版社,2011.

[8] 杜越.联合国教科文组织与全球教育治理——理念与实践探究[M].北京:教育科学出版社,2016.

[9] 范文曜,马陆亭.高等教育发展的治理政策——OECD 与中国[M].北京:教育科学出版社,2010.

[10] 范文曜,闫国华.高等教育发展的财政政策——OECD 与中国[M].北京:教育科学出版社,2005.

[11] 付红,聂名华,徐田柏.中国高等教育国家化的风险及对策研究[M].北京:人民出版社,2015.

[12] 高耀明.重铸教育辉煌——欧盟终身学习计划研究[M].上海:上海教育出版社,2010.

[13] 郭春林,等.联合国教科文组织四十年[M].北京:中国对外翻译出版公司,1985.

[14] 国际学生评估项目中国上海项目组.质量与公平:上海 2012 年国际学生评估项目(PISA)结果概要[M].上海:上海教育出版社,2014.

[15] 何曼青,马仁真.世界银行集团[M].北京:社会科学文献出版社,1975.

[16] [美]加里·S.贝克尔.人力资本[M].北京:北京大学出版社,1987.

[17] [美]经济合作与发展组织.教育系统中的成功者与变革者——美国从国际学生评估项目中学什么? [M].徐瑾劼,等,译.北京:北京大学出版社,2013.

[18] [法]经济合作与发展组织.教育政策分析 1999[M].刘丽玲,王薇,译.北京:教育科学出版社,2002.

[19] [法]经济合作与发展组织.教育政策分析 2002[M].苏尚峰,等,译.北京:教育科学出版社,2006.

[20] 阚阅.多样与统一——欧洲高等教育一体化研究[M].杭州:浙江大学出版社,2016.

[21] 孔令帅.国际组织教师教育政策研究[M].上海:上海教育出版社,2015.

[22] [伊朗]拉塞克·S,[罗马尼亚]维迪努·G.从现在到 2000 年——教育内容发展的全球展望[M].马胜利,高毅,丛莉,刘玉俐,译.北京:教育科学出版社,1996.

[23] 李薇.经合组织与全民终身学习发展[M].上海:上海教育出版社,2015.

[24] 联合国教科文组织.2000—2015 年全民教育:成就与挑战[M].北京:教

育科学出版社,2015.

[25]联合国教科文组织.反思教育:向"全球共同利益"的理念转变?[M].北京:教育科学出版社,2017.

[26]联合国教科文组织.世界教育报告 2000[M].北京:中国对外翻译出版公司,2001.

[27]联合国教科文组织国际 21 世纪教育委员会.教育——财富蕴藏其中[M].北京:教育科学出版社,1996.

[28]联合国教科文组织国际教育发展委员会.学会生存——教育世界的今天和明天[M].北京:教育科学出版社,1996.

[29]联合国教科文组织终身学习研究所.成人学习和教育全球报告[M].北京:教育科学出版社,2012.

[30]刘复兴.教育政策的价值分析[M].北京:教育科学出版社,2006.

[31]刘继萍.西部女童职业教育行动研究:联合国教科文组织广西 5 所学校少数民族女童职业教育项目纪实[M].桂林:广西师范大学出版社,2008.

[32]陆璟.PISA 测评的理论和实践[M].上海:华东师范大学出版社,2013.

[33][美]玛莎·费丽莫.国际社会中的国家利益[M].杭州:浙江人民出版社,2001.

[34][美]迈克尔·巴尼特,玛莎·芬尼莫尔.为世界定规则:全球政治中的国家组织[M].薄燕,译.上海:上海人民出版社,2009.

[35][美]米歇尔·科尼尔·科拉斯特.宏图大业——联合国教科文组织编年史(1946—1993)[M].北京:中国对外翻译出版公司,1995.

[36][英]皮特·斯科特.高等教育全球化理论与政策[M].周倩,高耀丽,译.北京:北京大学出版社,2009.

[37]祁型雨.超越利益之争——教育政策的价值研究[M].北京:高等教育出版社,2003.

[38]祁型雨.利益表达与整合——教育政策的决策模式研究[M].北京:人民出版社,2006.

[39]阮青.价值哲学[M].北京:中共中央党校出版社,2004.

[40] 沈蕾娜.世界银行的高等教育政策及其影响[M].北京:高等教育出版社,2011.

[41] 世界银行.全球化、增长与贫困　建设一个包容性的世界经济[M].北京:中国财政经济出版社,2003.

[42] 世界银行.构建知识社会——第三级教育面临的新挑战[M].北京:高等教育出版社,2007.

[43] 孙绵涛.教育政策学[M].北京:中国人民大学出版社,2010.

[44] 孙绵涛,等.教育政策分析——理论与实务[M].重庆:重庆大学出版社,2011.

[45] 田晶.高等教育公平问题研究[M].北京:中国水利水电出版社,2013.

[46] 王举.教育政策的价值基础:基于政治哲学的追寻[M].北京:科学出版社,2016.

[47] 王宁.教育政策:主体性价值分析理论与应用[M].北京:中国社会科学出版社,2015.

[48] 王铁军.全球治理机构与跨国公民社会[M].上海:上海人民出版社,2011.

[49] [德]乌尔里希·泰希勒.迈向教育高度发达的社会　国际比较视野下的高等教育体系[M].肖念,王绽蕊,译.北京:科学出版社,2015.

[50] 吴式颖,李明德,单中惠.外国教育史教程[M].北京:人民教育出版社,1999.

[51] 吴文侃,杨汉清.比较教育学[M].北京:人民教育出版社,1999.

[52] 吴岩.国际高等教育质量保障体系新视野[M].北京:教育科学出版社,2014.

[53] 谢喆平.中国与联合国教科文组织的关系演进:关于国际组织对会员国影响的一项经验研究[M].北京:教育科学出版社,2010.

[54] [法]雅克·哈拉克.投资于未来[M].北京:教育科学出版社,1993.

[55] 闫温乐.世界银行与教育发展[M].上海:上海教育出版社,2013.

[56] 杨志成.新中国基础教育政策价值取向演变——政策生态学视角[M].

北京:教育科学出版社,2015.

[57] 叶澜.教育概论[M].北京:人民教育出版社,1991.

[58] 于永达.国际组织[M].北京:清华大学出版社,2011.

[59] 袁振国.教育政策学[M].南京:江苏教育出版社,1996.

[60] 张安富,张忠家.中国高等教育质量与水平研究[M].北京:高等教育出版社,2016.

[61] 张焕庭.教育词典[M].南京:江苏教育出版社,1988.

[62] 张民选.国际组织与教育发展[M].上海:上海教育出版社,2010.

[63] 张伟江,孙祝岭,郭朝红.教育评估的可靠性研究[M].北京:高等教育出版社,2009.

[64] 赵中建.教育的使命:面向二十一世纪的教育宣言和行动纲领[M].北京:教育科学出版社,1996.

[65] 赵中建.全球教育发展的历史轨迹——联合国教科文组织国际教育大会建议书专集[M].北京:教育科学出版社,2005.

[66] 赵中建.全球教育发展的研究热点——90年代来自联合国教科文组织的报告[M].北京:教育科学出版社,2003.

[67] 中国成人教育协会.国际成人教育发展的历史轨迹——联合国教科文组织六次成人教育大会文集(1949—2009)[M].北京:教育科学出版社,2012.

(二) 学位论文

[1] 陈慧.PISA问题解决能力测评的研究[D].上海师范大学,2007.

[2] 陈庆.国际学生评价项目PISA——科学素养测评的研究[D].浙江师范大学,2013.

[3] 董大方.我国利用世界银行贷款模式研究[D].吉林大学,2007.

[4] 高巍.欧盟高等教育伊拉斯莫计划研究[D].首都师范大学,2009.

[5] 郭江红.改革开放以来党和国家对农村女童基础教育扶持[D].湖南师范大学,2009.

[6] 胡丽娜."伊拉斯谟世界项目"研究[D].河北大学,2009.

[7] 胡晓娇.国际教育援助及其效果的研究[D].华东师范大学,2011.

[8] 季艳艳.欧盟伊拉斯谟计划(ERASMUS)的发展及成效研究[D].上海师范大学,2011.

[9] 李路.融合教育视角下学前特殊儿童受教育状况的调查研究[D].广西师范大学,2015.

[10] 卢晓中.当代世界高等教育理念及对中国的影响[D].厦门大学,2011.

[11] 马晓丹.欧盟高等教育一体化评析(1957—2014)[D].云南大学,2015.

[12] 潘璇.白裤瑶小学女童教育[D].广西民族大学,2015.

[13] 潘学来.欧共体/欧盟高等教育一体化[D].安徽师范大学,2007.

[14] 齐宇歆.基于PISA的学习素养评价系统设计[D].华东师范大学,2013.

[15] 赛苗.尼泊尔女童教育研究[D].河北师范大学,2009.

[16] 沈蕾娜.世界银行的高等教育政策及其影响[D].北京师范大学,2009.

[17] 孙凤收.波罗尼亚进程与欧洲认同建构——基于学生流动的分析[D].山东大学,2012.

[18] 孙珂.欧洲高等教育一体化进程中的学生流动研究[D].河北师范大学,2009.

[19] 唐轶.欧洲高等教育一体化研究[D].南京理工大学,2004.

[20] 王舟.女童教育研究二十年的回顾与反思——我国教育研究的个案分析[D].西北师范大学.2008.

[21] 魏航.欧盟高等教育合作交流政策研究[D].东北师范大学,2011.

[22] 夏诗敏.联合国儿童基金会对尼日利亚女童教育援助研究[D].浙江师范大学,2010.

[23] 闫晋.美国对联合国教科文组织政策研究(1946—1984)[D].陕西师范大学,2014.

[24] 闫温乐.世界银行与教育发展[D].华东师范大学,2012.

[25] 殷敏.世界银行对非洲高等教育援助政策研究[D].浙江师范大学,2011.

[26] 尹毓婷.欧洲高等教育改革研究[D].山东大学,2009.

[27] 尤碧珍.欧盟国家高等教育国际化研究——以法、德、英为研究对象

[D].山东师范大学,2006.

[28] 袁琳.德国高等教育国际化发展研究[D].西南大学,2011.

[29] 赵晓明.美国全纳教育研究——历史、现状及启示[D].华中师范大学,2010.

[30] 赵玉池.国际援助研究[D].西南大学,2010.

[31] 周国霞.联合国教科文组织教师教育政策发展研究[D].上海师范大学,2015.

[32] 周佳苗.联合国教科文组织研究[D].青岛大学,2007.

[33] 周晟.日英终身教育政策的比较研究[D].华东师范大学,2007.

[34] 朱小虎.基于PISA的学生问题解决能力研究[D].华东师范大学,2016.

（三） 期刊论文

[1] 艾蒂安·阿尔比瑟,崔俊萍.走进OECD教育指标体系[J].世界教育信息,2014(17).

[2] 毕家驹.构建中的欧洲高等教育区[J].国外理论动态,2011(5).

[3] 毕家驹.欧洲高等教育区的学位标准和质量保证准则[J].高教发展与评估,2006(5).

[4] 蔡安成.欧盟《ERASMUS计划》的发展[J].比较教育研究,2001(11).

[5] 蔡宝来.论少数民族地区女童教育问题的社会历史成因和文化背景[J].西北师大学报(社会科学版),1996(9).

[6] 蔡娟.21世纪以来世界比较教育研究进展与趋势——基于《比较教育》和《比较教育评论》的可视化分析[J].比较教育研究,2017(1).

[7] 蔡瑜琢.高等教育政策分析方法研究[J].高等工程教育研究,2004(4).

[8] 曹德明.博洛尼亚进程:欧洲国家重大的高等教育改革框架[J].德国教育,2008(3).

[9] 陈涛.一种全新的尝试:高等教育质量测评的国际动向——OECD"高等教育学习成果测评"的设计与实施[J].比较教育研究,2015(2).

[10] 程海霞,赵叶珠.欧洲教育结构调整项目的主要内容及意义[J].教育论

坛,2014(2).

[11] 邓莉.欧盟委员会制定高等教育国际化新战略[J].世界教育信息,2013(8).

[12] 段钢.人力资本理论研究综述[J].中国人才,2003(5).

[13] 冯雪红,王安全.回族贫困地区女童教育特殊政策探析[J].北方民族大学学报,2004(4).

[14] 付雅倩.国际组织影响教育发展的三种途径——世界银行和 UNESCO 为例[J].学园,2014(35).

[15] 高光,张民选.经济合作与发展组织的三大国际教育测试研究[J].比较教育研究,2011(10).

[16] 高和荣.揭开新自由主义的意识形态面纱[J].政治学研究,2011(3).

[17] 郭晨.联合国教科文组织关于职业教育发展动向[J].中国职业技术教育,2012(9).

[18] 国卉男.当代国际终身教育政策的回顾与展望[J].外国中小学教育,2013(1).

[19] 何齐宗.全球视野的环境教育理念[J].江西师范大学学报(哲学社会科学版),2009(1).

[20] 何齐宗.全球视野的教师理念——联合国教科文组织教育文献研究之一[J].高等教育研究,2008(1).

[21] 何齐宗.全球视野的全民教育理念[J].教育学术月刊,2008(6).

[22] 何齐宗.全球视野的终身教育理念——联合国教科文组织教育文献研究之一[J].江西师范大学学报(哲学社会科学版),2008(1).

[23] 和震.联合国教科文组织"朝向可持续性的职业教育教师教育:可持续发展教育国际会议"综述[J].职教通讯,2007(11).

[24] 和震.联合国教科文组织的职业教育政策研究[J].中国职业技术教育,2012(6).

[25] 和震.国际组织的职业教育政策:基本范畴及其意义[J].教育发展研究,2006(21).

[26] 姜凤云.海南少数民族女童教育现状研究[J].新课程(教育学术),2011(1).

[27] 蒋华,何光全.终身教育思潮及其在我国的传播与实践[J].四川师范大学学报(社会科学版),2008(1).

[28] 蒋凯.从"奢侈品"到"生存的必需"——世界银行关于发展中国家高等教育的新观点[J].全球教育展望,2002(6).

[29] 康翠萍.标准、方法与程序:高等教育政策分析若干规范旨要[J].现代教育管理,2011(7).

[30] 孔令帅,赵芸.美国和欧盟高校学分互认的挑战、举措与启示[J].高教探索,2015(9).

[31] 孔令帅,张民选,陈铭霞.联合国教科文组织全球高等教育治理的演变、角色与保障[J].教育研究,2016(9).

[32] 孔令帅.透视国际组织教育政策背后的运作逻辑——以世界银行和经合组织为例[J].比较教育研究,2011(10).

[33] 劳凯声,刘复兴.论教育政策的价值基础[J].北京师范大学学报(人文社会科学版),2000(6).

[34] 李东华.菲律宾与联合国教科文组织等合作设立"女童教育中心"[J].世界教育信息,2017(17).

[35] 李广.为生存而学习:PISA 评价思想价值取向研究[J].外国教育研究,2005(7).

[36] 李桂荣,尤莉.试析经济合作与发展组织基础教育发展监测机制[J].比较教育研究,2016(5).

[37] 李盛聪,余婧,饶雨.国际成人能力评估项目的述评——基于 OECD 首次成人技能调查结果的分析[J].现代远程教育研究,2014(6).

[38] 李玉静.UNESCO 政策框架下我国职业教育发展研究[J].职业技术教育,2016(21).

[39] 李长华.推进欧洲高等教育一体化的博洛尼亚进程[J].国外理论动态,2011(6).

[40] 刘复兴.教育政策的边界与价值向度[J].清华大学教育研究,2002(1).

[41] 刘复兴.教育政策的价值定位——社会"三元结构理论"的视角[J].中国

教育政策评论,2001(00).

[42] 刘复兴.教育政策的价值系统[J].清华大学教育研究,2003(2).

[43] 刘复兴.教育政策的四重视角[J].清华大学教育研究,2002(4).

[44] 刘复兴.教育政策活动中的价值问题[J].北京师范大学学报(人文社会科学版),2002(3).

[45] 刘复兴.教育政策价值分析的三维模式[J].教育研究,2002(4).

[46] 刘复兴.论我国教育政策范式的转变[J].北京师范大学学报(社会科学版),2004(3).

[47] 刘复兴.政府选择、市场选择与公民社会选择的博弈——当代我国教育制度变革的价值选择[J].中国教育政策评论,2005(00).

[48] 刘丽平,靳慧敏.澳大利亚土著"女童中心项目"实施成效探析[J].黔南民族师范学院学报,2015(6).

[49] 刘明堂.OECD 教育指标体系的变迁及启示[J].教育发展研究,2009(Z1).

[50] 刘铁娃.从倡导普世价值到倡导文化多样性:联合国教科文组织推动文明对话的努力[J].国际观察,2013(2).

[51] 卢晓中.当代高等教育理念与我国高等教育改革[J].华南师范大学学报(社会科学版),2008(2).

[52] 陆璟.PISA 2009 上海实施报告[J].教育发展研究,2009(24).

[53] 吕文惠.世界银行高等教育质量评估的历史变迁及启示[J].大学(学术版),2002(4).

[54] 吕武,张博.简析 OECD"强势开端"项目的背景、发展及其启示[J].教育导刊(下半月),2012(11).

[55] 马健生.国际教育资助的发展趋势[J].比较教育研究,1997(2).

[56] 买雪燕.多元视角的教育政策价值分析:意义、方法、过程[J].教育与教学研究,2014(3).

[57] 宁夏.亚太地区六国女童初等教育综述[J].比较教育研究,1992(3).

[58] 牛长松,殷敏.世界银行对非洲的高等教育政策及其影响[J].比较教育研究,2009(11).

[59] 欧阳忠明,黄慧.扫盲教育:逐渐走向时代终结? ——基于联合国《阅读过去,书写未来——扫盲五十年》的思考[J].现代远程教育研究,2018(2).

[60] 潘雅.教科文组织总干事敦促社会各界加大对女童教育的投入[J].世界教育信息,2014(7).

[61] 沈俊强.全民终身教育与基础教育改革——对 UNESCO 教育理念的几点阐释[J].基础教育,2009(9).

[62] 沈蕾娜,滕珺,乔鹤.国际教育发展最新趋势研究——2011—2012 年度国际组织教育政策文本解读[J].比较教育研究,2013(10).

[63] 施晓光,郑砚秋.欧盟"伊拉斯谟计划"及其意义[J].大学研究与评价,2007(1).

[64] 石中英.从《反思教育》中的四个关键概念看教育变革新走向[J].人民教育,2017(18).

[65] 孙传远.素质文化视域中的国际成人能力评估[J].成人教育,2014(2).

[66] 孙继红,杨晓江.OECD 教育指标体系演变及发展趋势研究[J].现代教育管理,2009(5).

[67] 孙同全.战后国际发展援助的发展阶段及特点[J].北京工商大学学报(社会科学版),2008(4).

[68] 索元元.大国博弈与文化认同——欧盟文化政策浅析[J].广西海洋大学学报,2011(5).

[69] 唐科莉.世界银行提出:优质教育必备六个"A"[J].基础教育参考,2015(5).

[70] 陶瑞.对撒拉族女童教育状况的人类学调查与研究[J].青海民族研究,2007(3).

[71] 腾珺,李敏谊.联合国教科文组织职业技术教育政策的话语演变——基于 N-Vivo 的文本分析[J].教育研究,2013(1).

[72] 腾珺.价值理性与工具理性的抉择——联合国教科文组织教育政策的话语演变[J].教育研究,2011(5).

[73] 滕珺.国际组织关于"研究生教育"的文献述评[J].外国教育研究,2009(9).

[74] 滕珺.迈向教育公平的革命性理念——联合国教科文组织"全民教育"

政策的话语实践分析[J].比较教育研究,2010(12).

[75] 涂端午,魏巍.什么是好的教育政策[J].教育研究,2014(1).

[76] 涂端午.高等教育政策的价值结构——基于政策文本的实证分析[J].清华大学教育研究,2010(5).

[77] 涂端午.中国高等教育政策制定的宏观图景——基于 1979—1998 年高等教育政策文本的定量分析[J].北京大学教育评论,2007(4).

[78] 王洁,张民选.TALIS 教师专业发展评价框架的实践与思考——基于TALIS2013 上海调查结果分析[J].全球教育展望,2016(6).

[79] 王蕾,景安磊.我们从 PISA 学到了什么——基于 PISA 中国试测的研究[J].北京大学教育评论,2013(1).

[80] 王晓辉.全球教育治理——鸟瞰国际组织在世界教育发展中的作用[J].北京大学教育评论,2008(3).

[81] 王新凤.博洛尼亚进程中的欧洲高等教育质量保障及启示[J].北京教育(高教版),2007(6).

[82] 王忠,董旭梅.博士学位获得者的就业状况——基于经合组织 CDH 框架的统计结果[J].中国科技信息,2010(20).

[83] 翁伟斌.发展中国家高等教育的问题和新情况——来自世界银行的报告[J].比较教育研究,2001(2).

[84] 吴洪富,韩红敏.学生学习评价的国际性尝试:"高等教育学习结果评价"解读[J].现代教育管理,2016(9).

[85] 郤江波.PISA 与全球教育治理:路径、影响和问题[J].全球教育展望,2016(08).

[86] 肖丽萍.投资知识技能促进全民学习:世界银行"2020 年教育战略"解读[J].上海教育,2011(7).

[87] 徐辉,李薇.迈向学习型社会的重要宣言——写在《学会生存》发表 40 周年之际[J].教育研究,2012(4).

[88] 徐瑾劼."Literacy":PISA 素养观背后的教育学立场[J].外国中小学教育,2012(1).

[89] 徐静,刘宝存."成人的 PISA":OECD 成人技能调查研究[J].比较教育研究,2014(11).

[90] 徐玲玲.韩国 CJ-UNESCO 教育营推进女童 STEM 教育[J].世纪教育信息,2018(19).

[91] 闫温乐."全民学习"愿景下的教育资助——《世界银行 2020 教育战略》[J].比较教育研究,2011(10).

[92] 闫温乐.解读世界银行教育项目的经济分析[J].现代教育管理,2010(12).

[93] 杨建华.欧洲学位制度改革及质量保证的新进展[J].辽宁教育研究,2008(3).

[94] 杨捷.全民教育所面临的挑战与对策——解读联合国教科文组织第五届全民教育高层会议公报[J].外国教育研究,2006(9).

[95] 殷玉新.TALIS:一种教师专业发展水平的测量框架——基于 2013 年国际性教与学的大数据调查[J].外国中小学教育,2015(2).

[96] 俞可.欧洲高等教育一体化进程初探[J].复旦教育论坛,2004(1).

[97] 苑大勇."里斯本战略"与"博洛尼亚进程"对欧洲高等教育的影响[J].江苏高教,2007(7).

[98] 苑大勇.国际组织终身学习理念阐释与政策发展[J].成人教育,2012(12).

[99] 张衡.联合国教科文组织对世界高等教育发展的影响机制刍议[J].教育学术月刊,2013(6).

[100] 张民选,陆璟,占盛丽,朱小虎,王婷婷.专业视野中的 PISA[J].教育研究,2011(6).

[101] 张娜.世界银行 SABER 项目及其对教育质量检测与保障的启示[J].教育科学研究,2011(12).

[102] 张铁道等.对孟加拉国非正规初等教育项目的考察报告[J].教育研究与实验,1994(1).

[103] 张婷.全纳教育:未来之路——联合国教科文组织第 48 届国际教育大会综述[J].基础教育参考,2009(5).

[104] 赵丽.世界银行教育援助新趋势解读——基于 2012—2013 年度教育政

策的分析[J].外国中小学教育,2014(11).

[105] 赵明仁.国际视野中教师专业发展状况及对我国启示——基于 TAL-IS2013 报告的分析[J].教师教育研究,2015(3).

[106] 赵卫平.欧洲学分转换系统:从单一功能到双重功能的转变[J].外国教育研究,2004(10).

[107] 赵叶珠.欧洲高等教育区建设:背景、进程与意义[J].比较教育研究,2003(7).

[108] 赵中建,李敏.实现全民基础教育与构建知识社会——从联合国教科文组织的"中期战略"看教育的国际发展[J].全球教育展望,2002(5).

[109] 中国教科文组织秘书处.发展中国家的高等教育:危机和前景——联合国教科文组织和世界银行专家组报告简述[J].世界教育信息,2001(8).

[110] 周晨琛.OECD 和 UNESCO 高等教育国际化政策的比较研究[J].洛阳师范学院学报,2013(3).

[111] 周国琴,陈群.科学发展视域下教育价值取向分析[J].江海学刊,2012(2).

[112] 周海涛,景安磊."高等教育学习结果评价"概述[J].高教发展与评估,2014(1).

[113] 周满生.世界基础教育:面临的挑战、趋势和优先事项——解读联合国教科文组织第 47 届国际教育大会"主文件"及"公报与建议"[J].教育研究,2004(11).

[114] 周卫,王强.女童教育革新项目在中国[J].中小学管理,1999(Z1).

[115] 周小虎,张蕊.教育政策分析的范式特征及其研究路径[J].教育理论与实践,2010(10).

[116] 朱定秀.欧洲文化认同与欧洲高等教育一体化的互动[J].高教探索,2009(6).

[117] 朱建成.欧盟高等教育质量评估及其启示[J].长春工业大学学报(高教研究版),2007(4).

（四）电子文献

[1] 环球网.世界银行:女性缺乏教育机会致全球损失 15 至 30 亿美元[EB/

OL]. https://3w.huanqiu.com/a/73af74037f51/7EtLfoCGdLq?agt=11.

[2] 教科文组织.2014—2017 年 37 C/5 批准的计划与预算[EB/OL].[2017-11-21]. http://unesdoc.unesco.org/images/0022/002266/226695c.pdf.

[3] 教科文组织.2014—2021 年中期战略[EB/OL].[2017-05-22]. http://unesdoc.unesco.org/images/0022/002278/227860c.pdf.

[4] 教科文组织.博科娃就任致辞.[EB/OL].[2017-12-24]. http://unesdoc.unesco.org/images/0018/001855/185556c.pdf.

[5] 教科文组织.关于起草承认高等教育资历的全球公约的初步报告草案[EB/OL].[2017-11-18]. http://unesdoc.unesco.org/images/0023/002347/234743C.pdf.

[6] 教科文组织.教科文组织采用的注重结果的计划编制、管理、监测和报告(RBM)方法指导原则[EB/OL].[2017-11-21]. http://unesdoc.unesco.org/images/0017/001775/177568C.pdf.

[7] 教科文组织.联合国教科文组织官网简介.[EB/OL].[2016-01-08]. http://unesdoc.unesco.org/images/0014/001473/147330c.pdf.

[8] 教科文组织.联合国教育、科学及文化组织.基本文件[R].巴黎:联合国教育、科学及文化组织,2016.

[9] 教科文组织.性别平等优先行动计划(2014—2021 年)[EB/OL].[2017-12-28]. http://unesdoc.unesco.org/images/0022/002272/227222c.pdf.

[10] 联合国.消除对妇女一切形式歧视公约[EB/OL]. http://www.un.org/womenwatch/daw/cedaw/text/econvention.htm.

[11] 联合国.残疾人公约[EB/OL]. https://www.ohchr.org/EN/HRBodies/CRPD/Pages/ConventionRightsPersonsWithDisabilities.aspx#main.

[12] 联合国.达喀尔宣言[EB/OL]. https://sustainabledevelopment.un.org/content/documents/1681Dakar%20Framework%20for%20Action.pdf.

[13] 联合国.世界人权宣言[EB/OL]. https://www.ohchr.org/EN/UDHR/Documents/UDHR_Translations/eng.pdf.

[14] 联合国教科文组织.贝伦行动框架[EB/OL]. https://unesdoc.unesco.org/ark:/48223/pf0000187789/PDF/187789qaa.pdf.

［15］联合国教科文组织.教师教育政策和实践的性别平等指南［EB/OL］. ht-tps：//unesdoc.unesco.org/ark：/48223/pf0000231646/PDF/231646eng.pdf.

［16］联合国教科文组织.总干事伊琳娜.博科娃 2010 年"国际妇女节"的致辞［EB/OL］. https：//unesdoc. unesco. org/ark：/48223/pf0000187024/PDF/187024eng.pdf.

［17］联合国教科文组织.2010 年全民教育质量检测报告［EB/OL］. https：//unesdoc.unesco.org/ark：/48223/pf0000186606/PDF/186606eng.pdf.

［18］联合国教科文组织.2013—2014 全民教育质量检测报告［EB/OL］. https：//unesdoc.unesco.org/ark：/48223/pf0000226662/PDF/226662eng.pdf.

［19］联合国教科文组织.Rainbow Ruby 加入联合国教科文组织,支持女童教育［EB/OL］. https：//en. unesco. org/news/rainbow-ruby-joins-unesco-support-girls-education.

［20］联合国教科文组织.成员国报告：支持女童和妇女受教育［EB/OL］. https：//unesdoc.unesco.org/ark：/48223/pf0000227859/PDF/227859eng.pdf.

［21］联合国教科文组织.韩国 CJ-UNESCO 教育营推进女童 STEM 教育［EB/OL］. https：//en. unesco. org/news/cj-unesco-education-camp-empowersgirls-stem-education.

［22］联合国教科文组织.教科文组织马拉拉基金［EB/OL］. https：//en. unesco.org/themes/education-and-gender-equality/malala-fund.

［23］联合国教科文组织.教育 2030 行动框架［EB/OL］. https：//unesdoc. unesco.org/ark：/48223/pf0000245656/PDF/245656eng.pdf.

［24］联合国教科文组织.联合国妇女署.解决校园性别暴力全球指导纲要［EB/OL］. https：//unesdoc. unesco. org/ark：/48223/pf0000246651/PDF/246651eng.pdf.

［25］联合国教科文组织.马拉拉教育基金会：2017 年度报告.［EB/OL］. https：//unesdoc.unesco.org/ark：/48223/pf0000265383/PDF/265383eng.pdf.

［26］联合国教科文组织.女童和妇女教育国际研讨会总结报告(2015 年,中国北京)［EB/OL］. https：//unesdoc. unesco. org/ark：/48223/pf0000244351/PDF/

244351mul.pdf.

[27] 联合国教科文组织.培养教师促进教育中性别平等的能力:教科文组织—海航女童和妇女伙伴关系[EB/OL]. https://en.unesco.org/themes/education-and-gender-equality/hna-partnership.

[28] 联合国教科文组织.全民教育全球监测报告 2003/4:性别与全民教育——实现平等的跨越. https://unesdoc.unesco.org/ark:/48223/pf0000132513/PDF/132513eng.pdf.

[29] 联合国教科文组织.通过教育为女孩创造更好的未来:教科文组织—韩国 CJ 集团[EB/OL]. https://en.unesco.org/themes/education-and-gender-equality/cjpartnership.

[30] 联合国教科组织.联合国妇女署.联合国人口基金.通过教育赋予青少年女童和青年妇女权力[EB/OL].[2018-11-20]. https://unesdoc.unesco.org/ark:/48223/pf0000231944/PDF/231944eng.pdf.

[31] 世界银行.投资 25 亿美元至女童教育项目[EB/OL]. http://www.Worldbank.org/en/news/press-release/2016/04/13/world-bank-group-to-invest-25-billion-in-education-projects-benefiting-adolescent-girls.

二、英文参考文献

(一) 学术著作

[1] Aitken, D.J. World List of Universities 1979—1981[M]. London: Palgrave Macmillan, 1979.

[2] Christopher S. Collins, Alexander W. Wiseman. Education Strategy in the Developing World: Revising the World Bank's Education Policy[M]. Emerald Group Publishing Limited, 2012.

[3] Colin Power. The Power of Education: Education for All, Development, Globalisation and UNESCO[M]. New York and London: Springer, 2015.

［4］ ENQA. Standards and Guidelines for Quality Assurance in the European Higher Education Area(3rd edition)［M］. Helsinki：ENQA, 2009.

［5］ European Commission. Education and Training in Europe Diverse Systems, Shared Goals for 2010［M］. Luxembourg：Official Publications of the European Communities, 2002.

［6］ European Commission. Erasmus Facts：Figures & Trends：The European Union Support for Student and Staff Exchange and University Cooperation in 2012/2013［M］. Luxembourg：Publication Office of the European Union, 2012.

［7］ European Commission. ECTS Users' Guide［M］. Luxembourg：Office for Official Publications of European Communities, 2009.

［8］ European Commission. The History of European Cooperation in Education and Training［M］. Luxembourg：Office for Official Publications of the European Communities, 2006.

［9］ George S. Papadopoulos. Education 1960—1990：the OECD perspective［M］. Paris：OECD, 1994.

［10］ Gill, J., Esson, K. & Yuen, R. A Girl's Education：Schooling and the Formation of Gender, Identities and Future Visions［M］. London：Palgrave Macmillan, 2016.

［11］ Harber, C. Schooling in Sub-Saharan Africa：Policy, Practice and Patterns［M］. Cham：Palgrave Macmillan, 2017.

［12］ Harbison, F. H. Myers, C. A. Education, manpower and economic growth［M］. New York：McGraw-Hill, 1964.

［13］ Hough, J.R. Educational Policy：An International Survey［M］. Croom Helm London & New York：St. Martin's Press, 1984.

［14］ Julian Huxley. UNESCO：Its Purpose and Its Philosophy［M］. Washington D.C.：the Public Affairs Press, 1948.

［15］ Laura Figazzolo. Testing, Ranking, Reforming：Impact of PISA 2006 on the Education Policy Debate［M］. Brussels：Educational International, 2009.

[16] Miriam Henry, et al. The OECD, Globalisation and Education Policy [M]. Bingley: Emerald, 2001.

[17] Phillip W. Jones. World Bank Financing of Education: Lending, Learning and Development[M]. New York and London: Routledge, 1992.

[18] Psacharopoulos. Higher Education in Developing Countries: a Cost-benefit Analysis[M]. Washington D.C.: World Bank, Staff Working Paper, 1980.

[19] Robert Cowen, Andreas M. Kazamias(eds). International Handbook of Comparative Education[M]. Netherlands: Springer, 2009.

[20] Roberta Malee Bassett&Alma Maldonado-Maldonada. International Organizations and Higher Education Policy: Thinking Globally, Acting Locally? [M]. New York and London: Routledge, 2009.

[21] Rostow. W.W. The Stage of Economic Growth: a Non-communist Manifesto[M]. Cambridge: Cambridge University Press, 1990.

[22] Sacha Garben. EU Higher Education Law: The Bologna Process and Harmonization by Stealth[M]. The Netherlands: Kluwer Law International, 2011.

[23] Simon Breakspear. The Policy Impact of PISA: An Exploration of the Normative Effects of International Benchmarking in School System Performance [M]. Paris: OECD Publishing, 2012.

[24] The Danish Evaluation Institute. Quality Procedures in European Higher Education: An ENQA Survey[M]. Helsinki: European Network for Quality Assurance in Higher Education, 2003.

[25] Van Weert, T.J. & Kendall, M.(eds). Lifelong Learning in the Digital Age: Sustainable for all in a Changing World[M]. Boston: Springer, 2004.

[26] Verger, A., Novelli, M. & Mundy, K. et al.(eds), Campaigning for "Education for All"[M]. Rotterdam: Sense Publishers, 2012.

[27] World Bank, Emanuela Di Gropello, Prateek Tandon , Shahid Yusuf. Putting Higher Education to Work: Skills and Research for Growth in East Asia [M]. World Bank Publications, 2011.

（二）期刊论文

［1］Andrejs Rauhvargers. Improving the Recognition of Qualification in the Framework of Bologna Process[J]. European Journal of Education, 2004(3).

［2］Andy Green. Education and Globalization in Europe and East Asia: Convergent and Divergent Trends[J]. Journal of Education Policy, 1999(1).

［3］Archibald MacLeish. Can We Educate for World Peace? [J]. The Courier, 1985(10).

［4］Banya Kingsley, Elu Juliet. The World Bank and Financing Higher Education in Sub-Saharan Africa[J]. Higher Education, 2001(1).

［5］Bergh Andreas, Fink Gunther. Higher Education Policy, Enrollment, and Income Inequality[J]. Social Science Quarterly, 2008(1).

［6］Bosch, A. Uncovering Pathways for Girls' Education: Gender Equity and Early Childhood Development[J]. Development, 2001(2).

［7］Cárceles, G. World Literacy Prospects at the Turn of the Century: Is the Objective of Literacy for All by the Year 2000 Statistically Plausible? [J]. Comparative Education Review, 1990:34(1).

［8］Clara Morgan, Riyad A. Shahjahan. The Legitimation of OECD's Global Educational Governance: Examining PISA and AHELO Test Production[J]. Comparative Education, 2014:50(2).

［9］Clarke, P. The Status of Girls' Education in Education for All Fast Track Initiative Partner Countries[J]. Prospects, 2011(4).

［10］Clement Attlee. The Life of the Mind[J]. The Courier, 1985(10).

［11］Collins Christopher S, Rhoads Robert A. The World Bank and Higher Education in the Developing World: the Cases of Uganda and Thailand[J]. International Perspectives on Education & Society, 2008(9).

［12］Daniel, J. Higher Education: Past, Present, and Future—A View from UNESCO[J]. Higher Education in Europe, 2003(1).

[13] Denis Meuret. British and French Evaluation of International Higher Education Issues: an Identical Political Reality[J]. Comparative Education, 2003(4).

[14] Duhs, E. The Development of a National Policy for the Education of Girls in Australian Schools[J]. International Review of Education, 1987(4).

[15] Eurodad. World Bank and IMF Conditionality: A Development Injustice [J]. Eurodad, 2006(2).

[16] Geissinger, H. Girls' Access to Education in a Developing Country[J]. International Review of Education, 1999(5—6).

[17] Goldman, Michael. Imperial Nature: The World Bank and Struggles for Social Justice in the Age of Globalization[J]. Yale University Press, 2005(1).

[18] Han, S. Creating Systems for Lifelong Learning in Asia[J]. Asia Pacific Education Review, 2001(2).

[19] Harvey Goldstein. International Comparisons of Student Attainment: Some Issues Arising from the PISA Study[J]. Assessment in Education, 2004, 11(3).

[20] Haugen, C.S., Klees, S.J. & Stromquist, N.P. et al. Increasing the Number of Female Primary School Teachers in African Countries: Effects, Barriers and Policies[J]. International Review of Education, 2014(6).

[21] Heyneman, S.P. What the United States Needs to Learn from UNESCO [J]. UNESCO Prospects, 2003(1).

[22] Heyneman. The History and Problems in the Making of Education Policy at the World Bank 1960—2000[J]. International Journal of Educational Development, 2003, 23(3).

[23] Howard Brabyn. Birth of an Ideal[J]. The Courier, 1985(10).

[24] Hubert Ertl. European Union Polices in Education and Training : the Lisbon Agenda as a Turning Point? [J]. Comparative Education, 2006(1).

[25] Hufnerand K, Naumann J. UNCESO: Only the Crisis of a "Politicized" UN Specialized Agency? [J]. Comparative Education Review, 1986;30(1).

[26] Ian Whitman. Tertiary Education Policy in OECD Countries: Developing

the Human Resource[J]. European Journal of Education, 2003:38(2).

[27] Jacques Delors. Education for Tomorrow[J]. The Courier, 1996(14).

[28] Jinyuan M. A.Rethinking the World Bank Agenda for Chinese Higher Education Reform[J]. Frontiers of Education in China, 2014(1).

[29] John Aubrey Douglass. A Comparative Look at the Challenges of Access and Equity: Changing Patterns of Policy making and Authority in the UK and US Higher Education[J]. Higher Education Policy, 2005(18).

[30] John Banks. European Co-operation in Education[J]. European Journal of Education, 1982(1).

[31] Jones P W. Unesco and the Politics of Global Literacy[J]. Comparative Education Review, 1990, 34(1).

[32] Julian Huxley. Early Days[J]. The Courier, 1985(10).

[33] Kim J S. Development of a Global Lifelong Learning Index for Future Education[J]. Asia Pacific Education Review, 2016, 17(3).

[34] Labi Aisha.World Bank Urges Sweeping Changes in Higher Education Across the Arab World[J]. Chronicle of Higher Education, 2008(23).

[35] Lambert, W.D. UNESCO: Bridging Three World-Systems? [J]. European Education, 2006(3).

[36] Lee M. Opening up the Ideologies in "Learning: The Treasure Within" [J]. Kedi Journal of Educational Policy, 2007, 4(2).

[37] Limage L J. Organizational Challenges to International Cooperation for Literacy in UNESCO[J]. Comparative Education, 2007, 43(3).

[38] Lionel Elvin. Two Decades in the World of Education[J]. The Courier, 1966(19).

[39] Maren Elfert. UNESCO, the Faure Report, the Delors Report, and the Political Utopia of Lifelong Learning[J]. European Journal of Education, 2015(50).

[40] Michael Omolewa. UNESCO as a Network[J]. Paedagogica Historica, 2007, 43(2).

[41] Milana M. Global Polity in Adult Education and UNESCO: Landmarking, Brokering and Framing Policy[J]. Globalisation Societies & Education, 2015 (14).

[42] Milana M. Globalisation, Transnational Policies and Adult Education[J]. International Review of Education, 2012, 58(6).

[43] Mundy Karen, Verger Antoni. The World Bank and the Global Governance of Education in a Changing World Order[J]. International Journal of Educational Development, 2015(40).

[44] Ngolovoi Mary. Cost Sharing in Higher Education in Kenya: Implications on Equity and Access[J]. International Journal of Learning, 2007(1).

[45] Opertti, R., Brady, J & Duncombe, L. Moving Forward: Inclusive Education as the Core of Education for All[J]. Prospects, 2009(3).

[46] Peppin, V. R. Girls' and Women's Education within Unesco and the World Bank, 1945—2000[J]. Compare, 2010(4).

[47] Psacharopoulos, George. World Bank Policy on Education: a Personal Account[J]. International Journal of Educational Development, 2006, 26(3).

[48] Rissom H W. UNESCO and the New Europe[J]. International Review of Education, 1992, 38(6).

[49] Ritchie Calder. From Dream to Plan of Action[J]. The Courier, 1956(9).

[50] Rose, P. Introduction—Education's Hidden Crisis: An Overview of the 2011 Education for All Global Monitoring Report[J]. Prospects, 2011(2).

[51] Rui Yang. International Organizations, Changing Governance and China's Policy Making in Higher Education: An Analysis of the World Bank and the World Trade Organization[J].Asia Pacific Journal of Education, 2010(4).

[52] Samoff, J., Carrol, B. From Manpower Planning to the Knowledge Era: World Bank Policies on Higher Education on Africa[J]. Forum on Higher Education, Research and Knowledge, 2003(12).

[53] Shahjahan R A, Madden M. Uncovering the Images and Meanings of In-

ternational Organizations(IOs) in Higher Education Research[J]. Higher Educa-
tion, 2015, 69(5).

[54] Shahjahan R A. The Roles of International Organizations(IOs) in Global-
izing Higher Education Policy[J]. Higher Education Handbook of Theory & Re-
search, 2012, 27(8).

[55] Sotiria Grek. International Organisations and the Shared Construction of
Policy "Problems": Problematisation and Change in Education Governance in Eu-
rope[J]. European Educational Research Journal, 2010, 9(3).

[56] Taina Saarinen. "Quality" in the Bologna Process: from competitive edge
to quality assurance techniques[J]. European Journal of Education, 2005(2).

[57] Tanye, M. Access and Barriers to Education for Ghanaian Women and
Girls[J]. Interchange, 2008(2).

[58] Terence Karran. Achieving Bologna Convergence: Is ECTS Failing to
Make the Grade? [J]. Higher Education in European, 2004(3).

[59] The Council of the European Union. Council Recommendation of 24 Sep-
tember 1998 on European Cooperation in Quality Assurance in Higher Education
[J]. Official Journal of the European Communities, 1998(7).

[60] Tomusk Voldemar. The Rise of the Transnational Capitalist Class and
World Bank Aid for Higher Education[J]. Journal of Physical Therapy Education,
2003(3).

[61] Toprakci E. The Rates of Participation of the Member Countries in the
Institutional Objectives of UNESCO[J]. International Journal of Progressive Educa-
tion, 2007, 3(1).

[62] Unterhalter, E. Mobilization, Meanings and Measures: Reflections on
Girls' Education[J]. Development, 2005(1).

[63] Volker Jahr. Mobility During the Course of Study and Graduation[J].
European Journal of Education, 2001(4).

[64] Wagner D A. What Happened to Literacy? Historical and Conceptual

Perspectives on Literacy in UNESCO[J]. International Journal of Educational Development, 2011, 31(3).

[65] Weele Alexander H. China/World Bank: University Development[J]. Journal of Counseling & Development, 1983(4).

[66] Wiseman Adhikary Rino. Relating Development to Quality of Education: A Study on the World Bank's Neoliberal Policy Discourse in Education. [J]. KEDI Journal of Educational Policy, 2014(1).

[67] Woodhouse Howard. Your Money or Your Life! A Critical Canadian Perspective on the World Bank's "Reform Agenda" for Higher Education[J]. International Education, 2011(2).

[68] Yuki, T., Mizuno, K. & Ogawa, K. et al. Promoting Gender Parity in Basic Education: Lessons from a Technical Cooperation Project in Yemen[J]. International Review of Education, 2013(1).

(三) 报告

[1] Andree Sursock, Hanne Smidt. Trends 2010: A Decade of Change in European Higher Education[R]. Brussels: EUA, 2013.

[2] EU. Progress in Higher Education Reform Across Europe: Governance Reform[R]. Brussels Twente : CHEPS, 2011.

[3] EU. The First Decade of Working on the European Higher Education Area: the Bologna Process Independent Assessment[R]. Brussels Twente : CHEPS, 2012.

[4] EU. Thirty Years of European Cooperation in Education 1976—2010[R]. Brussels Community of Europe, 2010.

[5] Ministry of Education and Culture, Finland. Education Evaluation Plan for 2012—2015[R]. Finland:2013.

[6] World Bank. China: Issues and Prospects in Education[R]. Washington D.C.: World Bank, 1985.

［7］World Bank. Education Sector Working Paper［R］. Washington D.C.: World Bank, 1980.

［8］World Bank. Education: Sector Working Paper［R］. Washington D.C.: World Bank, 1971.

［9］World Bank. Education: Sector Working Paper［R］. Washington D.C.: World Bank, 1974.

［10］World Bank. Financing Education in Developing Countries: An Exploration of Policy Optional［R］. Washington, D.C., 1986.

［11］World Bank. Higher Education in Developing Countries: Peril and Promise［R］. Washington D.C.: World Bank, 2000.

［12］World Bank. Higher Education: the Lesson of Experience［R］. Washington D.C.: World Bank, 1994.

［13］World Bank. Project Implementation Status and Results Report［R］. Washington D.C.: World Bank, 2015.

［14］World Bank. Project Information Document Appraisal Stage［R］. Washington D.C.: World Bank, 2011.

［15］World Bank. Project Information Document Concept Stage［R］. Washington D.C.: World Bank, 2010.

［16］World Bank. Project Information Stage［R］. Washington D.C.: World Bank, 2015.

［17］World Bank. Project Integrated Safeguards Datasheet Appraisal Stage［R］. Washington D.C.: World Bank, 2013.

［18］World Bank. Putting Higher Education to Work: Skills and Research for Growth in East Asia［R］. Washington D.C.: World Bank, 2012.

［19］World Bank. SABER-Tertiary Education Governance［R］. Washington D.C.: World Bank, 2012.

［20］World Bank. SABER-Tertiary Education［R］. Washington D.C.: World Bank, 2016.

[21] World Bank. Technical Education Quality Improvement Project Table of Contents[R]. Washington D.C.: World Bank, 2016.

[22] World Bank. World Development Report 1998/1999: Knowledge for Development[R]. Washington: Oxford University Press for the World Bank, 1999.

[23] World Bank. International Development Association. Articles of Agreement: Article I Purpose[R]. Washington D.C.: World Bank, 1957.

[24] World Economic Forum. The Global Competiveness Report (2009—2010)[R]. World Economic Forum, 2010.

(四) 电子文献

[1] ENQA. ENQA Strategic Plan[EB/OL]. [2016-09-08]. http://www.enqa.eu/wp-content/uploads/2016/01/ENQA-2016-work-plan.pdf.

[2] ENQA. ENQAMissiontatement[EB/OL]. [2016-09-08]. http://www.enqa.eu/index.php/about-enqa/enqa-mission-statement/.

[3] European Commission. European higher education in the world strategy [EB/OL]. [2016-11-15]. http://ec.europa.eu/education/policy/international-cooperation/world-education_en.

[4] European Commission. Erasmus Mundus Joint Master Degrees[EB/OL]. [2016-11-15]. http://ec.europa.eu/programmes/erasmus-plus/opportunities-for-individuals/students/erasmus-mun dus-joint-master-degrees_en.

[5] European Commission. Erasmus＋Programme Guide[EB/OL]. [2016-11-10]. https://ec.europa.eu/programmes/erasmus-plus/sites/erasmusplus/files/files/resources/erasmus-plus-programme-guide_en.pdf.

[6] European Commission. Erasmus＋: The EU programme for Education, Training , Youth and Sport 2014—2020[EB/OL]. [2016-09-01]. https://ec.europa.eu/programmes/erasmus-plus/sites/erasmusplus/files/erasmus-plus-in-detail _ en.pdf.

[7] European Commission. European 2020 A European strategy for smart,

sustainable and inclusive growth[EB/OL].[2016-07-08].

[8] European Commission. The Bologna Process 2020—The European Higher Education Area in the new decade[EB/OL].(2009-04-28). http://www.ond.vlaanderen.be/hogeronderwijs/bologna/conference/documents/leuven_louvain-la-neuve_communiqu%C3%A9_april_2009.pdf.

[9] European Commission. The European Higher Education Area in 2015: Bologna Process Implementation Report[EB/OL].[2016-11-20]. http://eacea.ec.europa.eu/Education/eurydice/documents/thematic_reports/182EN.pdf 139.

[10] European Commission. Strategic framework-Education&Training 2020 [EB/OL]. [2016-07-08]. http://ec.europa.eu/education/policy/strategic-framework/index_en.htm.

[11] European Council. Presidency Conclusions Lisbon European Council[EB/OL].(2000-03-23). http://europa.eu/rapid/press-release_PRES-00-900_en.htm. http://ec.europa.eu/eu2020/pdf/COMPLET%20EN%20BARROSO%20%20%20007%20-%20Europe%202020%20-%20EN%20version.pdf.

[12] Laura Figazzolo. Impact of PISA 2006 on the Education Policy Debate [R/OL]. http://pages.ei-ie.org/quadrennialreport/2009/s3.amazonaws.com/educationinternational/2009/assets/49/Impact_of_PISA_2006_EN.pdf. 2017-11-3.

[13] OECD. About the Survey of Adult Skills(PIAAC)[EB/OL]. http://www.oecd.org/skills/piaac/aboutpiaac.htm. 2017-11-16.

[14] OECD. Budget[EB/OL]. http://www.oecd.org/about/budget/.2017-11-3.

[15] OECD. Convention on the Organisation for Economic Co-operation and Development[EB/OL]. http://www.oecd.org/general/conventionontheorganisationforeconomicco-operationanddevelopment.htm. 2017-8-3.

[16] OECD. Directorate for Education and Skills[EB/OL]. http://www.oecd.org/edu/. 2017-11-3.

[17] OECD. OECD Annual Report 2006[R/OL]. http://www.oecd-ilibrary.

org/docserver/download/0106071e.pdf? expires＝1521396736&id＝id&accname＝guest&checksum＝BC671F60CC7BAFE55B1CD7F2B7B81E6B.2017-8-3.

[18] OECD. OECD Starting Strong Teaching and Learning International Survey[EB/OL]. http://www.oecd.org/education/school/oecd-starting-strong-teaching-and-learning-international-survey.htm. 2018-1-11.

[19] OECD. OECD Work on Education & Skills[EB/OL]. http://www.oecd.org/education/Directorate-for-education-and-skills-brochure.pdf. 2017-11-28.

[20] OECD. PISA 2015 Assessment and Analytical Framework—Science, Reading, Mathematic and Financial Literacy[EB/OL]. http://www.keepeek.com/Digital-Asset-Management/oecd/education/pisa-2015-assessment-and-analytical-framework_9789264255425-en#page18. 2017-11-28.

[21] OECD. PISA FAQ[EB/OL]. http://www.oecd.org/pisa/aboutpisa/pisafaq.htm. 2017-11-28.

[22] OECD. Preparing Teachers and Developing School Leaders for the 21st Century[R/OL]. http://www.oecd-ilibrary.org/docserver/download/9812021e.pdf?expires＝1519944650&id＝id&accname＝guest&checksum＝22549771A378D-84AEC04933A14AB27E2. 2017-12-11.

[23] OECD. TALIS 2018 Survey[EB/OL]. http://www.oecd.org/education/school/TALIS_2018_brochure_ENG.pdf. 2017-12-11.

[24] OECD. Teaching and Learning International Survey TALIS 2013 Conceptual Framework[R/OL]. http://www.oecd.org/education/school/TALIS%202013%20Conceptual%20Framework.pdf. 2017-11-13.

[25] OECD. The Global Competition for Talent：Mobility of the Highly Skilled[EB/OL]. https://www.keepeek.com//Digital-Asset-Management/oecd/employment/the-global-competition-for-talent_9789264047754-en. 2017-11-3.

[26] OECD. The International Early Learning and Child Well-being Study—The Study[EB/OL]. http://www.oecd.org/education/school/the-international-early-learning-and-child-well-being-study-the-study.htm. 2017-12-11.

［27］OECD. What we do and how［EB/OL］. http://www.oecd.org/about/whatwedoandhow/. 2017-11-13.

［28］OECD. Who does what［EB/OL］. http://www.oecd.org/about/who-doeswhat/.2017-7-13.

［29］OECD. PISA 2015 Results(Volume I)：Excellence and Equity in Education［R/OL］. http://www.oecd-ilibrary.org/docserver/download/9816061e.pdf?expires＝1521396272&id＝id&accname＝guest&checksum＝3566FFC853156E927C-A5A41A2358933A.2017-11-28.

［30］OECD. TALIS 2013 Results：An International Perspective on Teaching and Learning［R/OL］. http://www.oecd-ilibrary.org/education/talis-2013-results_9789264196261-en. 2017-12-12.

［31］Peter Mortimore. Alternative Models for Analysing and Representing Countries' Performance in PISA［R/OL］. http://pages.ei-ie.org/quadrennialreport/2010/s3.amazonaws.com/educationinternational2010/2009/assets/88/Alternative_Models_in_PISA_EN.pdf. 2017-11-28.

［32］UNESCO Institute for Statistics(UIS). One in Five Children, Adolescents and Youth is Out of School［EB/OL］. http://uis.unesco.org/sites/default/files/documents/fs48-one-five-children-adolescents-youth-out-school-2018-en.pdf.

［33］UNESCO. Education of Girls and Women［EB/OL］. http://www.unesco.org/education/educprog/50y/brochure/tle/146.htm.

［34］UNESCO. About the Education Sector［EB/OL］.［2017-12-06］. https://en.unesco.org/themes/education-21st-century/about-us.

［35］UNESCO. ASP net Strategy 2014—2021 Global Network of Schools addressing Global Challenges：Building Global Citizenship and promoting Sustainable Development［EB/OL］.［2017-09-16］. http://unesdoc.unesco.org/images/0023/002310/231049E.pdf.

［36］UNESCO.Education Sector staff at Headquarters［EB/OL］.［2017-12-06］. https://en.unesco.org/themes/education-21st-century/about-us/hq-staff.

[37] UNESCO. Institutes and Centres(Category 2)[EB/OL].[2017-11-21]. http://www. unesco. org/new/en/bureau-of-strategic-planning/themes/category-2-institutes/.

[38] UNESCO. International Bureau of Education Communities and networks [EB/OL].[2017-12-09]. http://www. ibe. unesco. org/en/who-we-are/communities-and-networks.

[39] UNESCO. Introduction to the Africa Department[EB/OL].[2018-01-06]. http://www.unesco.org/new/en/africa-department/about-us/

[40] UNESCO. UNESCO 1945—1995: A Fact Sheet[EB/OL].[2017-06-04]. http://unesdoc.unesco.org/images/0010/001011/101118eo.pdf.

[41] UNESCO. UNESCO and Gender Equality in Sub-Saharan Africa: Innovative programmes, visible results[EB/OL].[2017-12-28]. http://www. unesco. org/new/fileadmin/MULTIMEDIA/HQ/AFR/images/3781_15_E_web.pdf

[42] UNESCO. UNESCO Associated School Project Network(ASPnet): Historical Review 1953—2003[EB/OL].[2017-09-16]. http://unesdoc. unesco. org/images/0013/001305/130509e.pdf.

[43] UNESCO. UNESCO. 2009 World Conference on Higher Education: The New Dynamics of Higher Education and Research for Societal Change and Development[EB/OL][2017-12-12]. http://unesdoc. unesco. org/images/0018/001832/183277e.pdf.

[44] UNESCO. UNEVOC Network Portal[EB/OL].[2017-12-09]. http://www.unevoc.unesco.org/go.php?q=fwd2UNEVOC+Network+-+History+and+Overview.

[45] UNESCO.UNITWIN/UNESCO Chairs Programme[EB/OL].[2017-12-09]. https://en.unesco.org/unitwin-unesco-chairs-programme.

[46] UNICEF. Hidden in Plain Sight: A Statistical Analysis of Violence against Children[EB/OL]. http://files. unicef. org/publications/files/Hidden_in_plain_sight_statistical_analysis_EN_3_Sept_2014.pdf.

[47] World Bank. Africa Loses Billions of Dollars Due to Child Marriage, Says New World Bank Report[EB/OL]. http://www.worldbank.org/en/news/press-release/2018/11/20/africa-loses-billions-of-dollars-due-to-child-marriage-says-new-world-bank-report.

（五） 国际组织官方网站

[1] 国际高等教育质量保障机构网络组织:http://www.inqaahe.org/.

[2] 经合组织:http://www.oecd.org/.

[3] 联合国儿童基金会:https://www.unicef.org/.

[4] 联合国教科文组织:http://en.unesco.org/.

[5] 欧盟:https://europa.eu/european-union/index_en.

[6] 世界银行网站:http://www.worldbank.

后记

本书是笔者主持的 2016 年度国家社科基金(教育学)一般项目"国际组织教育政策价值取向研究"的最终研究成果。

当前,全球化进程不可避免,教育交流日益广泛,教育政策制定不再仅仅是民族国家内部的事情,教育全球治理势在必行。为了解决全球性教育问题,促进世界教育发展,国际组织的作用日益提升,已成为 21 世纪人类教育发展的重要力量。作为研究当代世界教育发展特性和趋势的分支学科,比较教育学者就应义不容辞地将国际组织列入自己的研究对象中。当前,对国际组织和教育发展的研究逐渐得到比较教育学者的重视,研究成果也不断增多。

国际组织教育政策(本书的政策包括政策文本和实践活动)作为国际组织和教育发展研究的重要领域,得到了国内外专家和学者的较多研究。不过,当前我国学者更多的是梳理和分析国际组织一些教育政策和报告的内容,这样的研究很重要,但已经不能满足当前我国的研究需要了。为了更好地了解和参与国际组织,培养和输送国际组织人才,并在全球教育事务中发出我们的声音,我们要对国际组织为何出台这些教育政策,这些教育政策出台时存在着哪些冲突、争议和博弈,这些教育政策为何能大行其道,这些教育政策背后所蕴含的逻辑和理念是什么等问题进行深入研究。也就是说,我们需要对教育政策背后的价值取向进行系统分析。

政策的价值取向指的是政策制定主体基于自己的价值观在面对或处理各种矛盾、冲突、关系时所持的基本价值立场和价值态度。国际组织的教育政策价值取向蕴含在国际组织所发布的政策文本和相关活动中。主要国际组织在教育政策方面均有自己的侧重点,比如世行对教育援助的关注、欧盟对一体化的热衷、联合国教科文组织对全球教育治理的探索、经合组织对教育质量和国际化的偏爱等。这些侧重点都与他们自身的教育政策价值取向有关。

本书对联合国教科文组织、经合组织、世行、欧盟4个主要国际组织教育政策的价值取向进行了初步探索。尽管还有很多不足,但我们这个研究团队付出了很多心血,做出了很多努力。本研究团队包括孔令帅、徐瑾劼、杨帆、方乐、陈铭霞、武凯、赵芳、邓静、马文婷等人。本书的具体分工为:第一章由孔令帅负责,第二章由陈铭霞、孔令帅完成,第三章由武凯、方乐、孔令帅撰写,第四章由赵芳、孔令帅完成,第五章由邓静、孔令帅撰写,第六章由刘娣、孔令帅完成,第七章由孔令帅、马文婷、方乐完成。本书策划设计以及组织、协调、统稿和后记由孔令帅完成。在本书成书时,感谢研究团队每一位成员的辛苦付出。

撰写该书的过程中,我们得到了许多人的帮助和支持。作为国内国际组织研究专家,上海师范大学国际与比较教育研究院院长张民选教授对笔者研究方向的启发很大,同时在书稿的写作中给予极大的支持、鼓励和指导。感谢学院和系领导夏惠贤教授、胡国勇教授、陈建华教授等对该书的支持和帮助。在研究和写作过程中,还要感谢我国著名教育学家顾明远先生以及我的硕士导师徐辉教授和博士导师马健生教授给予的精神支持和学术指导。此外,还要感谢上海教育出版社的领导和编辑,如果没有你们的支持,本书难以顺利付梓。

当前国际组织教育研究已经成为我国比较教育学界中的新兴议题。作为比较教育从业人员,我们将继续坚持对国际组织教育的研究,争取有更多的成果可以和同行分享。

孔令帅

上海师范大学教育学院

图书在版编目（CIP）数据

国际组织教育政策价值取向研究 / 孔令帅等著. ——
上海：上海教育出版社，2022.8
（国际组织与教育发展 / 张民选主编）
ISBN 978-7-5720-0720-0

Ⅰ.①国… Ⅱ.①孔… Ⅲ.①国际组织 – 教育政策 –
研究 – 世界 Ⅳ.①G510

中国版本图书馆CIP数据核字(2022)第132542号

责任编辑　李　玮
封面设计　陈　芸

国际组织与教育发展
张民选　主编
国际组织教育政策价值取向研究
孔令帅　等著

出版发行　上海教育出版社有限公司
官　　网　www.seph.com.cn
地　　址　上海市闵行区号景路159弄C座
邮　　编　201101
印　　刷　上海颛辉印刷厂有限公司
开　　本　700×1000　1/16　印张 21
字　　数　320 千字
版　　次　2022年8月第1版
印　　次　2022年8月第1次印刷
书　　号　ISBN 978-7-5720-0720-0/G·0548
定　　价　68.00 元

如发现质量问题，读者可向本社调换　电话：021-64373213